明儒學案

四部備要

子部

中華書局據鄭氏補刻本校刊

桐鄉 陸費逵 總勘
杭縣 高時顯 吳汝霖 輯校
杭縣 丁輔之 監造

明儒學案卷三十二

姚江黃梨洲先生著

豫章後學　夏鼎　熊育鑫　熊緜祖　熊育鏞　徐兆瀾　周聯慶　熊榮祖　蕭兆柄　劉秉楨　李真實　重刊

泰州學案

陽明先生之學有泰州龍溪而風行天下亦因泰州龍溪而漸失其傳泰州龍溪時時不滿其師說益啓瞿曇之祕而歸之師蓋躋陽明而爲禪矣然龍溪之後力量無過於龍溪者又得江右爲之救正故不至十分決裂泰州之後其人多能赤手以搏龍蛇傳至顏山農何心隱一派遂復非名教之所能羈絡矣顧端文曰心隱輩坐在利欲膠漆盆中所以能鼓動得人只緣他一種聰明亦自有不可到處羲以爲非其聰明正其學術也所謂祖師禪者以作用見性諸公掀翻天地前不見有古人後不見有來者釋氏一棒一喝當機橫行放下拄杖便如愚人一般諸公赤身擔當無有放下時節故其害如是今之言諸公者大槪本弇州之國朝叢記弇州蓋因當時爰書節略之

豈可爲信義攷其派下之著者列於下方顏鈞字山農吉安人也嘗師事劉師泉無所得乃從徐波石學得泰州之傳其學以人心妙萬物而不測者也性如明珠原無塵染有何覩聞著何戒懼平時只是率性所行純任自然便謂之道及時有放逸然後戒慎恐懼以修之凡儒先見聞道理格式皆足以障道此大旨也嘗曰吾門人中與羅汝芳言從性與陳一泉言從心餘子所言只從情耳山農游俠好急人之難趙大洲赴貶所山農偕之行大洲感之徐波石戰沒沅江府山農尋其骸骨歸葬頗欲有爲於世以寄民胞物與之志嘗寄周恭節詩云蒙蒙烟雨鎖江垓江上漁人爭釣臺夜靜得魚呼酒肆湍流和月掇將來若得春風遍九垓世間那有三歸臺君仁臣義民安堵雉兎芻蕘去復來然世人見其張皇無賢不肖皆惡之以他事下南京獄必欲殺之近溪爲之營救不赴廷對者六年近溪謂周恭節曰山農與相處餘三十年其心體精微決難詐飾不肖敢謂其學直接孔孟俟諸後聖斷斷不惑不肖菲劣已蒙門下知遇又敢竊謂門下雖知百近溪不如今日一察山農子也山農以戍出年八十餘梁汝元字夫山其後改姓名爲何心隱吉州永豐人少補諸生從學於山農與聞心齋立本之旨時吉州三四大老方以學顯心隱恃其知見

輒狎侮之謂大學先齊家乃搆萃和堂以合族身理一族之政冠婚喪祭賦役一切通其有無行之有成會邑令有賦外之征心隱貽書以誚之令怒誣之當道下獄中孝感程後臺在胡總制幕府檄江撫出之總制得心隱語人曰斯人無所用在左右能令人神王耳已同後臺入京師與羅近溪耿天臺游一日過江陵於僧舍江陵時爲司業心隱率爾曰公居太學知太學道乎江陵爲勿聞也者目攝之曰爾意時時欲飛却飛不起也江陵去心隱舍然若喪曰夫夫也異日必當國當國必殺我心隱在京師闢各門會館招來四方之士方技雜流無不從之是時政由嚴氏忠臣坐死者相望卒莫能動有藍道行者以乩術幸上心隱授以密計偵知嵩有揭帖乩神降語今日當有一奸臣言事上方遲之而嵩揭至上由此疑嵩御史鄒應龍因論嵩敗之然上猶不忘嵩尋死道行於獄心隱踉蹌南過金陵謁何司寇司寇者故爲江撫脫心隱於獄者也然而嚴黨遂爲嚴氏仇心隱心隱逸去從此蹤跡不常所游半天下江陵當國御史傅應禎劉臺連疏攻之皆吉安人也江陵因仇吉安人而心隱故嘗以術去宰相江陵不能無心動心隱方在孝感聚徒講學遂令楚撫陳瑞捕之未獲而瑞去王之垣代之卒致之心隱曰公安敢殺我亦安能殺我殺

我者張居正也遂死獄中心隱之學不墜影響有是理則實有是事無聲無臭事藏於理有象有形理顯於事故曰無極者流之無君父者也必皇建其有極乃有君而有父也必會極必歸極乃有敬敬以君君也乃有親親以父父也又必易有太極乃不墮於弑君弑父乃不流於無君無父乃乾坤其君臣也乃乾坤其父子也又曰孔孟之言無欲非濂溪之言無欲也欲惟寡則心存而心不能以無欲也欲魚欲熊掌欲也舍魚而取熊掌欲之寡也欲生欲義欲也舍生而取義欲之寡也欲仁非欲乎欲仁而不貪非寡欲乎從心所欲非欲乎欲不踰矩非寡欲乎此卽釋氏所謂妙有也蓋一變而爲儀秦之學矣鄧豁渠初名鶴號太湖蜀之內江人爲諸生時不說學趙大洲爲諸生談聖學於東壁渠爲諸生講舉業於西序朝夕聲相聞未嘗過而問焉已漸有入卒摳衣爲弟子一旦棄家出遊遍訪知學者以爲性命甚重非拖泥帶水可以成就遂落髮爲僧訪李中溪元陽於大理訪鄒東廓劉獅泉於江右訪王東崖於泰州訪蔣道林於武陵訪耿楚倥於黄安與大洲不相聞者數十年大洲起官過衛輝渠適在焉出迎郊外大洲望見驚異下車執手徒行十數里彼此潸然流涕大洲曰誤子者余也往余言學過高致子於此吾罪業重矣向以子

爲死罪惡莫贖今尚在亟歸廬而父墓側終身可也吾割田租百石贍子因書券給之時有來大洲問學者大洲乃令渠答之大洲聽其議論大恚曰吾藉是以試子近詣乃荒謬至此大洲入京渠復遊齊魯閒初無歸志大洲入相乃來京候謁大洲拒不見屬宦蜀者攜之歸至涿州死野寺中渠自序爲學云己亥禮師聞良知之學不解入青城山參禪十年至戊申入雞足山悟人情事變外有個擬議不得妙理當時不遇明師指點不能豁然通曉癸丑抵天池禮月泉陳雞足所悟泉曰第二機卽第一機渠遂認現前昭昭靈靈的百姓日用不知渠知之也甲寅廬山禮性空戊午居澧州八年每覺無日新之益入黄安居楚倥茅屋始達父母未生前的先天地生的水窮山盡的百尺竿頭外的所謂不屬有無不屬眞妄不屬生滅不屬言語常住眞心與後天事不相聯屬向日雞足所參人情事變的豁然通曉被月泉所誤二十餘年丙寅以後渠之學日漸幽深玄遠如今也沒有我也沒有道泛泛然如虛舟飄瓦而無着落脫胎換骨實在於此渠學之誤只主見性不拘戒律先天是先天後天是後天第一義是第一義第二義是第二義身之與性截然分爲二事言在世界外行在世界內人但議其縱情不知其所謂先天第一義者亦只得完一

個無字而已嗟乎是豈渠一人之誤哉方與時字湛一黄陂人也弱冠爲諸生一旦棄而之太和山習攝心術静久生明又得黄白術於方外乃去而從荆山游因得遇龍溪念菴皆目之爲奇士車轍所至縉紳倒屣老師上卿皆拜下風然尚玄虚侈談論耿楚倥初出其門久而知其僞去之一日謂念菴曰吾儕方外學亦有秘訣待人而傳談聖學何容易耶念菴然之湛一卽迎至其里道明山中短榻夜坐久之無所得而返後臺心隱大會礦山車騎擁容湛一以兩僮舁一籃輿往甫揖心隱把臂謂曰假我百金湛一唯唯卽千金唯命已入京師欲挾術以干九重江陵聞之曰方生此鼓從此撾破矣無何嚴世蕃聞其爐火而豔之湛一避歸胡廬山督楚學以其昔嘗誑念菴也檄有司捕治湛一乃跳而入新鄭之幕新鄭敗走匿太和山病瘵死程學顔字二蒲號後臺孝感人也官至太僕寺丞自以此學不進背地號泣其篤志如此心隱死其弟學博曰梁先生以友爲命友中透於學者錢同文外獨吾兄耳先生魂魄應不去吾兄左右乃開後臺墓合葬焉錢同文字懷蘇福之興化人知祁門縣入爲刑部主事累轉至郡守與心隱友善懷蘇嘗言學道人堆堆只在兄弟款中未見有揜上父母款者管志道字登之號東溟蘇之太倉人隆慶辛未

進士除南京兵部主事改刑部江陵秉政東溟上疏條九事以譏切時政無非欲奪其威福歸之人主其中有憲綱一條則言兩司與巡方抗禮國初制也今之所行非是江陵卽出之爲廣東僉事以難之使之爲法自斃也果未幾御史龔懋賢劾之謫鹽課司提舉明年外計以老疾致仕萬曆戊申卒年七十三東溟受業於耿天臺著書數十萬言大抵鳩合儒釋浩汗而不可方物謂乾元無首之旨與華嚴性海渾無差別易道與天地準故不期與佛老之祖合而自合孔教與二教峙故不期佛老之徒爭而自爭教理不得不圓教體不得不方以仲尼之圓圓宋儒之方而使儒不礙釋釋不礙儒以仲尼之方方近儒之圓而使儒不濫釋釋不濫儒唐宋以來儒者不主孔奴釋則崇釋卑孔皆於乾元性海中自起藩籬故以乾元統天一案兩破之也其爲孔子闡幽十事言孔子任文統不任道統一也居臣道不居師道二也刪述六經從遊七十二子非孔子定局三也與夷惠易地則爲夷惠四也孔子知天命不專以理兼通氣運五也一貫尙屬悟門實之必以行門六也敦化通於性海川流通於行海七也孔子曾師老聃八也孔子從先進是黃帝以上九也孔子得位必用桓文做法十也按東溟所言亦只是三教膚廓之論平生尤喜談鬼神夢

寐其學不見道可知泰州張皇見龍東溟闢之然決儒釋之波瀾終是其派下人也

處士王心齋先生艮

處士王東崖先生襞 附樵夫 陶匠 田夫

方伯徐波石先生樾

教諭王一菴先生棟

文選林東城先生春

文肅趙大洲先生貞吉

參政羅近溪先生汝芳

侍郎楊復所先生起元

恭簡耿天臺先生定向

處士耿楚倥先生定理

文端焦澹園先生竑

尚寶潘雪松先生士藻

明經方本菴先生學漸

郎中何克齋先生祥

給事祝無功先生世祿

尙寶周海門先生汝登
文簡陶石簣先生望齡
太學劉冲倩先生塙

姚江黃梨洲先生著

豫章後學　夏鼎　熊育鑫　熊繩祖　熊育鏞　徐兆瀾　周聯慶　熊榮祖　蕭兆柄　劉秉楨　李真實　重刊

處士王心齋先生艮

王艮字汝止號心齋泰州之安豐場人七歲受書鄉塾貧不能竟學從父商於山東常啣孝經論語大學袖中逢人質難久而信口談解如或啓之其父受役天寒起盥冷水先生見之痛哭曰爲人子而令親如此尚得爲人乎於是有事則身代之先生雖不得專功於學然默默參究以經證悟以悟釋經歷有年所人莫能窺其際也一夕夢天墮壓身萬人奔號求救先生舉臂起之視其日月星辰失次復手整之覺而汗溢如雨心體洞徹記曰正德六年間居仁三月半自此行住語默皆在覺中乃按禮經製五常冠深衣大帶笏板服之曰言堯之言行堯之行而不服堯之服可乎時陽明巡撫江西講良知之學大江之南學者翕然從信顧先生僻處未之聞也有黃文剛者吉

安人而寓泰州聞先生論詫曰此絶類王巡撫之談學也先生喜曰有是哉雖然王公論良知艮談格物如其同也是天以王公與天下後世也如其異也是天以艮與王公也即日啓行以古服進見至中門舉笏而立陽明出迎於門外始入先生據上坐辯難久之稍心折移其坐於側論畢乃歎曰簡易直截艮不及也下拜自稱弟子退而繹所聞閒有不合悔曰吾輕易矣明日入見且告之悔陽明曰善哉子之不輕信從也先生復上坐辯難久之始大服遂爲弟子如初陽明謂門人曰向者吾擒宸濠一無所動今却爲斯人動矣陽明歸越先生從之來學者多從先生指授已而歎曰千載絶學天啓吾師可使天下有不及聞者乎因問陽明以孔子轍環車制陽明笑而不答歸家遂自創蒲輪招搖道路將至都下有老叟夢黄龍無首行雨至崇文門變爲人立晨起往候而先生適至當是時陽明之學謗議蠭起而先生冠服言動不與人同都人以怪魁目之同門之在京者勸之歸陽明亦移書責之先生始還會稽陽明以先生意氣太高行事太奇痛加裁抑及門三日不得見陽明送客出門先生長跪道旁曰艮知過矣陽明不顧而入先生隨至庭下厲聲曰仲尼不爲已甚陽明方揖之起陽明卒於師先生迎哭至桐廬經紀其家而後返開門

授徒遠近皆至同門會講者必請先生主席陽明而下以辯才推龍溪然有信有不信唯先生於眉睫之間省覺人最多謂百姓日用卽道雖僮僕往來動作處指其不假安排者以示之聞者爽然御史吳疏山悌上疏薦舉不報嘉靖十九年十二月八日卒年五十八先生以格物卽物有本末之物身與天下國家一物也格知身之爲本而家國天下之爲末行有不得者皆反求諸己反己是格物底工夫故欲齊治平在於安身易曰身安而天下國家可保也身未安本不立也知安身者則必愛身敬身愛身敬身者必不敢不愛人不敬人能愛人敬人則人必愛我敬我而我身安矣一家愛我敬我則家齊一國愛我敬我則國治天下愛我敬我則天下平故人不愛我非特人之不仁己之不仁可知矣人不敬我非特人之不敬己之不敬可知矣此所謂淮南格物也劉夫子曰後儒格物之說當以淮南爲正第少一註脚格知誠意之爲本而正修治平之爲末則備矣然所謂安身者亦是安其心耳非區區保此形骸之爲安也彼居危邦入亂邦見幾不作者身不安而心固不安也不得已而殺身以成仁文王之羑里夷齊之餓心安則身亦未嘗不安也乃先生又曰安其身而安其心者上也不安其身而安其心者次之不安其身又不安其心斯

爲下矣而以緡蠻爲安身之法無乃開一臨難苟免之隙乎先生以九二見龍爲正位孔子修身講學以見於世未嘗一日隱也故有以伊傅稱先生者先生曰伊傅之事我不能伊傅之學我不由伊傅得君可謂奇遇如其不遇終身獨善而已孔子則不然也此終蒲輪轍環意見陽明之所欲裁抑者熟處難忘也於遯世不見知而不悔之學終隔一塵先生曰聖人以道濟天下是至尊者道也人能宏道是至尊者身也道尊則身尊身尊則道尊故學也者所以學爲師也學爲長也學爲君也以天地萬物依於身不以身依於天地萬物舍此皆妾婦之道聖人復起不易斯言

心齋語錄

問止至善之旨曰明明德以立體親民以達用體用一致先師辨之悉矣但謂至善爲心之本體却與明德無別恐非本旨堯舜執中之傳以至孔子無非明明德親民之學獨未知安身一義乃未有能止至善者故孔子透悟此理却於明明德親民中立起一個極來又說個在止於至善止至善者安身也安身者立天下之大本也本治而末治正己而物正也大人之學也是故身也者天地萬物之本也天地萬物末也知身之爲本是以明明德而親民也身未安本不立也

本亂而末治者否矣本既不治末愈亂也故易曰身安而天下國家可保也不知安身則明明德親民却不曾立得天下國家的本是故不能主宰天地斡旋造化立教如此故自生民以來未有盛於孔子者也○問止至善爲安身亦何所據乎曰以經而知安身之爲止至善也大學說個止至善便只在止至善上發揮知止知安身也定靜安慮得安身而止至善也物有本末故物格而後知本也知本知之至也知至知止也自天子至此謂知之至也乃是釋格物致知之義身與天下國家一物也惟一物而有本末之謂格絜度也絜度於本末之間而知本亂而末治者否矣此格物也物格知本也知本知之至也故曰自天子以至於庶人壹是皆以修身爲本也修身立本也立本安身也引詩釋止至善曰緡蠻黃鳥止於丘隅知所以安身也孔子歎曰於止知其所止可以人而不如鳥乎要在知安身也易曰君子安其身而後動又曰利用安身又曰身安而天下國家可保也孟子曰守孰爲大守身爲大失其身而能事其親者吾未之聞同一旨也○問格字之義曰格如格式之格卽絜矩之謂吾身是個矩天下國家是個方絜矩則知方之不正由矩之不正也是以只去正矩却不在方上求矩正則方正矣方正則成格矣故曰物格吾身對上

下前後左右是物絜矩是格也其本亂而末治者否矣便見絜度格字之義格物知本也立本安身也安身以安家而家齊安身以安國而國治安身以安天下而天下平也故曰修己以安人修己以安百姓修其身而天下平不知安身便去幹天下國家事是之爲失本就此失脚將烹身割股餓死結纓且執以爲是矣不知身不能保又何以保天下國家哉○知本知止也如是而不求於末定也如是而天地萬物不能撓己靜也如是而首出庶物至尊至貴安也如是而知幾先見精義入神仕止久速變通趨時慮也如是而身安如黃鳥色斯舉矣翔而後集無不得所止矣止至善也○問反己是格物否曰物格知至知本也誠意正心修身立本也本末一貫是故愛人治人禮人格物也不親不治不答是謂行有不得於心然後反己也格物然後知反己反己是格物的工夫反之如何正己而已矣反其仁治敬正己也其身正而天下歸之此正己而物正也然後身安也○有疑安身之說者曰夷齊雖不安其身然而安其心矣曰安其身而安其心者上也不安其身而安其心者次之不安其身又不安其心斯爲下矣危其身於天地萬物者謂之失本潔其身於天地萬物者爲之遺末○知得身是天下國家之本則以天地萬物依於己不以己

依於天地萬物○見龍可得而見之謂也潛龍則不可得而見矣惟人皆可得而見故利見大人聖人雖時乘六龍然必當以見龍爲家舍○顏子有不善未嘗不知常知故也知之未嘗復行常行故也○孔子謂二三子以我爲隱乎此隱字對見字說孔子在當時雖不仕而無行不與二三子是修身講學以見於世未嘗一日隱也○體用不一只是功夫生○人之天分有不同論學則不必論天分○聖人之道無異於百姓日用凡有用者皆謂之異端天性之體本自活潑鳶飛魚躍便是此體○愛人直到人亦愛敬人直到人亦敬信人直到人亦信方是學無止法○有以伊傅稱先生者先生曰伊傅之事我不能伊傅之學我不由曰何謂也曰伊傅得君設其不遇則終身獨善而已孔子則不然也

孔子雖天生聖人亦必學詩學禮學易逐段研磨乃得明徹之至○舜於瞽瞍命也舜盡性而瞽瞍底豫是故君子不謂命也孔子不遇命也而明道以淑斯人不謂命也若天民則聽命矣大人造命○一友持功太嚴先生覺之曰是學爲子累矣因指斲木者示之曰彼却不曾用功然亦何嘗廢事○戒慎恐懼莫離却不覩不聞不然便入於有所戒慎有所恐懼矣故曰人性上不可添一物○天理者天然

自有之理也纔欲安排如何便是人欲○百姓日用條理處卽是聖人之條理處聖人知便不失百姓不知便爲失○有心於輕功名富貴者其流弊至於無父無君有心於重功名富貴者其流弊至於弑父與君○卽事是學卽事是道人有困於貧而凍餒其身者則亦失其本而非學也○學者問放心難求先生呼之卽應先生曰爾心見在更何求乎學者初見先生嘗指之曰爾此時何等戒懼私欲從何處入常常如此便是允執厥中○有疑出必爲帝者師處必爲天下萬世師者曰禮不云乎學也者學爲人師也學不足以爲人師皆苟道也故必以修身爲本然後師道立身在一家必修身立本以爲一家之法是爲一家之師矣身在一國必修身立本以爲一國之法是爲一國之師矣身在天下必修身立本以爲天下之法是爲天下之師矣是故出不爲帝者師是漫然苟出反累其身則失其本矣處不爲天下萬世師是獨善其身而不講明此學於天下則遺其末矣皆非也皆小成也○明哲者良知也明哲保身者良知良能也知保身者則必愛身能愛身則不敢不愛人能愛人則人必愛我人愛我則吾身保矣能愛身者則必敬身能敬身則不敢不敬人能敬人則人必敬我人敬我則吾身保矣故一家愛我則吾身保吾身保然後能

保一家一國愛我則吾身保吾身保然後能保一國天下愛我則吾身保吾身保然後能保天下知保身而不知愛人必至於適己自便利己害人人將報我則吾身不能保矣吾身不能保又何以保天下國家哉知愛人而不知愛身必至於烹身割股舍生殺身則吾身不能保矣吾身不能保又何以保君父哉明哲保身論○夫仁者愛人信者信人此合內外之道也於此觀之不愛人己不仁可知矣不信人己不信可知矣夫愛人者人恆愛之信人者人恆信之此感應之道也於此觀之人不愛我非特人之不仁己之不仁可知矣人不信我非特人之不信己之不信可知矣勉仁方○徐子直問曰何哉夫子之所謂尊身也曰身與道原是一件至尊者此道至尊者此身尊身不尊道不謂之尊身尊道不尊身不謂之尊道須道尊身尊纔是至善故曰天下有道以道徇身天下無道以身徇道必不以道徇乎人有王者必來取法學焉而後臣之然後不勞而王如或不可則去仕止久速精義入神見機而作避世避地避言避色如神龍變化莫之能測若以道從人妾婦之道也己不能尊信又豈能使人尊信哉○問莊敬持養工夫曰道一而已矣中也良知也性也一也識得此理則現現成成自自在在卽此不失便是莊敬卽此常存便是持養

真不須防檢不識此理莊敬未免著意纔著意便是私心○問常恐失却本體即是戒慎恐懼否曰且道失却那裏去子謂王子敬近日工夫如何對曰善念動則充之妄念動則去之問善念不動妄念不動又如何不能對曰此却是中却是性戒慎恐懼此而已矣常是此中則善念動自知妄念動自知善念自充妄念自去如此慎獨便是知立大本○程子云善固性也惡亦不可不謂之性清固水也濁亦不可不謂之水此語恐誤後學孟子則說性善蓋善固性也惡非性也氣質也變其氣質則性善矣清固水也濁非水也泥沙也去其泥沙則水清矣故言學不言氣質以學能變化氣質也明得盡渣滓便渾化張子云形而後有氣質之性善反之則天地之性存焉氣質之性君子有弗性者焉此語亦要善看謂氣質雜性故曰氣質之性○只心有所向便是欲有所見便是妄既無所向又無所見便是無極而太極良知一點分分明明亭亭當當不用安排思索聖神之所以經綸變化而位育參贊者皆本諸此也與俞純夫○只當在簡易慎獨上用功當行而行當止而止此是集義又何遇境動搖閑思妄念之有哉若只要遇境不動搖無閑思妄念此便是告子先我不動心不知集義者也毫釐之差不可不辨答劉子中○來書即事是心更

無心矣卽知是事更無事矣卽見用功精密子直○良知原自無不眞實而眞實者未必合良知之妙也故程子謂人性上不容添一物答林子仁○先生問在坐曰天下之學無窮惟何學可以時習之江西涂從國對曰惟天命之性可以時習也童子周涖對曰天下之學雖無窮皆可以時習也先生曰如以讀書爲學有時作文有時學武如以事親爲學有時又事君如以有事爲學有時又無事烏在可以時習乎童子曰天命之性卽天德良知也如讀書時也依此良知學作文時也依此良知學事親事君有事無事無不依此良知學乃所謂皆可時習也先生喟然歎曰信予者從國也始可與言專一矣啓予者童子也始可與言一貫矣○人心本自樂自將私欲縛私欲一萌時良知還自覺一覺便消除人心依舊樂樂是樂此學學是學此樂不樂不是學不學不是樂樂便然後學學便然後樂樂是學學是樂嗚呼天下之樂何如此學天下之學何如此樂樂學歌○人心本無事有事心不樂有事行無事多事亦不錯示學者○知得良知却是誰良知原有不須知而今只有良知在沒有良知之外知次先師○先生擬上世廟書數千言僉言孝弟也江陵閱其遺稿謂人曰世多稱王心齋此書數千言單言孝弟何迂闊也羅近溪曰嘻孝弟可

謂迂闊乎

處士王東崖先生襞

王襞字宗順號東崖泰州人心齋之仲子也九歲隨父至會稽每遇講會先生以童子歌詩聲中金石陽明問之知爲心齋子曰吾固疑其非越中兒也令其師事龍溪緒山先後留越中幾二十年心齋開講淮南先生又相之心齋沒遂繼父講席往來各郡主其教事歸則扁舟於村落之間歌聲振乎林木恍然有舞雩氣象萬曆十五年十月十一日卒年七十七先生之學以不犯手爲妙鳥啼花落山峙川流飢食渴飲夏葛冬裘至道無餘蘊矣充拓得開則天地變化草木蕃充拓不去則天地閉賢人隱今人纔提學字便起幾層意思將議論講說之間規矩戒嚴之際工焉而心日勞勤焉而動日拙忍欲希名而誇好善持念藏機而謂改過心神震動血氣靡寧不知原無一物原自見成但不礙其流行之體真樂自見學者所以全其樂也不樂則非學矣此雖本於心齋樂學之歌而龍溪之授受亦不可誣也白沙云色色信他本來何用爾脚勞手攘舞雩三三兩兩正在勿忘勿助之間曾點些兒活計被孟子打併出來便都是鳶飛魚躍若無孟子工夫驟而語之以曾點見趣一似說夢蓋自夫子川上一歎已

將天理流行之體一口併出曾點見之而爲暮春康節見之而爲元會運世故言學不至於樂不可謂之學至明而爲白沙之藤蓑心齋父子之提唱是皆有味乎其言之然而此處最難理會稍差便入狂蕩一路所以朱子言曾點不可學明道說康節豪傑之士根本不貼地白沙亦有說夢之戒細詳先生之學未免猶在光景作活計也

樵夫朱恕　陶匠韓樂吾　田夫夏叟附

朱恕字光信泰州草偃場人樵薪養母一日過心齋講堂歌曰離山十里薪在家裏離山一里薪在山裏心齋聞之謂門弟子曰小子聽之道病不求耳求則不難不求無易樵聽心齋語浸浸有味於是每樵必造階下聽之饑則向都養乞漿解裹飯以食聽畢則浩歌負薪而去門弟子覸其然轉相驚異有宗姓者招而謂之曰吾以數十金貸汝別尋活計庶免作苦且可日夕與吾輩遊也樵得金俯而思繼而大恚曰子非愛我我且憧憧然經營念起斷送一生矣遂擲還之胡廬山爲學使召之不往以事役之短衣徒跣入見廬山與之成禮而退

韓貞字以中號樂吾興化人以陶瓦爲業慕朱樵而從之學後乃卒業於東厓䆁識文字有茅屋三間以之償債遂處窰中自詠曰三間

茅屋歸新主一片煙霞是故人年逾三紀未娶東崖弟子醵金爲之完姻久之覺有所得遂以化俗爲任隨機指點農工商賈從之遊者千餘秋成農隙則聚徒談學一村既畢又之一村前歌後答絃誦之聲洋洋然也縣令聞而嘉之遺米二石金一鍰樂吾受米返金令問政對曰儂窶人無能補於左右第凡與儂居者幸無訟牒煩公府此儂之所以報明府也耿天臺行部泰州大會心齋祠偶及故相喜怒失常樂吾拊床叫曰安能如儂識此些子意耶天臺笑曰窮居而意氣有加亦損也東崖曰韓生識之大行窮居一視焉可也樂吾每遇會講有譚世事者輒大噪曰光陰有幾乃作此閑談耶或尋章摘句則大恚曰舍却當下不理會搬弄陳言此豈學究講肄耶在座爲之警省

夏廷美繁昌田夫也一日聽張甑山講學謂爲學學爲人也爲人須求爲真人毋爲假人叟憮然曰吾平日爲人得毋未真耶乃之楚訪天臺天臺謂汝鄉焦弱侯可師也歸從弱侯游得自然旨趣弱侯曰要自然便不自然可將汝自然拋去叟聞而有省叟故未嘗讀書弱侯命之讀四書樂誦久之喟然曰吾閱集註不能了了以本文反身體貼如思知人不可不知天竊謂仁者人也人原是天人不知天便

不是人如何能事親稱孝子論語所謂異端者謂其端異也今人須研究自己爲學初念其發端果是爲何乃爲正學今人讀孔孟書祗爲榮肥計便是異端如何又闢異端又曰吾人須是自心作得主宰凡事只依本心而行便是大丈夫若爲世味牽引依違從物皆妾婦道也又曰天理人欲誰氏作此分別儂反身細求只在迷悟間悟則人欲卽天理迷則天理亦人欲也李士龍爲講經社供奉一僧叟至會拂衣而出謂士龍子曰汝父以學術殺人奈何不諍又謂人曰都會講學乃擁一死和尙講佛經乎作此勾當成何世界會中有言良知非究竟宗旨更有向上一著無聲無臭是也叟矍然起立抗聲曰良知曾有聲有臭耶

東崖語錄

學者自學而已吾性分之外無容學者也萬物皆備於我而仁義禮智之性果有外乎率性而自知自能天下之能事畢矣○性之靈明曰良知良知自能應感自能約心思而酬酢萬變知之爲知之不知爲不知一毫不勞勉強扭捏而用智者自多事也○纔提起一個學字却似便要起幾層意思不知原無一物原自現成順明覺自然之應而已自朝至暮動作施爲何者非道更要如何便是與蛇畫足○

意思悠遠襟懷洒落與趣深長非有得於養心之學未或能然道本無言因言而生解執解以爲道轉轉分明翻成迷念○良知之靈本然之體也純粹至精雜纖毫意見不得若立意要在天地間出頭做件好事亦是爲此心之障王介甫豈不是要做好事只立意堅持愈執愈壞了○鳥啼花落山峙川流饑食渴飲夏葛冬裘至道無餘蘊矣充拓得開則天地變化草木蕃充拓不去則天地閉賢人隱○人之性天命是已視聽言動初無一毫計度而自無不知不能者是曰天聰明於茲不能自得自昧其日用流行之真是謂不智而不巧則其學不過出於念慮億度展轉相尋之私而已矣豈天命之謂乎○將議論講說之間規矩戒嚴之際工焉而心日勞勤焉而動日拙忍欲希名而誇好善持念藏機而謂改過據此爲學百慮交錮血氣靡寧○孟子曰我固有之也非由外鑠我也今皆以鑠我者自學固有者爲不足何其背哉○天地以大其量山岳以聳其志冰霜以嚴其操陽春以和其氣○大凡學者用處皆是而見處又有未融及至見處似是而用處又若不及何也皆坐見之爲病也定與勘破竊以舜之事親孔之曲當一皆出於自心之妙用耳與饑來喫飯倦來眠同一妙用也人無二心故無二妙用其不及舜孔之妙用者特心不空

而存見以障之耳不務徹其心之障而徒以聖人圓神之效畢竭精神恐其不似也是有影響之似之說○問學何以乎曰樂再問之則曰樂者心之本體也有不樂焉非心之初也吾求以復其初而已矣然則必如何而後樂乎曰本體未嘗不樂今曰必如何而後能是欲有加於本體之外也然則遂無事於學乎曰何爲其然也莫非學也而皆所以求此樂也樂者樂此學學者學此樂吾先子蓋嘗言之也如是則樂亦有辨乎曰有有所倚而後樂者樂以人者也一失其所倚則慊然若不足也無所倚而自樂者樂以天者也舒慘欣戚榮悴得喪無適而不可也既無所倚則樂者果何物乎道乎心乎曰無物故樂有物則否矣且樂卽道樂卽心也而曰所樂者道所樂者心是牀上之牀也學止於是而已乎曰昔孔子之稱顏回但曰不改其樂而其自名也亦曰樂在其中其所以喟然而與點者亦以此也二程夫子之聞學於茂叔也於此蓋終身焉而豈復有所加也曰孔顏之樂未易識也吾欲始之以憂而終之以樂可乎曰孔顏之樂愚夫愚婦之所同然也何以曰未易識也且樂者心之體也憂者心之障也欲識其樂而先之以憂是欲全其體而故障之也然則何以曰憂道何以曰君子有終身之憂乎曰所謂憂者非如是之膠膠役役然以

外物爲戚戚者也所憂者道也其憂道者憂其不得乎此樂也舜自耕稼陶漁以至爲帝無往不樂而吾獨否也是故君子終身憂之也是其憂也乃所以爲樂其樂也則自無庸於憂耳○人人本有不假外求故曰易簡非言語之能述非思慮之能及故曰默識本自見成在我何須擔荷本無遠不至何須充拓會此言下便卽了了○斯道流布何物非眞眼前卽是何必等待略著些意便是障礙諸公今日之學不在世界一切上不在書冊道理上不在言語思量上直從這裏轉機向自己沒緣沒故如何能施爲作用穿衣喫飯接人待物分青理白項項不昧的參來參去自有個入處此非異學語蓋是爾本有具足的良知也○先生在憑虛閣會講論一貫人各出所見先生不應隨因某語觸發鬨堂一笑先生曰此却是一貫

布政徐波石先生樾

徐樾字子直號波石貴溪人嘉靖十一年進士歷官部郞出任臬藩三十一年陞雲南左布政使元江府土舍那鑑弒其知府那憲攻劫州縣朝議討之總兵沐朝弼巡撫石簡會師分五哨進剿那鑑遣經歷張惟至監軍僉事王養浩僞降養浩疑不敢往先生以督餉至軍慨然請行至元江府南門外鑑不出迎先生呵問伏兵起而害之姚

安土官高鵠力救亦戰沒我兵連歲攻之不克會鑑死諸酋願納象贖罪世宗厭兵遂允之時人爲之語曰可憐二品承宣使只值元江象八條傷罪人之不得也先生少與夏相才名相亞得事陽明繼而卒業心齋之門先生操存過苦常與心齋步月下刻刻簡默心齋厲聲曰天地不交否又一夕至小渠心齋躍過顧謂先生曰何多擬議也先生過渠頓然若失旣而歎曰從前孤負此翁爲某費却許多氣力先生謂六合也者心之郛廓四海也者心之邊際萬物也者心之形色往古來今惟有此心浩浩淵淵不可得而窮測也此心自朝至暮能聞能見能孝能弟無間晝夜不須計度自然明覺與天同流一入聲臭卽是意念是己私也人之日用起居食息誰非天者卽此是真知真識又從而知識之是二知識也人心之痛癢視聽無不覺者此覺之外更有覺乎愚不肖者未嘗離此爲體奚謂不知不自知其用處是性故曰蠢動是以動處是覺覺處亦昏昧也此卽現成良知之言以不犯做手爲妙訣者也心齋嘗謂先生曰何謂至善曰至善卽性善曰性卽道乎曰然曰道與身孰尊身與道何異曰一也曰今子之身能尊乎否歟先生避席請問曰何哉夫子之所謂尊身也心齋曰身與道原是一件至尊者此道至尊者此身尊身不尊道不謂

之尊身尊道不尊身不謂之尊道道尊身尊纔是至善故曰天下有道以道徇身天下無道以身徇道若以道徇人妾婦之道也己不能尊信又豈能使彼尊信哉先生拜而謝曰某甚慚於夫子之教今以受降一事論之先生職主督餉受降非其分內冒昧一往卽不敢以喜功議先生其於尊身之道則有間矣

波石語錄

天命一也自道體之大而無外曰天自道體之運而無息曰命憲天者不違帝則知命者自率性真自盡其道者也不能自盡其道則是人也具形體而已矣是以有天人之分也天也命也豈別爲一體吾可得追慕而企及之耶不過自求自得而已矣既自求自得而天也命也又果何所指耶神之無方可擬不曰天乎誠之無間可息不曰命乎是曰天命之謂性○知者心之靈也自知之主宰言心自知之無息言誠自知之定理言性自知之不二言敬自知之莫測言神自知之渾然言天自知之寂然言隱自知之偏覆言費自知之不昧言學是故紀綱宇宙者知也知知者學也故曰致知焉○往古來今上天下地統名曰道是道在人統名曰心故曰人者天地之心既曰天地之心以言乎天地之間則備矣而何我何萬物乎哉二之則有外

有外則非一不一則私矣非道也不道一則非人矣不知一則非道矣不志一則非學矣孟子曰不慮而知夫曰不慮而知若固物然匪一也而能若是乎神哉陽明先生曰致良知者此知即一此知本神知之不昧是曰致矣噫先生之言至矣哉○道也者性也非率性則道其所道者也先儒輩出皆知宗性學矣而知性者或寡矣則其用工不能自得其天命之真亦性其所性者也若夫豪傑則立志直希孔孟何可竊似弄影於依稀假借之地以聞見推測爲知念慮追責爲學規矩模倣爲習是皆外襲者非性也孟軻氏沒而知學者鮮矣○聖賢教來學率性而已人之動靜食息仁義禮智靈明之德感通皆以時出而名立焉無有不感通無有不停當自晝而暮自少而老者也此天命之性如此是智之事智譬則巧而不能使人者須自得也自得之學於良知之自朝而暮能聞能見能孝能弟無間晝夜不須計度自然明覺是與天同流者非天命而何能自信天命之真而自安其日用之常是則渾然與天地合德矣是謂喜怒哀樂未發之中而允執之矣顏子之學盡是矣周子所謂一爲要程明道所謂廓然大公物來順應不須防檢不須思索孟子曰性善者皆是也如此則曰知止而後有定○夫六合也者心之郛廓四海也者心之邊際

萬物也者心之形色往古來今惟有此心浩浩淵淵不可得而窮測也而曰誠神幾曰性道教知此曰知止此知之體冲虛無朕曰中感應中節曰和知則率性而已豈不至易良能而已豈不至簡聖人不得而見之有志者蓋寡矣○聖學惟無欺天性聰明學者率其性而行之是不自欺也率性者率此明德而已父慈子孝耳聰目明天然良知不待思慮以養之是明其明德一入思擬一落意必則卽非本然矣是曰自欺也先師陽明先生只提致良知爲古今參同蓋以此也先生深於自得者也自信此知卽性也曰知者自靈明言曰性者自不息言妙用無端條理密察曰理靈明者此覺也聲臭俱無神聖莫測曰明曰誠體以知名有知無體理本用顯仁義由名故曰爲能聰明睿知則溥博淵泉而時出之寬裕溫柔齊莊中正時出而名之者也語其體固聰明睿知是已○疑吾道特足以經世撫時而不知其定性立命之奧將謂二氏有密教也而不知人者天地之心得其心則天地與我同流混闢之化相與終始亦何以惑死生乎易曰原始返終故知死生之說其說也謂形有始終耳而性卽命也何始終乎故君子盡性則至命矣不知求作聖之學何以望此道之明而自立人極也哉○人之所以爲貴者此性之靈而已矣惟靈也故能聰

能明能幾能神能謙能益能剛能柔卷舒變化溥博高明出入乎富貴貧賤之境參酌乎往來消息之時安然於飲食居處怡然於孝悌忠信伊尹以天民之先覺而覺天下者覺此靈明之性而已必自覺矣而始可以語得也孟子指怵惕之心於乍見入井之頃卽伊尹覺天下之心也○孔孟之學堯舜之治舉求諸心焉而已心外無事矣求事也者或逐事而二心求心也者以言乎天地之間則備矣是心也卽萬化也自聖人以至愚夫一者也知天下國家皆我也是曰知心知天地萬物皆心也是曰知學○盡心則萬物備我我者萬物之體萬物者我之散殊一物不得其所則將誰委乎曰我不能則自欺其知曰物難盡則自離其體是皆自私自是者之見不責躬而責人不求諸心而求諸事非盡心之謂也○告子固有義外之非矣伊川曰在物爲理何以異於義外哉子莫固有執中之陋矣伊川曰堂之中爲中國之中爲中何以異於執一哉信理在外也何以曰感而遂通天下之故信中可擬而明也何以曰故神無方而易無體○學所以明道也道者率性而已耳目之無不覩聞者聰明則然也父子之無不愛親者慈孝則然也是固若大路然而民生日用不能不由之者也然道卽聰明慈孝也顏子之仰鑽瞻忽何謂而嘆其難道信高

矣矣矣孟子曰徐行後長何謂而指其近○問志道懇切如何又有迫切不中理之病曰迫切不中理者欲速也意識爲累故有此病知學者此知精明自惺惺地有蔽即覺而惻隱羞惡不能自已者也未知者但意識耳勤懇之念作疑計功雜出於思如何會循循○問盡心便知性知性便知天此理莫不失於大快否曰心也性也天也果有二乎學者無師承怎便會悟徹此心既未徹種種障蔽奚止於大快之疑○問宋朝惡忌伯淳以其不理會事只是理會學如何曰知外無學事外無知既曰理會學則日用皆著察之功無非事者安得有事學之分○問以堯舜事業爲一點浮雲只是所性不存之意曰浮雲語適然也做到時雍風動處聖人皆順應而我無與此正是允執厥中○問氣清則通清極則神恐神不可以言氣也何如曰運動者曰氣虛靈者曰神皆擬而名之者也不神則無物矣誰其運動學而未至無欲則思雜雜則不清雜則不神非二也○問朱子謂朝廷若要恢復中原須要罷了三十年科舉此說如何曰謂須得真才可圖恢復必須學術中來今日卓越之資皆溺習於科舉而不知返噫弊而害也久矣誠正之學不講如人才何○問知涵養而不務講求將認欲作理則如之何曰如認欲作理則涵養箇甚講求正精察乎

理欲而存乎此心者也這學問中自不能缺一的莫認講求作談天說地也○問五行之生也各一其性似指氣質之性而言何如曰五行陰陽一太極也一而未嘗不殊殊而未嘗不一也猶人也耳目口鼻未嘗可同見聞覺知未嘗有二心也質者性之器氣者性之運孰得而二之而離之者哉若曰天地之性又曰有氣質之性則誤矣○百姓日用莫非天命之流行但無妄卽誠也知此則入道有門矣○問銓司選官避嫌者皆是私心若係其親子弟如何不避嫌得曰人心虛靈別嫌明微乃時措妙用若此等商量自著不得此皆有欲之心從格套中商量而求其可豈義之與比若此等心避不避皆私也○問理性命章萬一各正如何謂之各正曰各賦此理而生蠢動與人靈性各具是天命無二也品物之殊曰萬均得所賦曰各正

教諭王一菴先生棟

王棟字隆吉號一菴泰州人從事心齋嘉靖戊午由歲貢授南城訓導轉泰安陞南豐教諭所至以講學爲事先生之學其大端有二一則稟師門格物之旨而洗發之言格物乃所以致知平居未與物接只自安正其身便是格其物之本格其物之本便卽是未應時之良知至於事至物來推吾身之知而順事恕施便是格其物之末格其

物之末便即是既應時之良知故致知格物不可分析一則不以意爲心之所發謂自身之主宰而言謂之心自心之主宰而言謂之意心則虛靈而善應意有定向而中涵自心虛靈之中確然有主者名之曰意耳昔者先師蕺山曰人心徑寸耳而空中四達有太虛之象虛故生靈靈生覺覺有主是曰意故以意爲心之所發爲非是而門下亦且斷斷而不信於是有答董標心意十問答史孝復商疑逮夢奠之後惲日初爲劉子節要尚將先師言意所在節去之眞索解人而不得豈知一菴先生所論若合符節先生曰不以意爲心之所發雖自家體驗見得如此然頗自信心同理同可以質諸千古而不惑顧當時亦無不疑之雖其久於門下者不能以釋然下士聞道而笑豈不然乎周海門作聖學宗傳多將先儒宗旨湊合己意埋沒一菴又不必論也

王一菴先生語錄

陽明先生提撥良知二字爲學者用功口訣眞聖學要旨也今人只以知是知非爲良知此猶未悟良知自是人心寂然不動不慮而知之靈體其知是知非則其生化於感通者耳○良知無時而昧不必加知即明德無時而昏不必加明也大學所謂在明明德只是要人

明識此體非刮去其昏如後人磨鏡之喻夫鏡物也心神也物滯於有迹神妙於無方何可倫比故學者之於良知亦只要識認此體端的便了不消更著致字先師云明翁初講致良知後來只說良知傳之者自不察耳○先師以安身釋止至善謂天下國家之本在身必知止吾身於至善之地然後身安而天下國家可保故止至善者安其身之謂也欲安其身則不得不自正其身其有未正又不容不反求諸身能反身則身無不正身無不正則處無不安而至善在我矣古今有志於明德親民而出處失道身且不保者不明止至善之學故也○先師之學主於格物故其言曰格物是止至善工夫格字不單訓正格如格式有比則推度之義物之所取正者也物卽物有本末之物謂吾身與天下國家之人格物云者以身爲格而格度天下國家之人則所以處之之道反諸吾身而自足矣○舊謂意者心之所發教人審幾於動念之初竊疑念既動矣誠之奚及蓋自身之主宰而言謂之心自心之主宰而言謂之意心則虛靈而善應意有定向而中涵非謂心無主宰賴意主之自心虛靈之中確然有主者而名之曰意耳大抵心之精神無時不動故其生機不息妙應無方然必有所以主宰乎其中而寂然不動者是爲意也猶俗言主意之意

故意字從心從立中間象形太極圈中一點以主宰乎其間不著四
邊不賴倚靠人心所以能應萬變而不失者只緣立得這主宰於心
上自能不慮而知不然孰主張是孰綱維是聖狂之所以分只爭這
主宰誠不誠耳若以意爲心之發動情念一動便屬流行而曰及其
作動未顯之初用功防慎則恐恍忽之際物化神馳雖有敏者莫措
其手聖門誠意之學先天易簡之訣安有此作用哉○誠意工夫在
慎獨獨卽意之別名慎卽誠之用力者耳意是心之主宰以其寂然
不動之處單單有個不慮而知之靈體自做主張自裁生化故舉而
名之曰獨少間攙以見聞才識之能情感利害之便則是有所商量
倚靠不得謂之獨矣世云獨知此中固是離知不得然謂此個獨處
自然有知則可謂獨我自知而人不及知則獨字虛而知字實恐非
聖賢立言之精意也知誠意之爲慎獨則知用力於動念之後者悉
無及矣故獨在中庸謂之不覩不聞慎在中庸謂之戒慎恐懼慎本
嚴敬而不怠之謂非察私而防欲者也○慎獨註云謹之於此以審
其幾後儒因謂審察心中幾動辯其善惡而充遏之如此用功真難
湊泊易大傳曰君子上交不諂下交不瀆其知幾乎幾者動之微吉
之先見者也則幾字是交際事幾上見非心體上有幾動也心體上

有幾動則是動於念楊慈湖所以謂之起意而非大學中庸所謂獨也大傳又曰夫易聖人所以極深而研幾也朱子解云所以極深者至精也所以研幾者至變也以變釋幾非事幾乎後又謂於心幾動處省檢而精察之以是爲研謬亦甚矣○問遺錄一詩言念頭動處須當謹似亦以意爲心之所發如何曰謹念是戒其莫動妄念非於動後察善惡也亦是立定主意再不妄動之義且予所謂意猶主意非是泛然各立一意便可言誠蓋自物格知至而來乃決定是修身立本之主意也中庸卽曰誠身孟子卽曰反身而誠不本諸身便是妄了不以意爲心之所發雖是自家體驗見得如此然頗自信心同理同可以質諸千古而不惑豈以未嘗聞之先師而避諱之哉○象山謂在人情事變上用功正孟子必有事焉之意必有事焉非謂必以集義爲事言吾人無一時一處而非事則亦無一時一處而非心無一時一處而非心則亦無一時一處而非學故凡日用動靜云爲一切人情事變孰非吾心性中所有之事孰非職分內當爲之事故謂之必有事焉猶言須臾離事不得件件隨知順應而不失其宜是則所謂集義者也故孟子以後能切實用功而不涉於虛想虛見虛坐虛談者無如象山○明翁初講致良知曰致者至也如云喪致乎

哀之致其解物格知至曰物格則良知之所知者無有虧缺障蔽而得以極其至矣觀此則所謂致良知者謂致極吾心之知俾不欠其本初純粹之體非於良知上復加致也後因學者中往往不明致字之義謂是依著良知推致於事誤分良知爲知致知爲行而失知行合一之旨故後只說良知更不復言致字今明翁去久一時親承面命諸大名賢皆相繼逝海內論學者靡所稽憑故有虛空冒認良知以爲易簡超脫直指知覺凡情爲性混入告子釋氏而不自知則不言致字誤之也二者之間善學者須會取○或疑心翁以格物爲反身之學用於應事接物時甚好但若平居未與物接只好說個良知更有何物可格曰格物原是致知工夫作兩件拆開不得故明翁曰致知實在於格物格物乃所以致知可謂明矣且先師說物有本末言吾身是本天下國家爲末可見平居未與物接只自安正其身便是格其物之本格其物之本便即是未應時之良知至於事至物來推吾身之矩而順事恕施便是格其物之末格其物之末便即是既應時之良知致知格物可分拆乎況先師原初主張格物宗旨只是要人知得吾身是本專務修身立本而不責人之意非專零零碎碎於事物上作商量也夫何疑哉○問前輩多言敬則中心有主今曰

誠意則心有主將主敬不如主誠乎曰不然誠與敬俱是虛字吾非謂誠能有主謂誠此修身立本之意乃有主也誠字虛意字實譬如方士說丹意是鉛汞丹頭誠則所謂文武火候而已又通考之北宮黝之有主是主必勝孟施舍之有主是主無懼曾子聞大勇於夫子是主自反而縮孟子之異於告子是主行慊於心皆必有一件物事主宰於中乃有把柄今只徒言敬則中心有主不知主箇甚麼將以爲主箇敬字畢竟懸空無附著何以應變而不動心乎吾輩今日格物之學分明是主修身立本誠意是所以立之之功不須說敬而敬在其中蓋自其真實不妄之謂誠自其戒慎不怠之謂敬誠則敬敬則誠其功一也又程子嘗言學者先須識仁識得此理以誠敬存之而已這便是以仁爲主誠敬是所以存之之功究竟來孔之言縮孟之言慊程之言仁皆與大學修身爲本統脈相承若合符節思之當自躍然○學者一得良知透露時時處處昭朗光耀諸所動作皆在知中故曰蓋有不知而作者我無是也苟此天性真知不能徹底皎潔而藉見聞爲知則不過知之次者耳聖人原不藉見聞爲知故其教人也雖鄙夫有問皆可叩兩端而竭焉○先儒發變化氣質之論於學者極有益但若直從氣質偏處矯之則用功無本終難責效故

只反身格物以自認良知尋樂養心而充滿和氣則自然剛暴者温柔懦者立驕矜者巽簡傲者謙鄙吝者寬惰慢者敬諸所偏重咸近於中矣以是知學必涵養性源爲主本而以氣質變化爲徵驗○自責自修學之至要今人詳於責人只爲見其有不是處不知爲子而見父母不是子職必不共爲臣而見君上不是臣職必不盡他如處兄弟交朋友畜妻子苟徒見其不是則自治已疎動氣作疑自生障礙幾何不同歸於不是哉有志於爲己者一切不見人之不是然後能成就一個自家是○子貢謂夫子之言性與天道不可得而聞蓋夫子教人只在言動事爲上從實理會而性天之妙自在其中故曰下學而上達更不懸空說個性與天道使人求高求遠學者理會得時則夫子之文章何者不是性天之流行外文章而別求性天則妄矣吾人今日何可汲汲於談天說性而失孔門教化之常○問如何是安靜以養微陽曰詩云小心翼翼昭事上帝只時謹慎保守此個靈根常是閒閒靜靜欣欣融融便是得其所養今人只要向外馳騁安得陽長陰消且如人一時收攝精神略見虛明光景便將平日才智襯貼起來多聞見者馳騁於聞見能立事功者馳騁於事功善作詩者馳騁於詩會寫字者馳騁於字以至要立門戶要取功名等等

恢宏皆作勞攘精神逐外白日鬼迷當如陽復何哉○楊墨之差易見故自孟子一辨之後無人復入其門鄉愿媚世盜名雖間有人效之然亦自省有愧高明有志之士自不屑爲獨告子之學近似率真坑陷多少有志好學人豪鶻鶻突突撞入其門恬不爲怪此其爲害特深至今不息也凡今之不肯精細入思從容中道而但任氣作用率意徑情且侈號於人曰吾自良知妙用矣管甚人是人非吾自性天流行矣管甚無破無綻少循規矩則謂之拘執道理少盡報施則謂之陪奉世界凡若此者謂非告子不求於心不求於氣之學乎嗚呼安得起孟子於九原而辨正之也○一友聞格物之說喜曰看來格物二字只是個致知底致字曰然曰學既明白如此須作第一事幹庶不虛負所聞曰作第一事還有第二第三須是看得事即學學即事日用間一切動靜云爲總只是這一個學方是無間斷無歇手處友乃躍然○庸德庸言是小小尋常言行無甚關係時節令人之所忽處正古人之所謹處故學必於微小去處不少放過方始入精○一友好直己之是語之曰是非之在人心自明自辨何須自家理直子直其是誰肯認非此余少時害過切骨病痛曾記與林東城論一事於舟中余明辨自己之是東城則渾厚莫辨謂辨得自己極是

不難爲了別人予執滯不能服時李天泉在坐兩解之曰二公皆是也渾厚則仁之意多辨明則義之意多予曰巧哉仁可以該義義不可以該仁吾二人之優劣既較然矣何得謂皆是乎東城大笑曰公依舊又在這裏辨個優劣要做甚麽公可謂只是生薑樹上生但自此吾當進於明辨公亦當進於渾厚則彼此俱有益耳予於是始大悟其差亟起謝教自是悔改數十年來不敢不渾厚也○易傳曰天下何思何慮非教人一切不思慮也學而不思則罔心之官則思慎思研慮皆學者用功所在安得糊塗易傳之意蓋言天下之理同歸而塗自殊一致而慮自百我這裏真是廓然大公則自然物來順應我這裏真是寂然不動則自然感而遂通更有何事可思何物可慮而有待於計較安排者耶今不玩本章全文而截其何思何慮四字欲人槁木死灰其心於一切無所思慮之地豈理也哉或云此是聖人地位亦伊川發得太早之說也會得時何思何慮正吾人爲學切近工夫蓋必實見得天性良知果是自能感通自能順應果是無絲毫巧智復有待於計較安排此方是真機妙用真性流行而內外兩忘澄然無事矣不然終日應酬都只是憧憧往來自私用智何足以言學乎○不識不知然後能順帝之則今人只要多增聞見以廣知

識攙雜虛靈真體知何順帝則乎蓋人有知識則必添却安排擺布用智自私不能行其所無事矣故曰所惡於智者爲其鑿也○程子曰明得盡渣滓便渾化此格言也然不必質美者能之良知本體人人具足不論資質高下亦不論知識淺深信得及悟得入則亦明得盡矣有不能者百倍其功終有明盡時節到得明盡便亦都無渣滓所謂明則誠也學者但當盡力此明不必更求其次只緣當時說個其次惟莊敬以持養之遂使無限英雄不敢自任質美從事於渾化之功但擇取其所謂次者而終身用力焉所謂明盡只是認得良知的確無遮蔽處耳○聖人神化之精不出於上交不諂下交不瀆之兩言吾先師論明哲保身亦不出於愛敬之一道若他人論幾論哲必著玄微奧妙之辭愈深遠而愈不實矣○或問本體曰體用原不可分良知善應處便是本體孔門論學多就用處言之故皆中正平實後儒病求之者逐事支離不得其要從而指示本體立論始微而高虛玄遠之蔽所自起矣○由仁義行自是良知天性生機流出不假聞見安排行仁義者遵依仁義道理而行不由心生者也一是生息於中一是襲取於外二者王霸聖凡之別非安勉生熟之分也○聖人所不知不能卽愚夫愚婦與知能行之事○心不在焉須知不

在何處人言心要在腔子裏心苟在腔子裏面則凡腔子之外可盡無心耶夫心之本體靜處無物則爲不放失無在而無不在也若或一有所著馳於彼則不存於此有所在則有所不在矣此之謂不在○古人好善惡惡皆在己身上做工夫今人好善惡惡皆在人身上作障礙○程子每見人靜坐便道善學善字當玩如云魯男善學柳下惠一般學本不必靜坐在始學麄心浮氣用以定氣凝神可也周子主靜之說只指無欲而言非靜坐也今人謬以靜坐養心失之遠矣○問欲致良知必須精察此心有無色貨利名之私夾雜方是源頭潔淨曰此是以良知爲未足而以察私補之也良知自潔淨而無私不必加察但要認得良知真爾不認良知而務察其私其究能使色貨名利之私一切禁遏而不得肆乎安望廓清之有日哉○問閑思雜慮何以却之曰聖人之學不必論此心之生機頃刻不息所謂出入無時莫知其鄉是其神明不測自合如此若一概盡欲無之必求至於杳然無念非惟勢有不能卽能之正所謂槁木死灰自絕其生生不息之機而可乎但不必思閑慮雜徒自勞擾耳○一友覺有過言愧悔不樂曰莫煩惱前頭失處且喜樂今日覺處此方是見在真工夫煩惱前頭失處尙在毀譽上支持未復本體喜樂見在覺處

則所過者化而真體已呈露矣二者相去不亦遠乎○自古農工商賈業雖不同然人人皆可共學孔門弟子三千而身通六藝者纔七十二其餘則皆無知鄙夫耳至秦滅學漢興惟記誦古人遺經者起爲經師更相授受於是指此學獨爲經生文士之業而千古聖人與人人共明共成之學遂泯沒而不傳矣天生我師崛起海濱慨然獨悟直宗孔孟直指人心然後愚夫俗子不識一字之人皆知自性自靈自完自足不假聞見不煩口耳而二千年不傳之消息一朝復明矣

誠意問答

歲在庚午春王正月芝蘭獨茂苔草爭妍梴偶侍側一菴夫子起而歎曰格物之學已信於人人矣誠意以心之主宰言不猶有疑之者乎梴曰豈特他人疑之雖以梴之久於門下者亦不能以釋然蓋以意爲心之所發則未發爲心之本體心意有所分別而後誠正不容混也先儒謂心如穀種意其所發之萌芽矣乎師曰子知穀之萌芽已發者爲意而不知未發之中生生不息機莫容遏者獨不可謂之意乎○梴曰已發之和卽有未發之中者在亦嘗聞之矣然大學一書專在情上理會故好惡足以括之意之所在非好則惡意不近於

情耶師曰意近乎志卽經文之所謂有定也行者之北之南必須先有定主主意定而後靜且安則修身矣○梴曰嘗與吳友三江論人之視聽言動莫非吾意之所運視聽言動必以禮則亦莫非吾誠之所在也故大學誠意卽中庸誠身似於師說近之乎然以意近乎志古者十五志於大學豈待格物之後而志始立耶師曰志意原不相遠語錄嘗言之矣惟學貴知本誠身誠意固一也然不知誠意以修身爲家國天下之本則身不止於至善而每陷於危險之地矣身且不保而況於保家保國保天下乎今人知格物反己之學而猶不免於動氣責人者只爲修身主意不誠如果真誠懇惻凡有逆境惟知責己而不知責人是於感應不息上用工不然斷港絕河棄交息遊而非聖人運世之學矣○梴曰言之至此心體洞然自知格致處事議事頗有究竟而不容少有所混然以之處人亦然今聞師訓庶有所悔而改乎但感應不息上用功吾儒之所以異於二氏者正在於此却當於心體上著力豈宜於效驗上較之耶師曰心迹一而後知吾儒之妙非二氏可及也若人情有感必應則恆人皆能處之矣惟感之而不應而吾之所以感之者惟知自盡其分而不暇於責人望人而後謂之學無止法爲人父止於慈不當因其子之賢愚而異

愛爲人子止於孝不當因其父之寬嚴而異敬君臣朋友皆然一求諸身而無責人之妄念是之謂反身而誠樂莫大焉蓋反身則此心一而不二不二非誠乎樂卽此之謂自慊也○梴曰用力之方指示下愚當何所先乎師曰誠意工夫全在愼獨獨卽意也此惟吾心一點生機而無一毫見聞情識利害所混故曰獨卽中庸之所謂不覩不聞也愼卽戒謹恐懼○梴曰誠意之後正心之功亦大段著力不得譬之行者之南立定主意必期至南而止更無一毫牽引此誠也然至中途或有君上之召或有父兄之命則又當變通而不容泥滯落於有所正心之功其不滯而已乎師曰不滯亦是但能決定以修身立本爲主意則自無邪念不必察私防欲心次自然廣大傳曰心廣體胖其旨深哉苟不由誠意自慊而專務強正其心則是告子之學也烏足以語此○梴曰論至於此學問雖有所受而體認則存乎人何前之苦析經文而不求實用哉梴之所以疑而信信而疑者蓋以世之主講者輒好異說以新聞見況朱子之學尤未可以輕議也常讀章句因其所發釋明德實其所發釋誠意又考諸小註意是主張恁地然則朱子皆非歟師曰朱子所註未爲不是但後之學者遂分所發有善惡二端殊不知格致之後有善而無惡若惡念已發而

後著力則猶恐有不及者矣○梴曰禁於未發之謂豫發而後禁則扞格而不勝用力於未發者集義之君子自慊者也用力於已發者襲取之小人見君子而後厭然之類也吾人今日願爲君子耶爲小人耶當知所以自辨也但意之所主果屬將發未發之間乎未發則不得謂之意矣師曰未發已發不以時言且人心之靈原無不發之時當其發也必有寂然不動者以爲之主乃意也此吾所以以意爲心之主宰心爲身之主宰也子姑無以言語求之久之自當有得門人李梴記

銓部林東城先生春

林春字子仁號東城泰州人家貧童子時傭於王氏王氏見其慧使與子共學刻苦自勵嘉靖壬辰舉會試第一除戶部主事改禮部又改吏部請告歸起補郎中辛丑卒官年四十四先生師心齋而友龍溪當其始學日以朱墨點記其動念臧否醇雜久之乃悟曰此治病於標者也盍反其本乎自束髮至蓋棺未嘗一日不講學雖在吏部不以熱官避嫌襆被宿寺觀與同志終夜刺刺不休荊川曰子仁學幾二十年其膠解凍釋未知如何然自同志中語質行者必歸之義觀其論學工夫綿密不涉安排不落睹聞明道之行所無事慈湖之

不起意庶幾近之心齋之門未之或先也

林東城集

自驗接人雖寬大不忤而中心亦自有梗自省雖不敢隨俗計較而功名之念又不能忘故平時包裹之喻至此乃見其真○近覺精神泄漏夢寐不清作事應物時有氣不順暢辭不合序人有受之不堪我亦悔之無及固知平時工夫不能實際以至如此然少知檢察則又矜持不泰無與物同春之意於心不化己亦不能容矣○心齋先生語鄙人云當官以來子以爲順事乎蓋未嘗自以爲過也予曰然識有未盡勢有未能此則鄙人之過也夫子曰非是之謂也即舉乾卦六爻譬作六臣鄙人者屬九四躍龍云也龍而躍求自試者也故有許多責備之意形見之機若非自以爲過而善補之鮮有不得其禍者予曰兢兢業業不敢放過惟以正自守不求人知不徇人意以正事之而已僅足支持夫子言之於吾心有戚戚也夫子曰是亦足矣未知合易而坦然行也使能知合易道不以爲盡心不以爲難處實實落落以爲補過更覺精神予豁然有悟乃知從仕之難今始見其易易也○爲己之學不相假借無俟旁求饑食渴飲由我而已何嘗與於人知不知哉惟其爲己之間又知己非我所得私亦有私之

不可得者如善與人同舍己從人之類乃爲真切何計人己之分耶○道理無窮工夫不息望道未見聖人之心其道體本如是也使真有所得而守之將無所事於守矣惟聖人無所事守吾人尚有待於守也所謂不俟造作不必假借者如目自能視視之而已豈待加視而後明耳自能聽聽之而已豈待加聽而後聰心自能思思之而已豈待加思而後睿哉神明無待於外求直養自復其本體通乎晝夜之道而知者也近世學者不信本心具足惟於心外尋求聰明自用者失其本心修補粧綴者滯其實用久而忘返習以爲常反曰學專在是真有孤聖門精一之旨矣○靜中體認吾人日用間意念起時無纖毫私見便是靜便是制外也未發氣象此亦可觀非養至冥冥寞寞始可言靜○明覺卽戒懼亦是工夫亦是本體初無所異必戒懼而後明覺則明覺時誰明覺也○環溪主靜靜而無靜可也否則打帖久而氣魄弱某人主動動而無動可也否則發散久而神識淺○人心平日固有紛擾習染時心少不省察則逐逐相隨牽引無已或茫茫蕩蕩不知所極惟著察此念虛明在中舉無所著及事一觸從而應之不見其有不以爲功久則自以爲是者或自見其非假之外者亦自得於內真如冲漠無朕萬象森然○文王望道未見此正

心無私處苟有見而爲之不免比合牽引落於聞見雖公亦私也所謂當理者心外無理理外無事事外無仁卽心是理卽理是事卽事是仁一而已矣故仁者以天地萬物爲一體旣爲一體則物之是非善惡如體之疾痛疴癢無不自知何理可當何心可私一而已矣○近見此心無一物可見亦無工夫可著只如此平等做去一步一步一事一事自有條理自有不容已處無許多智識計較如天之廣大高明其間之生生化化者自不費手段也○心果無事百體自舒雖造次顚沛亦自裕如不見有事如此則神完知藏自能應事亦自無不照者故眞學不於照上論眞惟於無照上致決果是無照卽是眞體耳自能聰目自能明心自能照何假纖毫氣力哉○今爲學者但於事事物物上起念如何作用乃是工夫據其自信亦曰用功証之於易亦曰研幾卽是致知卽是聖人矣不知此正生死之關誠僞之辨不可不察道無方體亦何形象故曰上天之載無聲無臭至矣此便是道便是工夫有不待人之用心而始湊合以此加彼云也○求仁之功非認意見以爲是則從還就以爲宜恐無思無爲之體未能合一惟於一體求之果無見於人過而恐我愛之未深果無見於己是而恐躬行之未當兢兢業業日改月化以求一體之無私不計衆

心之何若如此而已○曰來工夫惟於平等上實際做去更不加減分毫著纖毫氣力使精藏氣定智發心安若無所事事者蓋無道之可見亦無學之可名不求見解只依本色人雖不知吾自知之人雖不信吾自信之而已吾自心自信當下卽得清明隨事自能泛應故曰清明在躬志氣如神言本心俱足萬化流行也後世學術只爲自信不及苦心小而事大幾微之善不足以應之取益於傳記之言比擬於變通之跡事有近似者引之而強合道無方體者執之而等倫縱能湊合成章不免神氣消索物旣不親我亦不化終與道爲二也○人心無迹何處著念感而遂通此乃真念故曰不必動念也使有念可動則未應之先念在何處旣應之後念又何生寂然不動而已矣學者習染之深以著意爲真切不知自喪其真以比擬爲用功不知自迷其性○道本無體亦不可見苟以有心而求終是有生有死有起有滅惟悟本來原無一物凡今日之聞見聰明皆障蔽之實況於世情物欲又其甚者乎

明儒學案卷三十三

姚江黃棃洲先生著

豫章後學　夏鼎　熊育鑫　熊繩祖　熊育鏞　徐兆瀾　周聯慶　熊榮祖　蕭兆柄　劉秉楨　李真實　重刊

文肅趙先生大洲

趙貞吉字孟靜號大洲蜀之內江人生而神穎六歲誦書日盡數卷登嘉靖十一年進士第選庶吉士授編修因上慕方術疏請敷求真儒不報遷右春坊右中允管司業事二十九年京師戒嚴嫚書要貢集百官議闕下日中莫發一論者先生出班大言曰城下之盟春秋恥之華亭問何奇畫先生曰爲今之計皇上出御正殿下詔引咎錄周尚文之功以勵邊帥釋沈束之獄以開言路輕損軍之令重賞功之格飭文武百司爲城守遣官宣諭諸將監督力戰其他無可爲畫者上即陞先生左春坊左諭德兼河南道監察御史給賞功銀五萬兩令其隨宜區處宣諭將士方廷議罷先生盛氣謁相嵩於西苑直中嵩辭不見先生怒叱門者會通政趙文華趨入顧謂先生曰公休

矣天下事當徐議之先生愈怒罵曰汝權門犬何知天下事嵩聞大恨欲敗其事故不與督戰事權亦不與一護卒先生單騎出城僦民車致銀總兵仇鸞所歷諸營傳諭而返明日復命上怒謂功賞未見措置第爲周尚文沈束懷怨詔錦衣衛逮杖謫廣西荔波縣典史量移徽州通判稍遷南京文選司主事進郎中陞光祿寺少卿通政司參議右通政光祿寺卿戶部右侍郎皆在南京四十年始入爲戶部右侍郎又以忤嵩罷隆慶改元起吏部侍郎兼翰林院學士掌詹事府事上幸學暫掌祭酒事出爲南京禮部尚書召入兼翰林院學士協管詹事府事尋拜文淵閣大學士先生在閣與高文襄共事而議多不合其大者謂御兵分隸五府數變之後至嘉靖庚戌別立戎政廳以十餘萬衆統於一人盡變祖制夫兵權貴於分練兵亦貴於分此古法也疏下廷臣議行而本兵霍冀不悅及給事中楊鎔論冀冀遂誣先生主使上終直先生而罷冀文襄以徐文貞草世廟遺詔改政改臣爲讐君將欲加罪先生拂衣起曰若是則先帝大禮大獄諸案即宋之奸黨碑也文襄色變而止文襄以閣臣兼掌吏部事使先生兼掌都察院事文襄欲修怨廷中之異己者非時考察科道先生執筆文襄終不得志其爭給事中吳時來至於日中於是文襄使其

客韓楫勎先生爲庸橫先生言人臣庸則不能橫橫非庸臣之所能也臣兢兢唯拱拱言是聽僅以考察一事與之相左臣真庸臣也若拱者然後可謂之橫也已詔馳驛歸杜門著述擬作二通以括古今之書內篇曰經世通外篇曰出世通內篇又分二門曰史曰業史之爲部四曰統曰傳曰制曰誌業之爲部四曰典曰行曰藝曰術外篇亦分二門曰說曰宗說之爲部三曰經曰律曰論宗之爲部一曰單傳直指書雖未成而其緒可尋也萬曆四年三月十五日卒年六十九贈少保謚文肅先生之學李贄謂其得之徐波石按先生之論中也曰世儒解中者不偏不倚無過不及之名而不知言中爲何物今夫置器於地平正端審然後曰此器不偏不倚度物之數長短適中然後曰此物無過不及今舍其器物未問其作何名狀而但稱曰不偏不倚無過不及則茫茫虛號何所指歸若以爲物物有天然之則事事有當可之處夫天然之則在此物者不能以該於彼物當可之處在此事者不能以通於他事若以爲道心爲主而人心聽命則動靜云爲之際自無過不及之差此又以中爲學問之效豈有二聖心傳不指其體而僅言其效乎波石之論中也亦曰伊川有當之中爲中國之中爲中若中可擬而明也易不當曰神無方而易無體矣故知

先生有所授受也先生初不自諱其非禪學嘗與徐魯源相遇魯源言學問當有所取有所舍先生厲聲曰吾這裏無取無舍宛然宗門作用也其答友人云僕之爲禪自弱冠以來敢欺人哉試觀僕之行事立身於名教有悖謬者乎則禪之不足以害人明矣僕蓋以身證之非世儒徒以口說諍論比也先生謂禪不足以害人者亦自有說朱子云佛學至禪學大壞蓋至於今禪學至棒喝而又大壞棒喝因付囑源流而又大壞就禪教中分之爲兩曰如來禪曰祖師禪如來禪者先儒所謂語上而遺下彌近理而大亂真者是也祖師禪者縱橫捭闔純以機巧小慧牢籠出沒其間不啻遠理而失真矣今之爲釋氏者中分天下之人非祖師禪勿貴遞相囑付聚羣不逞之徒教之以機械變詐皇皇求利其害豈止於洪水猛獸哉故吾見今之學禪而有得者求一樸實自好之士而無有假使達摩復來必當折棒噤口塗抹源流而後佛道可興先生之所謂不足以害人者亦從彌近理而大亂真者學之古來如大年東坡無垢了翁一輩皆出於此若其遠理而失真者則斷斷無一好人也先生嘗遊嵩高抱犢伏牛諸山德清蔡子木問道述七圖示之其一混元圖○其二出庚圖◒其三浴魄圖◒其四伊字三點之圖∴其五卍字輪相之圖卍其六

周子太極圖其七河圖謂一以攝六六以顯一一者眞空也六者妙有也世間法與出世法皆備矣先生蓋見濂仰山圖相創立宗旨與太極圖相似故扭合爲一而不顧其理之然否也夫太極只一圈耳一圈之外不可更加一圈也仰山之圖相九十七一圓分主一事不得謂之混元矣是故形同而實異也出庚浴魄魏伯陽以月象附會納甲趙汝楳朱風林皆嘗駁之與太極益不合矣英雄欺人徒自欺耳

大洲雜錄

曾子曰夫子之道忠恕而已矣不欺其心爲忠能度人之心爲恕夫不欺自心與能度他心者豈今之人盡不能者哉循是義也堂堂平平以入夫子之門是千載而昕夕也○學術之歷古今譬之有國者三代以前如玉帛俱會之日通天下之物濟天下之用而不必以地限也孟荀以後如加關譏焉稍察阻矣至宋南北之儒殆遏糴曲防獨守谿域而不令相往來矣陳公甫嘗歎宋儒之太嚴夫物不通方則用窮學不通方則見陋且諸子如董楊以下蘇陸以上姑不論晦翁法程張矣而不信程張尊楊謝矣而力闢楊謝凡諸靈覺明悟通解妙達之論盡以委於禪目爲異端而懼其一言之汚也顧自日看

案上六經論孟及程氏文字於一切事物理會以爲極致至太極無極陰陽仁義動靜神化之訓必破碎支離之爲善稍涉易簡疎暢則動色不忍言恐墮異端矣夫謂靈覺明妙禪者所有而儒者所無非靈覺明妙則滯窒昏愚豈謂儒者必滯窒昏愚而後爲正學耶〇天地萬物本吾一體也而吾何以知天地萬物之然哉天地非仁將恐折萬物非仁將恐歇吾心非仁吾身將恐蹶吾何以知吾身之然哉吾視非仁盲從目生吾聽非仁聾從耳騰吾言非仁口過嘈嘈吾動非仁身過殷殷嗚呼微翳眯睛則八方易位一念顚倒而人己成敵孰迷爲眞賊以代子四竅塵投一妙覺死樂出於虛蒸則成菌既死之心不可復振蝸窟蚓穴去仁幾何鳶飛魚躍於仁何若古之有道去彼取此三才歸根一日克己吾何以知有道之然哉以其無己也故能成其己嗚呼吾有大己俯萬物而觀天地者也大己不浹小己揭揭小己既克大己潑潑古之善克者視於無形聽於無聲動無軌轍言非述稱四用反一一眞流行無體無方禮嘉而亨少有意必固我作累妙用齊滯具爲痿痹此爲不仁而株橛小己是故無己爲克眞己爲大至大爲仁體無對待不見大小焉知內外性此曰聖復此曰賢小子至愚擇焉執焉昔者吾友從事於此敢告非狂爲仁由己

克己箴

明儒學案卷三十三

姚江黃棃洲先生著

豫章後學 夏鼎 熊纁祖 徐兆灡 熊榮祖 劉秉楨 熊育鑫 熊育鏞 周聯慶 蕭兆柄 李真實 重刊

參政羅近溪先生汝芳

羅汝芳字惟德號近溪江西南城人嘉靖三十二年進士知太湖縣擢刑部主事出守寧國府以講會鄉約為治丁憂起復江陵問山中功課先生曰讀論語大學視昔差有味耳江陵默然補守東昌遷雲南副使悉修境內水利莽人掠迤西迤西告急先生下教六宣慰使滅莽分其地莽人恐乞降轉參政萬曆五年進表講學於廣慧寺朝士多從之者江陵惡焉給事中周良寅劾其事畢不行潛住京師遂勒令致仕歸與門人走安城下劍江趨兩浙金陵往來閩廣益張皇此學所至弟子滿座而未嘗以師席自居十六年從姑山崩大風拔木刻期以九月朔觀化諸生請留一日明日午刻乃卒年七十四少時讀薛文清語謂萬起萬滅之私亂吾心久矣今當一切決去以全

吾澄然湛然之體決志行之閉關臨田寺置水鏡几上對之默坐使心與水鏡無二久之而病心火偶過僧寺見有榜急救心火者以爲名醫訪之則聚徒而講學者也先生從衆中聽良久喜曰此眞能救吾心火問之爲顏山農山農者名鈞吉安人也得泰州心齋之傳先生自述其不動心於生死得失之故山農曰是制欲非體仁也先生曰克去己私復還天理非制欲安能體仁山農曰子不觀孟子之論四端乎知皆擴而充之若火之始燃泉之始達如此體仁何等直截故子患當下日用而不知勿妄疑天性生生之或息也先生時如大夢得醒明日五鼓卽往納拜稱弟子盡受其學山農謂先生曰此後子病當自愈舉業當自工科第當自致不然者非吾弟子也已而先生病果愈其後山農以事繫留京獄先生盡鬻田產脫之侍養獄中六年不赴廷試先生歸田後身已老山農至先生不離左右一茗一果必親進之諸孫以爲勞先生曰吾師非汝輩所能事也楚人胡宗正故先生舉業弟子已聞其有得於易反北面之宗正曰伏羲平地着此一畫何也先生累呈註脚宗正不契三月而後得其傳嘗苦格物之論不一錯綜者久之一日而釋然謂大學之道必在先知能先知之則盡大學一書無非是此物事盡大學一書物事無非是此本

末終始盡大學一書之本末終始無非是古聖六經之嘉言善行格之爲義是卽所謂法程而吾儕學爲大人之妙術也夜趨其父錦臥榻陳之父曰然則經傳不分乎曰大學在禮記中本是一篇文字初則概而舉之繼則詳而實之總是慎選至善之格言明定至大之學術耳父深然之又嘗過臨清劇病恍惚見老人語之曰君自有生以來觸而氣每不動勸而目輒不瞑擾攘而意自不分夢寐而境悉不忘此皆心之痼疾也先生愕然曰是則予之心得豈病乎老人曰人之心體出自天常隨物感通原無定執君以夙生操持強力太甚一念耿光遂成結習不悟天體漸失豈惟心病而身亦隨之矣先生驚起叩首流汗如雨從此執念漸消血脈循軌先生十有五而定志於張洵水二十六而正學於山農三十四而悟易於胡生四十六而證道於泰山丈人七十而問心於武夷先生先生之學以赤子良心不學不慮爲的以天地萬物同體徹形骸忘物我爲大此理生生不息不須把持不須接續當下渾淪順適工夫難得湊泊卽以不屑湊泊爲工夫胸次茫無畔岸便以不依畔岸爲胸次解纜放船順風張棹無之非是學人不省妄以澄然湛然爲心之本體沉滯胸膈留戀景光是爲鬼窟活計非天明也論者謂龍溪筆勝舌近溪舌勝筆顧盼

呿欠微談劇論所觸若春行雷動雖素不識學之人俄頃之間能令其心地開明道在眼前一洗理學膚淺套括之氣當下便有受用顧未有如先生者也然所謂渾淪順適者正是佛法一切現成所謂鬼窟活計者亦是寂子速道莫入陰界之呵不落義理不落想像先生真得祖師禪之精者蓋生生之機洋溢天地間是其流行之體也自流行而至畫一有川流便有敦化故儒者於流行見其畫一方謂之知性若徒見氣機之鼓盪而玩弄不已猶在陰陽邊事先生未免有一間之未達也夫儒釋之辨真在毫釐今言其偏於內而不可以治天下國家又言其只是自私自利又言只消在迹上斷終是判斷不下以義論之此流行之體儒者悟得釋氏亦悟得然悟此之後復大有事始究竟得流行今觀流行之中何以不散漫無紀何以萬殊而一本主宰歷然釋氏更不深造則其流行者亦歸之野馬塵埃之聚散而已故吾謂釋氏是學焉而未至者也其所見固未嘗有差蓋離流行亦無所爲主宰耳若以先生近禪并棄其說則是俗學之見去聖亦遠矣許敬菴言先生大而無統博而未純已深中其病也王塘南言先生蚤歲於釋典玄宗無不探討緇流羽客延納弗拒人所共知而不知其取長棄短迄有定裁會語出晚年者一本諸大學孝弟

慈之旨絶口不及二氏其孫懷智嘗閱中峯廣錄先生輒命屏去曰禪家之說最令人躱閃一入其中如落陷阱更能轉頭出來復歸聖學者百無一二可謂知先生之長矣楊止菴上士習疏云羅汝芳師事顏鈞談理學師事胡清虛（卽宗正）談燒煉採取飛昇師僧玄覺談因果單傳直指其守寧國集諸生會文講學令訟者跏趺公庭斂目觀心用庫藏充餽遺歸者如市其在東昌雲南置印公堂胥吏雜用歸來請託煩數取厭有司每見士大夫輒言三十三天憑指箕仙稱呂純陽自終南寄書其子從丹師死於廣乃言曰在左右其誕妄如此此則賓客雜沓流傳錯誤毀譽失真不足以掩先生之好學也

近溪語錄

問今時談學皆有個宗旨而先生獨無自我細細看來則似無而有似有而無也羅子曰如何似無而有曰先生隨言對答多歸之赤子之心曰如何似有而無曰纔說赤子之心便說不慮不學卻不是似有而無茫然莫可措手耶曰吾子亦善於形容矣其實不然我今問子初生亦是赤子否曰然曰初生既是赤子難說今日此身不是赤子長成此時我問子答是知能之良否曰然曰卽此問答用學慮否曰不用曰如此則宗旨確有矣曰若只是我問你答隨口應聲個個

皆然時時如是雖至白首終同凡夫安望有道可得耶曰其端只在能自信從其機則始於善自覺悟虞廷言道原說其心惟微而所示工夫却要惟精惟一有精妙的工夫方入得微妙的心體曰赤子之心如何用工曰心爲身主身爲神舍身心二端原樂於會合苦於支離故赤子孩提欣欣長是歡笑蓋其時身心猶相凝聚及少少長成心思雜亂便愁苦難當世人於此隨俗習非往往馳求外物以圖安樂不思外求愈多中懷愈苦老死不肯回頭惟是有根器的人自然會尋轉路曉夜皇皇或聽好人半句言語或見古先一段訓詞憬然有個悟處方信大道只在此身此身渾是赤子赤子渾解知能知能本非學慮至是精神自來體貼方寸頓覺虛明天心道脈信爲潔淨精微也已曰此後却又如何用工曰吾子只患不到此處莫患此後工夫請看慈母之字嬰兒調停斟酌不知其然而然矣○問學問有個宗旨方好用工請指示曰中庸性道首之天命故曰道之大原出於天又曰聖希天夫天則莫之爲而爲莫之致而至者也聖則不思而得不勉而中者也欲求希聖希天不尋思自己有甚東西可與他打得對同不差毫髮却如何希得他天初生我只是個赤子赤子之心渾然天理細看其知不必慮能不必學果然與莫之爲而爲莫之

致而至的體段渾然打得對同過然則聖人之爲聖人只是把自己不慮不學的見在對同莫爲莫致的源頭久久便自然成個不思不勉而從容中道的聖人也赤子出胎最初啼叫一聲想其叫時只是愛戀母親懷抱却指著這個愛根而名爲仁推充這個愛根以來做人合而言之曰仁者人也親親爲大若做人的常是親親則愛深而其氣自和氣和而其容自婉一些不忍惡人一些不敢慢人所以時時中庸其氣象出之自然其功化成之渾然也○問吾人在世不免身家爲累所以難於爲學曰却倒說了不知吾人只因以學爲難所以累於身家耳卽如纔歌三十六宮都是春夫天道必有陰陽人世必有順逆今曰三十六宮都是春則天道可化陰而爲純陽矣夫天道可化陰而爲陽人世獨不可化逆而爲順乎此非不近人情有所勉強於其間也吾人只能專力於學則精神自然出拔物累自然輕渺莫說些小得失憂喜毀譽榮枯卽生死臨前且結纓易簀曳杖逍遙也○問臨事輒至倉皇心中更不得妥貼靜定多因養之未至故如是耳曰此養之不得其法使然因先時預有個要靜定之主意後面事來多合他不着以致相違相競故臨時衝動不寧也曰靜定之意如何不要孟子亦說不動心曰心則可不動若只意思作主如何

能得不動孟子是以心當事今却以主意去當事以主意爲心則雖養百千萬年終是要動也○問善念多爲雜念所勝又見人不如意暴發不平事已輒生悔恨不知何以對治曰譬之天下路徑不免石塊高低天下河道不免灘瀨縱横善推車者輪轅迅飛則塊磊不能爲礙善操舟者篙槳方便則灘瀨不能爲阻所云雜念忿怒皆是說前日後日事也工夫緊要只論目前今且說此時相對中心念頭果是何如曰若論此時則恭敬安和只在專志受教一毫雜念也不生曰吾子既已見得此時心體有如是好處却果信得透徹否大衆忻然起曰據此時心體的確可以爲聖爲賢而無難事也曰諸君目前各各奮躍此正是車輪轉處亦是槳勢快處更愁有甚麽崎嶇可以阻得你有甚灘瀨可以滯得你況民之秉彝好是懿德則此個輪極是易轉此個槳極爲易搖而王道蕩蕩平平終身由之絕無崎嶇灘瀨也故自黃中通理便到暢四肢發事業自可欲之善便到大而化聖而神今古一路學脈真是簡易直截真是快活方便奈何天下推車者曰數千百人未聞以崎嶇而迴轍行舟者曰數千百人未聞以灘瀨而停棹而吾學聖賢者則車未曾推而預愁崎嶇之阻舟未曾發而先懼灘瀨之横此豈路之阨於吾人哉抑果吾人之自阨也○

問吾人心與天地相通只因有我之私便不能合曰若論天地之德雖有我亦隔他不得曰如何隔不得曰卽有我之中亦莫非天地生機之所貫徹但謂自家愚蠢而不知之則可若謂他會隔斷得天地生機則不可曰極惡之人雷霆且擊之難說與天不隔曰雷擊之時其人驚否曰驚被擊之時其人痛否曰痛曰驚是孰爲之驚痛是孰爲之痛然則雷能擊死其人而不能擊死其人之驚與痛之天也已

○一友每常用工閉目觀心羅子問之曰君今相對見得心中何如曰炯炯然也但常恐不能保守奈何曰且莫論保守只恐或未是耳曰此處更無虛假安得不是且大衆俱在此坐而中炯炯至此未之有改也羅子謂天性之知原不容昧但能盡心求之明覺通透其機自顯而無蔽矣是故聖賢之學本之赤子之心以爲根源又徵諸庶人之心以爲日用若坐下心中炯炯却赤子原未帶來而與大衆亦不一般也吾人有生有死我與老丈存日無多須知炯炯渾非天性而出自人爲今日天人之分便是將來神鬼之關也今在生前能以天明爲明則言動條暢意氣舒展比至歿身不爲神者無幾若今不以天明爲明只沉滯襟膈留戀景光幽陰既久歿不爲鬼者亦無幾矣其友蘧然曰怪得近來用工若日中放過處多則夜臥夢魂自在

若日中光顯太盈則夢魂紛亂顛倒令人不堪非遇先生幾枉此生矣○問用工思慮起滅不得寧貼曰非思慮之不寧由心體之未透也吾人日用思慮雖有萬端而心神止是一個遇萬念以滯思慮則滿腔渾是起滅其功似屬煩苦就一心以宰運化則舉動更無分別又何起滅之可言哉易曰天下何思何慮殊途而同歸一致而百慮夫慮以百言此心非無思慮也惟一致以統之則返殊而爲同化感而爲寂渾是妙心更無他物欲求纖毫之思慮亦了不可得也○一友執持懇切久覺過苦求一脫洒工夫曰汝且莫求工夫同在講會隨時臥起再作商量旬日其友躍然曰近覺生意勃勃雖未用力而明白可愛曰汝信得當下卽是工夫否曰亦能信得不知何如可不忘失曰忘與助對汝欲不忘卽必有忘時不追心之既往不逆心之將來任他寬洪活潑真是水流物生充天機之自然至於恆久不息而無難矣○問別後如何用工曰學問須要平易近情不可著手太重如麄茶淡飯隨時遣日心既不勞事亦了當久久成熟不覺自然有個悟處蓋此理在日用間原非深遠而工夫次第亦難以急迫而成學能如是雖無速化之妙卻有雋永之味也○問某用工致知力行不見有個長進處曰子之致知知個甚的力行行個甚的曰是要

此理親切曰如何是理曰某平日說理只事物之所當然便是曰汝要求此理親切却舍了此時而言平日便不親切舍了此時問答而言事物當然又不親切曰此時問答如何是理之親切處曰汝把問答與理看作兩件却求理於問答之外故不親切不曉我在言說之時汝耳凝然聽着汝心炯然想着則汝之耳汝之心何等條理明白也言未透徹則默然不答言纔透徹便隨衆欣然如是則汝之心汝之口又何等條理明白也曰果是親切曰豈止道理爲親切哉如此明辯到底如此請教不怠又是致知力行而親切處矣○問吾儕或言觀心或言行己或言博學或言守靜先生皆未見許然則誰人方可以言道耶曰此捧茶童子却是道也一友率爾曰豈童子亦能戒慎恐懼耶羅子曰茶房到此幾層廳事衆曰三層曰童子過許多門限階級不曾打破一個茶甌其友省悟曰如此童子果知戒懼只是日用不知羅子難之曰他若不是知如何會捧茶捧茶又會戒懼其友語塞徐爲解曰知有兩樣童子日用捧茶是一個知此則以慮而知其知屬之人也天之知是順而出之所謂順則成人成物也人之知却是返而求之所謂逆則成聖成神也故曰以先知覺後知以先覺覺後覺人能以覺悟之竅而妙合不慮之良使渾然爲一方是睿

以通微神明不測也○問今若全放下則與常人何異曰無以異也曰旣無以異則何以謂之聖學也曰聖人者常人而肯安心者也常人者聖人而不肯安心者也故聖人卽是常人以其自明故卽常人而名爲聖人矣常人本是聖人因其自昧故本聖人而卒爲常人矣○諸友靜坐寂然無譁將有欲發問者羅子止之良久語之曰當此靜默之時澄慮反求如平時躁動今覺凝定平時昏昧今覺虛明平時怠散今覺整肅使此心良知炯炯光徹則人人坐間各抱一明鏡於懷中却請諸子將自己頭面對鏡觀照若心事端莊則如冠裳濟楚意態自然精明若念頭塵俗則蓬頭垢面不特旁觀者恥笑而自心惶恐又何能頃刻安耶曰三自反可是照鏡否曰此個鏡子與生俱生不待人照而常自照人纖毫瞞他不過故不忠不仁亦是當初自己放過自反者反其不應放過而然非曰其始不知後因反己乃知也曰吾儕工夫安能使其常不放過耶曰羞惡之心人皆有之誰肯蓬頭垢面以度朝夕耶○一廣文自敘平生爲學已能知性羅子問君於此時可與聖人一般否曰如此說則不敢曰旣知是性豈又與聖人不似一般曰吾性與聖一般此是從赤子胞胎時說若孩提稍有知識已去聖遠矣故吾儕今日只合時時照管本心事事歸依

本性久則聖賢乃可希望時方飲茶遜讓羅子執茶甌問曰君言照管歸依俱是恭敬持甌之事今且未見甌面安得遽論持甌恭敬也曰我於甌子也曾見來也曾持來但有時見有時不見有時持有時忘記持不能如聖人之恆常不失耳曰此個性只合把甌子作譬原却不卽是甌子甌子則有見有不見而性則無不見也甌子則有持有不持而性則原不待持也不觀中庸說率性謂道道不可須臾離今云見持不得恆常則是可以離矣可離則所見所持原非是性曰此性各在當人稍有識者誰不能知況用功於此者乎曰君言知性如是之易此性之所以難知也孟子之論知性必先之以盡心苟心不能盡則性不可知也知性則知天故天未深知則性亦不可爲知也君試反而思之前日工夫果能旣竭其心思乎今時受用果能知天地之化育乎若果知時便骨肉皮毛渾身透亮河山草樹大地回春安有見不能常持不能久之弊苟仍是舊日境界我知其必然未曾知也廣文沉思未有以應童子捧茶方至羅子指而謂一友曰君自視與童子何如曰信得更無兩樣頃之復問曰不知君此時何所用功曰此時覺心中光明無有沾滯曰君前云與捧茶童子一般說得儘是今云心中光明又自己翻帳也友遽然曰並無翻帳曰童子

見在請君問他心中有此光景否若無此光景則分明與君兩樣廣文曰不識先生心中工夫却是如何曰我的心也無個中也無個外所謂用功也不在心中也不在心外只是童子獻茶來時隨衆起而受之從容啜畢童子來接時隨衆付而與之君必以心相求則此無非是心以工夫相求則此無非是工夫若以聖賢格言相求則此亦可說動靜不失其時其道光明也廣文恍然自失○廣文再過訪自述近得個悟頭甚是透徹羅子問其詳對曰向時見未真確每云自己心性時得時失中無定主工夫安能純一殊不知耳目口鼻心思天生五官職司一樣試說吾此耳此目終日應接事物誰曾一時無耳目哉耳目既然則終日應接事物又誰曾一時無心思哉耳目心思既皆常在則內外主宰已定而自己工夫豈不漸漸純熟而安全也哉羅子笑曰此悟雖妙恐終久自生疑障廣文不服羅子曰今子悟性固常在獨不思善則性在時爲之而不善亦性在時爲之也以常在而主張性宗是又安得謂性善耶廣文自失問將奈何曰是不難蓋常在者性之真體而爲善爲不善者性之浮用體則足以運用用不能以遷體也試思耳之於聲目之於色其千變萬化於前者能保其無美惡哉是則心思之善不善也然均聽之均視之一一更均

明曉而辨別之是則心思之能事性天之至善而終日終身更非物感之可變遷者也廣文曰先生之悟小子也是死而復生之矣○羅子令太湖講性命之學其推官以爲迂也直指慮囚推官與羅子侍推官斬羅子於直指曰羅令道學先生也直指顧羅子曰今看此臨刑之人道學作如何講羅子對曰他們平素不識學問所以致有今日但吾輩平素講學又正好不及他今日直指詰之曰如何不及曰吾輩平時講學多爲性命之談然亦虛虛談過何曾眞切爲着性命試看他們臨刑往日種種所爲到此都用不着就是有大名位大爵祿在前也都沒幹他們如今都不在念只一心要求保全性命何等眞切吾輩平日工夫若肯如此那有不到聖賢道理直指不覺嘉歎推官亦肅然○羅子行鄉約於海春書院面臨滇海青苗滿目客有指柏林而告曰前年有司遷學議伐宮牆樹以充用羣鳥徙巢而去分守李同野止勿伐羣鳥一夕歸巢如故言訖飛鳴上下樂意相關昆陽州守夏漁請曰恆謂聖賢非人可及故究情考索求之愈勞而去之益遠豈知性命諸天本吾固有日用之間言動事爲其停當處卽與聖賢合一也羅子曰停當二字尚恐未是夏守瞿然曰言動事爲可不要停當耶曰可知言動事爲方纔可說停當則子之停當有

時而要有時而不要矣獨不覩茲柏林之禽鳥乎其飛鳴之相關何如也又不觀海疇之青苗乎其生機之萌茁何如也子若拘拘以停當求之則此鳥此苗何時而爲停當何時而不爲停當耶易曰水流而不息物生而不窮造化之妙原是貫徹渾融吾子蚤作而夜寐嬉笑而偃息無往莫非此體豈待言動事爲方思量得個停當又豈直待言動事爲停當方始說道與古先賢哲不殊若如是用功如是作見則未臨言動事爲固是錯過而既臨言動事爲亦總是錯過矣夏守憬然自省作而言曰子在川上不舍晝夜吾人心體未嘗一息有間今當下生意津津不殊於禽鳥不殊於新苗往時萬物一體之仁果覺渾淪成片矣欲求停當豈不是個善念但善則便落一邊既有一邊善便有一邊不善既有一段善便有一段不善如何能得晝夜相通如何能得萬物一體顏子得此不息之體其樂自不能改若說以貧自安而不改淺之乎窺聖賢矣○問人欲雜時作何用藥曰言善惡者必先善而後惡言吉凶者必先吉而後凶今盈宇宙中只是個天便只是個理惟不知是天理者方始化作欲去如今天日之下原只是個光亮惟瞽了目者方始化作暗去○癸丑羅子過臨清忽遘重病倚榻而坐恍若一翁來言曰君身病稍康心病則復何如羅

子不應翁曰君自有生以來遇觸而氣每不動當勸而目輒不瞑擾攘而意自不分夢寐而境悉不忘此皆君心痼疾也羅子愕然曰是則予之心得曷言病翁曰人之心體出自天常隨物感通原無定執君以宿生操持強力太甚一念耿光遂成結習日中固無紛擾夢裏亦自昭然君今謾喜無病不悟天體漸失豈惟心病而身亦不能久延矣蓋人之志意長在目前蕩蕩平平與天日相交此則陽光宣朗是爲神境令人血氣精爽內外調暢如或志氣沉滯胸臆隱隱約約如水鑑相涵此則陰靈存想是爲鬼界令人脈絡糾纏內外膠泥君今陰陽莫辨境界妄縻是尚得爲善學者乎羅子驚起汗下從是執念潛消血脈循軌○問夫子臨終逍遙氣象曰夫形骸雖顯而其體滯礙本心雖隱而其用圓通故長戚戚者務活其形者也坦蕩蕩者務活其心者也形當活時尚苦滯礙況其僵仆而死耶心在軀殼尚能圓通況離形超脫則乘化御天周遊六虛無俟推測卽諸君此時對面而其理固明白現前也又何疑哉○問有人習靜久之遂能前知者爲不可及曰不及他不妨只恐及了倒有妨也曰前知如何有妨曰正爲他有個明了所以有妨蓋有明之明出於人力而其明小無明之明出於天體而其明大譬之暗室張燈自耀其光而日麗山

河反未獲一覩也已○萬言策問疾羅子曰此道炳然宇宙原不隔
乎分塵故人己相通形神相入不待言說古今自直達也後來見之
不到往往執諸言詮善求者一切放下胸目中更有何物可有耶○
謂懷智曰汝於人物切不可起揀擇心須要賢愚善惡一切包容直
到物我兩忘方是汝成就處○智臥病先生問曰病中工夫何如智
曰甚難用工先生曰汝能似無病時便是工夫○古今學者曉得去
做聖人而不曉得聖人卽是自己故往往去尋作聖門路殊不知門
路一尋便去聖萬里矣○余自始入仕途今計年歲將及五十竊觀
五十年來議律例者則曰密一日制刑具者則曰嚴一日任稽察施
拷訊者則曰猛一日每當堂階之下牢獄之間覩其血肉之淋漓未
嘗不鼻酸額蹙爲之歎曰此非盡人之子與非曩昔依依於父母之
懷戀戀於兄妹之傍者乎夫豈其皆善於初而不皆善於今哉及覩
其當疾痛而聲必呼父母覓相依而勢必先乎兄弟則又信其善於
初者而未必皆不善於今也已故今諦思吾儕能先明孔孟之說則
必將信人性之善信其善而性靈斯貴矣貴其靈而軀命斯重矣茲
誠轉移之機當汲汲也隆冬冰雪一綫陽回消卽俄頃諸君第目前
日用惟見善良歡欣愛養則民之頑劣必思掩藏上之嚴峻亦必少

輕省謂人情世習終不可移者恐亦無是理矣○向從大學至善推演到孝弟慈嘗由一身之孝弟慈而觀之一家未嘗有一人而不孝弟慈者由一家之孝弟慈而觀之一國未嘗有一人而不孝弟慈者由一國之孝弟慈而觀之天下亦未嘗有一人而不孝弟慈者又由縉紳士大夫以推之羣黎百姓又由孩提少長以推之壯盛衰老孩提少長皆是愛親敬長以能知能行此孝弟慈也又時乘閒暇縱步街衢肆覽大衆其間人數何啻億兆之多窺覷其中總是父母妻子之念固結維係所以勤謹生涯保護軀體而自有不能已者故某自三十登第六十歸山中間侍養二親敦睦九族入朝而徧友賢良遠仕而躬禦魑魅以至年載多深經歷久遠乃歎孔門學庸全從周易生生一語化將出來蓋天命不已方是生而又生生而又生方是父母而己身己身而子子而又孫以至曾而且玄也故父母兄弟子孫是替天命生生不已顯現個膚皮天命生生不已是替孝父母弟兄長慈子孫通透個骨髓直豎起來便成上下今古橫亙將去便作家國天下孔子謂仁者人也親親爲大其將中庸大學已是一句道盡孟氏謂人性皆善堯舜之道孝弟而已矣其將中庸大學亦是一句道盡○喜怒哀樂未發謂之中先儒觀未發氣象不知當如何觀曰

子不知如何爲喜怒哀樂未發又如何知得去觀其氣象也耶我且詰子此時對面相講有喜怒也無有哀樂也無曰俱無曰既謂俱無便是喜怒哀樂未發也此未發之中是吾人本性常體若人識得此個常體中中平平無起無作則物至而知知而喜怒哀樂出焉自然與預先有物橫其中者天淵不侔矣豈不中節而和哉故忠信之人可以學禮中心常無起作卽謂忠信之人如畫之粉地一樣潔潔淨淨紅點着便紅綠點着便綠其節不爽其文自著節文自著而禮道豈復有餘蘊也哉○今堂中聚講人不下百十堂外往來亦不下百十今分作兩截我輩在堂中者皆天命之性而諸人在堂外則皆氣質之性也何則人無貴賤賢愚皆以形色天性而爲日用但百姓則不知而吾輩則能知之也今執途人詢之汝何以能視耶必應以目矣而吾輩則必謂非目也心也執途人詢之汝何以能聽耶必應以耳矣而吾輩則必謂非耳也心也執途人而詢之汝何以能食何以能動耶必應以口與身矣而吾輩則必曰非口與身也心也識其心以宰身則氣質不皆化而爲天命耶昧其心以從身則天命不皆化而爲氣質耶心以宰身則萬善皆從心生雖謂天命皆善無不可也心以從身則衆惡皆從身造雖謂氣質乃有不善亦無不可也故天

地能生人以氣質而不能使氣質之必歸天命能同人以天命而不能保天命之純全萬善若夫化氣質以爲天性率天性以爲萬善其惟以先知覺後知以先覺覺後覺也夫故曰天地設位聖人成能○問因戒謹恐懼不免爲吾心寧靜之累羅子曰戒謹恐懼姑置之今且請言子心之寧靜作何狀其生謾應以天命本然原是太虛無物羅子謂此說汝原來事與今時心體不切生又歷引孟子言夜氣清明程子教觀喜怒哀樂未發以前氣象皆是此心體寧靜處曰此皆抄書常套與今時心體恐亦不切諸士子沉默半晌適郡邑命執事供茶循序周旋略無差僭羅子目以告生曰諦觀羣胥此際供事心則寧靜否諸生欣然起曰羣胥進退恭肅內固不出而外亦不入雖欲不謂其心寧靜不可得也曰如是寧靜正與戒懼相合而又何相妨耶曰戒謹恐懼相似用功之意或不應如是現成也曰諸生可言適纔童冠歌詩之時與吏胥進茶之時全不戒謹耶其戒謹又全不用功耶蓋說做工夫是指道體之精詳處說個道體是指工夫之貫徹處道體人人具足則豈有全無工夫之人道體既時時不離則豈有全無工夫之時故孟子云行矣而不著習矣而不察所以終身在於道體工夫之中儘是寧靜而不自知其爲寧靜儘是戒懼而不自

知其爲戒懼不肯體認承當以混混沌沌枉過一生○問平日在慎獨用功頗爲專篤然雜念紛擾終難止息如何乃可羅子曰學問之功須先辨別源頭分曉方有次第且言如何爲獨曰獨者吾心獨知之地也又如何爲慎獨曰吾心中念慮紛雜或有時而明或有時而昏或有時而定或有時而亂須詳察而嚴治之則慎也曰卽子之言則慎雜非慎獨也蓋獨以自知者心之體也一而弗二者也雜其所知者心之照也二而弗一者也君子於此因其悟得心體在我至隱至微莫見莫顯精神歸一無須與之散離故謂之慎獨也曰所謂慎者蓋如治其昏而後獨可得而明也治其亂而後獨可得而定也若非慎其雜又安能慎其獨也耶曰明之可昏定之可亂皆二而非一也二而非一則皆雜念而非所謂獨知也獨知也者吾心之良知天之明命而於穆不已者也明固知明昏亦知昏昏明二而其知則一也定固知定亂亦知亂定亂二而其知則一也古今聖賢惓惓切切只爲這些子費却精神珍之重之存之養之爲天地立心爲生民立命總在此一處致慎也曰然則雜念詎置之不問耶曰吏胥之在於官府兵卒之在於營伍雜念之類也憲使升堂而吏胥自肅大將登壇而兵卒自嚴則慎獨之與雜念之類也今不思自作憲使主將而

惟隸胥兵卒之求焉不亦悖且難也哉○問吾儕爲學此心常有茫蕩之時須是有個工夫作得主張方好羅子曰據汝所云是要心中常常用一工夫自早至晚更不忘記也耶曰正是如此曰聖賢言學必有個頭腦頭腦者乃吾心性命而得之天者也若初先不明頭腦而只任爾我潦草之見或書本膚淺之言胡亂便去做工夫此亦儘爲有志但頭腦未明則所謂工夫只是汝我一念意思耳既爲意念則有時而起便有時而滅有時而聚便有時而散有時而明便有時而昏縱使專心記想着力守住畢竟難以長久況汝心原是活物且神物也持之愈急則失愈速矣曰弟子所用工夫也是要如大學中庸所謂慎獨不是學問一大頭腦耶曰聖人原曰教人慎獨本是有頭腦而爾輩實未見得蓋獨是靈明之知而此心本體也此心徹首徹尾徹內徹外更無他有只一靈知故謂之獨也中庸形容謂其至隱而至見至微而至顯卽天之明命而日鑒在茲者也慎則敬畏周旋而常目在之顧諟天之明命者也如此用功則獨便是爲慎的頭腦慎亦便以獨爲主張慎或有時勤怠獨則長知而無勤怠也慎或有時作輟獨則長知而無作輟也何則人無所不至惟天不容僞慎獨之功原起自人而獨知之知原命自天也況汝輩工夫當其茫蕩

之時雖說已是怠而忘勤已是輟而廢作然反思從前怠時輟時或應事或動念一一可以指汝則汝固說心爲茫蕩而獨之所知何嘗絲毫茫蕩耶則是汝輩孤負此心而此心却未孤負汝輩天果明嚴須當敬畏敬畏○儒謂心體寂靜之時方是未發難說平常卽是也曰中庸原先說定喜怒哀樂而後分未發與發豈不明白有兩段時候也耶況細觀吾人終日喜怒哀樂必待物感乃發而其不發時則更多也感物則欲動情勝將或不免而未發時則任天之便更多也中庸欲學者得見天命性眞以爲中正平常的極則而恐其不知喫緊貼體也乃指着喜怒哀樂未發處使其反觀而自得之則此段性情便可中正平常便可平常中正亦便可立大本而其出無窮達大道而其應無方矣○問喜怒哀樂未發是何等時候亦何等氣象耶羅子曰此是先儒看道太深把聖賢憶想過奇便說有何氣象可觀也蓋此書原叫做中庸只平平常常解釋便是妥貼且更明快蓋維天之命於穆不已命不已則性不已性不已則率之爲道亦不已而無須臾之或離也此個性道體段原長是渾渾淪淪而中亦長是順順暢暢而和我今與汝終日語默動靜出入起居雖是人意周旋却自自然然莫非天機活潑也卽於今日直到老死更無二一様所謂人

性皆善而愚婦愚夫可與知與能者也中間只恐怕喜怒哀樂或至
拂性違和若時時畏天奉命不過其節卽喜怒哀樂總是一團和氣
天地無不感通民物無不歸順相安相養而太和在宇宙間矣此只
是人情纔到極平易處而不覺工夫卻到極神聖處也噫人亦何苦
而不把中庸解釋中庸亦又何苦而不把中庸服行中庸也哉○問
此理在天地間原是活潑原是恆久無欠缺無間歇何如羅子曰子
覺理在天地之間則然矣不識反之於身則又何如曰某觀天地間
只等反諸身心便是茫然曰子觀天地間道理如是豈獨子之身心
卻在天地外耶曰吾身固不在天地外但覺得天地自天地吾身自
吾身未渾成一個也曰子身與天地固非一個但鳶魚與天地亦非
一個也何中庸卻說鳶魚與天地相昭察也耶曰鳶魚是物類於天
地之性不會斲喪若吾人不免氣習染壞似難並論也曰氣習染壞
雖則難免但請問子應答之時手便翼然端拱足便竦然起立可曾
染壞否曰此正由平日習得好了曰子於拱立之時目便炯然相視
耳便卓然相聽可曾由得習否曰此卻非由習而後能曰既子之手
也是道足也是道耳目又也是道如何卻謂身不及乎鳶魚而難以
同乎天地也哉豈惟爾身卽一堂上下貴賤老幼奚止千人看其手

足拱立耳目視聽都是伶俐難說不活潑於鳶魚不昭察於天地也
一生詰曰孟子云物之不齊物之情也若曰渾然俱是個道則中庸
栽者培之傾者覆之皆非耶曰讀書須上下文氣理會此條首言天
之生物必因其材而篤註謂篤爲加厚若如舊說則培是加厚栽他
覆是加厚傾他夫豈天地生物之本心哉當照中庸他章說天地無
不覆幬方見其生生不已之心蓋天地之視物猶父母之視子物之
或栽或傾在人能分別之而父母難分也故曰人莫知其子之惡父
母莫能知其子之惡而天地顧肯覆物之傾也耶此段精神古今獨
我夫子一人得之故其學只是求仁其術只是行個恕其志只是要
個老便安少便懷朋友便信其行藏南子也去見佛肸也應召公山
弗擾也欲往楚狂雖離之也去尋他荷蕢雖避之也去追他真是要
個個入於善而於己更不知一毫吝惜於人亦更不知一毫分別故
其自言曰有教無類推其在在精神將我天下萬世之人欲盡納之
懷抱之中所以至今天下萬世之人個個親之如父愛之如母尊敬
之如天地非夫子有求於我人亦非吾人有求於夫子皆莫知其然
却真是渾成一團太和一片天機也○問孝弟如何是爲仁的本處
羅子曰只目下思父母生我千萬辛苦而未能報得分毫父母望我

千萬高遠而未能做得分毫自然心中悲愴情難自已便自然知疼痛心上疼痛的人便會滿腔皆惻隱遇物遇人決肯方便慈惠周卹溥濟又安有殘忍戕賊之私耶曰如此却恐流於兼愛曰子知所恐却不會流矣但或心尙殘忍無愛可流焉耳○問仁者以天地萬物爲一體又曰仁者渾然與物同體意果何如羅子曰天地之大德曰生夫盈天地間只是一個大生則渾然亦只是一個仁中間又何有纖毫間隔故孔門宗旨惟是一個仁字孔門爲仁惟一個恕字如云己欲立而立人己欲達而達人分明說己欲立不須在己上去立只立人卽所以立己也己欲達不須在己上去達只達人卽所以達己也是以平生功課學之不厭誨人不倦其不厭處卽其所以不倦處也其不倦處卽其所以不厭處也卽今人所說好官相似說官之廉卽其不取民者是也而不取於民方見是廉說官之慈卽其不虐民者是也而不虐乎民方見是慈統天徹地膠固圓融自內及外更無分別此方是渾然之仁亦方是孔門宗旨也已○某初日夜想做個好人而科名宦業皆不足了平生却把近思錄性理大全所說工夫信受奉行也到忘食寢忘死生地位病得無奈却看見傳習錄說諸儒工夫未是始去尋求象山慈湖等書然於三先生所謂工夫每有

罣礙病雖小愈終沉滯不安時年已弱冠先君極爲憂苦幸自幼蒙父母憐愛過甚而自心於父母及弟妹亦互相憐愛真比世人十分切至因此每讀論孟孝弟之言則必感動或長要涕淚以先只把當做尋常人情不爲緊要不想後來諸家之書做得着緊喫苦在省中逢着大會師友發揮却翻然悟得只此就是做好人的路徑奈何不把當數却去東奔西走而幾至忘身也哉從此回頭將論語再來細讀真覺字字句句重於至寶又看孟子又看大學又看中庸更無一字一句不相照映由是却想孔孟極口稱頌堯舜而說其道孝弟而已矣豈非也是學得沒奈何然後遇此機竅故曰我非生而知之者好古敏以求之者也又曰規矩方圓之至聖人人倫之至也其時孔孟一段精神似覺渾融在中一切宗旨一切工夫橫穿直貫處處自相湊合但有易經一書却貫串不來天幸楚中一友胡宗正來從某改舉業他談易經與諸家甚是不同後因科舉辭別及在京得第殊悔當面錯過皇皇無策乃告病歸侍老親因遣人請至山中細細叩問始言渠得異傳不敢輕授某復以師事之閉戶三月亦幾忘生方蒙見許反而求之又不外前時孝弟之良究極本原而已從此一切經書皆必歸會孔孟孔孟之言皆必歸會孝弟以之而學學果不厭

以之而教教果不倦以之而仁仁果萬物一體而萬世一心也已○問孔顏樂處羅子曰所謂樂者竊意只是個快活而已豈快活之外復有所謂樂哉生意活潑了無滯礙卽是聖賢之所謂樂却是聖賢之所謂仁蓋此仁字其本源根柢於天地之大德其脈絡分明於品彙之心元故赤子初生孩而弄之則欣笑不休乳而育之則歡愛無盡蓋人之出世本由造物之生機故人之爲生自有天然之樂趣故曰仁者人也此則明白開示學者以心體之眞亦指引學者以入道之要後世不省仁是人之胚胎人是仁之萌蘖生化渾融純一無二故只思於孔顏樂處竭力追尋顧却忘於自己身中討求着落誠知仁本不遠方識樂不假尋○問靜功固在心中體認有要否羅子曰無欲爲靜則無欲爲要但所謂欲者只動念在軀殼上取足求全者皆是雖不比俗情受用然視之沖淡自得坦坦平平相去天淵也○問如何用力方能得心地快樂羅子曰心地原只平等故用力亦須輕省蓋此理在人雖是本自具足然非形象可拘所謂樂者只無愁是也若以欣喜爲樂則必不可久而不樂隨之矣所謂得者只無失是也若以境界爲得則必不可久而不得隨之矣○問大學之首知止中庸之重知天知人而論語却言吾有知乎哉無知也博觀經書

言知處甚多而不識不知惟詩則一言之然未有若夫子直言無知之明決者請問其旨曰吾人之學專在盡心而心之爲心專在明覺如今日會堂百十其衆誰不曉得相見曉得坐立曉得問答曉得思量此個明覺曉得即是本心此個本心亦只是明覺曉得而已事物無小大之分時候無久暫之間真是徹天徹地而貫古貫今也但此個明覺曉得其體之涵諸心也最爲精妙其用之應於感也又極神靈事之既至則顯諸仁而昭然若常自知矣事之未來而茫然渾然知若全無矣非知之果無也心境暫寂而覺照無自而起也譬則身之五官口可閉而不言目可閉而不視惟鼻孔無閉香來即知嗅之其知實常在也耳孔無閉聲來即知聽之其知亦實常在也然嗅之知也必須香來始出時或無香便無嗅之知矣聽之知也必須聲來始出時或無聲便無聽之知矣孔子當鄙夫之未問却真如音未臨乎耳香未接乎鼻安得不謂其空空而無知耶及鄙夫既問則其事其物兩端具在亦即如音之遠近從耳聽以區分香之美惡從鼻嗅以辨別鄙夫之兩端不亦從吾心之所知以叩且竭之也哉但學者須要識得聖人此論原不爲鄙夫之問而只爲明此心之體蓋吾心之能知人人皆認得亦人人皆說得至心體之無知則人人認不得

人人皆說不得天下古今之人只緣此處認不真便心之知也常無主宰而擾擾以致喪真只緣此處說不出便言之立也多無根據而支離以至畔道若上智之資深造之力一聞此語則當下知體卽自澄徹物感亦自融通所謂無知而無不知而天下之真知在我矣○羅子曰仁心體也克復便是仁仁者完得吾心體便合着人心體合着處便是歸仁此只在我心體上論不是說天下皆歸吾仁○問做人路頭極是多端而慎獨二字聖賢尤加意焉蓋人到獨知縱外邊千萬彌縫或也好看中心再躲閃不過難免慚惶局促慎獨或可以爲成人切實工夫曰獨固當慎然而大端只二道仁與不仁而已矣仁之現於獨者謂何念頭之恩愛慈祥者是也不仁之現於獨者謂何念頭之嚴刻峻厲者是也曰獨者無過是知旣知則是非善惡自然分別明白念頭又豈容混曰此不是混蓋天地以生爲德吾人以生爲心其善善明白該長惡惡明白該短其培養元和以完化育明白該恩愛過於嚴刻慈祥過於峻厲也慎獨者不先此防閑是則不喪三年而緦且小功也況望其能成人而入聖耶古人以好字去聲呼作好惡字去聲呼作惡今汝欲獨處思慎則請先自查考從朝至暮從暮達旦胸次念頭果是好善之意多果是惡惡之意多亦果是

好善惡惡之心般多若般多只扯得平過謂之常人萬一惡多於好則惱怒填胸將近於惡人若果好多於惡則生意滿腔方做得好人矣獨能如此而知自此而愼則人將不自此而成也耶○問仲由大禹好善之誠與人之益似與大舜無異乃謂舜有大焉何也羅子曰孟子所謂大小蓋自聖賢氣象言之如或告己過或聞人善分明有個端倪有個方所若舜只以此善同乎天下盡通天下而歸於此善更無端倪亦無方所觀其所居一年成聚二年成邑三年成都何待有過可告又何必聞善再拜也而聖人之所以異於吾人者蓋以所開眼目不同故隨遇隨處皆是此體流動充塞一切百姓則曰莫不日用鳶飛魚躍則曰活潑潑地庭前草色則曰生意一般更不見有一毫分別所以謂人皆可以爲堯舜我輩與同類之人親踈美惡已自不勝越隔又安望其察道妙於鳶魚通意思於庭草哉且出門卽有礙胸次多氷炭徒亦自苦平生焉耳豈若聖賢坦坦蕩蕩何等受用何等快活也○問由良知而充之以至於無所不知由良能而充之以至於無所不能方是大人不失赤子之心此意何如羅子曰若有不知豈得謂之良知若有不能豈得謂之良能故自赤子卽已無所不知無所不能也時坐中競求所謂赤子無所不知無所不能也

莫得其實靜坐歌詩偶及於萬紫千紅總是春之句羅子因憮然歎曰諸君知紅紫之皆春則知赤子之皆知能矣蓋天之春見於草木之間而人之性見於視聽之際今試抱赤子而弄之人從左呼則目即盼左人從右呼則目即盼右其耳蓋無時無處而不聽其目蓋無時無處而不盼其聽其盼蓋無時無處而不轉展則豈非無時無處而無所不知能也哉○問聖賢工夫如戒慎恐懼種種具在難說只靠自信性善便了況看朋輩只肯以工夫爲先者一年一年更覺進益空談性地者冷落無成高明更自裁之羅子沉默一時對曰如子之言果爲有見請先以末二句商之蓋此二句本是學問兩路彼以用功爲先者意念有個存主言動有所執持不惟己可自考亦且衆共見聞若性地爲先則言動即是現在且須與加平淡意念亦尙安閒尤忌有所做作豈獨人難測其淺深即己亦無從增長縱是有志之士亦不能舍此而之彼矣然明眼見之則眞假易辨就如子所舉戒慎恐懼一段工夫豈是憑此四字便可去戰慄而漫爲之耶也須小心查考立言根脚蓋其言原自不可離來道之所在性之所在也性之所在天命之所在也既天命常在則一有意念一有言動皆天則之畢察上帝之監臨又豈敢不兢業捧持而肆無忌憚也哉如此

則戒慎恐懼原畏天命天命之體極是玄微然則所畏工夫又豈容草率今只管去用工夫而不思究其端緒卽如勤力園丁以各色膏腴堆積芝蘭自說壅培之厚而秀苗纖芽且將消阻無餘矣○夜坐誦牛山一章衆覺肅然羅子浩然歎曰聖賢警人每切而未思耳卽梏亡二字今看只作尋常某提獄刑曹親見桎梏之苦上至於項下至於足更無寸膚可以活動輒爲涕下中有悟者曰然則從軀殼上起念皆梏亡之類也曰得之矣蓋良心寓形體形體旣私良心安得活動直至中夜非惟手足休歇耳目廢置雖心思亦皆斂藏然後身中神氣乃稍得以出寧逮及天曉端倪自然萌動而良心乃復見矣回思日間形役之苦又何異以良心爲罪人而桎梏無所從告也哉曰夜氣如何可存曰言夜氣存良心則可言良心存夜氣則不可蓋有氣可存則晝而非夜矣○問孔門恕以求仁先生如何致力曰方自知學卽泛觀蟲魚愛其羣隊戀如以及禽鳥之上下牛羊之出入形影相依悲鳴相應渾融無少間隔輒惻然思曰何獨於人而異之後偶因遠行路途客旅相見卽忻忻談笑終日疲倦俱忘竟亦不知其姓名別去又輒惻然思曰何獨於親戚骨肉而異之噫是動於利害私於有我焉耳從此痛自刻責善則歸人過則歸己益則歸人損

則歸己久漸純熟不惟有我之私不作間隔而家國天下翕然孚通甚至髮膚不欲自愛而念念以利濟爲急焉三十年來覺恕之一字得力獨多也○問謂不慮而知不學而能可同於聖人今我輩此體已失須學且慮不然則聖不可望矣羅子曰子若只學且慮則聖終不可望矣爲學第一要得種子禮謂人情者聖王之田也必仁以種之孔門教人求仁正謂此真種子也則曰仁者人也人卽赤子而心之最先初生者卽是親愛故曰親親爲大至義禮智信總是培養種子使其成熟耳曰大人者不失赤子之心孟子果已說定但今日卻如何下手曰知而弗去是也曰知之似亦不難曰知固不難然人因其不難故多忽之便去多其見聞務爲執守久之只覺外求者得力而自然良知愈不顯露學者果有作聖真志切須回頭在目前言動舉止之間覺得渾然與萬物同一天機鼓動充塞兩間活潑潑地真是不待慮而自知不必學而自能則可以完養而直至於不思而得不勉而中境界縱是平常名利貨色昏迷到此自然不肯換去所以曰好仁者無以尚之又曰苟志於仁矣無惡也直是簡易明快故曰道在邇而求諸遠事在易而求諸難人人親其親長其長而天下平也○問良知卽是本來面目今說良知是矣何必復名以本來面目

耶羅子曰良知固是良知然良知卻實有個面目非杜撰而強名之也曰何以見之曰吾子此時此語亦先胸中擬議否曰亦先擬議曰擬議則良知未嘗無口矣擬議而自見擬議則良知未嘗無目矣口目宛然則良知未嘗無頭面四肢矣豈惟擬議然哉予試問子以家相去蓋千里也此時身卽在家而家院堂室無不朗朗目中也又試問子以國相去蓋萬里也此時身卽在國而朝宁班行無不朗朗目中也故只說良知不說面目則便不見其體如此實落其用如此神妙亦不見得其本來原有所自不待生而存不隨死而亡而現在相對面目止其發竅之所而滯隔近小原非可與吾良知面目相並相等也○問形色何以謂之天性羅子曰目視耳聽口言身動此形色也其孰使之然哉天命流行而生生不息焉耳坐中偶有歌人心若道無通塞明暗如何有去來乃詰之曰子謂明暗果有去來否也曰雖暫去來而本體終會自復曰汝目果常明耶抑有時而不明耶曰無時而不明曰汝之目常無不明而汝心之明卻有去來是天性離形色而形色非天性矣衆皆恍然有省又復告之曰目之明亦有去來時也今世俗至晚則呼曰眼盡黑矣其實則眼前日光之黑與眼無力而見日之黑正眼之不黑處也故曰知之爲知之卽日光而見

其光也不知爲不知卽日黑而見其黑也光與黑任其去來而心目之明何常增減分毫也○問陽明先生莫謂天機非嗜欲須知萬物是吾身其旨何如羅子曰萬物皆是吾身則嗜欲豈出天機外耶曰如此作解恐非所以立教曰形色天性孟子已先言之今日學者直須源頭清潔若其初志氣在心性上透徹安頓則天機以發嗜欲嗜欲莫非天機也若志氣少差未免軀殼着脚雖強從嗜欲以認天機而天機莫非嗜欲矣○問君子自強不息乃是乾乾此乾乾可是常知覺否曰未有乾乾而不知行却有知行而非乾乾者曰此處如何分別曰子之用功能終日知覺而不忘記終日力行而不歇手乎曰何待終日卽一時已難保矣曰如此又可謂乾乾已乎曰此是工夫不熟熟則恐無此病矣曰非也中庸教人原先擇善擇得精然後執得固子之病原在擇處欠精今乃咎他執處不固子之心中元有兩個知有兩個行曰如何見得有兩個曰子纔說發狠去照覺發狠去探求此個知行却屬人纔說有時忘記却忽然想起有時歇手却惕然警醒此個知行却是屬天曰如此指破果然已前知行是落人力一邊但除此却難用功了曰虞廷說道心惟微微則難見所以要精精則始不雜方纔能一一則無所不統亦有何所不知何所不行耶

其知其行亦何所不久且常耶只因此體原極微渺非如耳目聞見的有跡有形思慮想像的可持可據所以古今學人不容不舍此而趨彼也○問復之時義大矣尋常言復者多自天地萬物爲言今堂額謂復心者則自吾身而言也羅子曰宇宙之間總是乾陽統運吾之此身無異於天地萬物而天地萬物亦無異於吾之此身其爲心也只一個心而其爲復也亦只一個復經云復見天地之心則此個心卽天心也此心認得零碎故言復亦不免分張殊不知天地無心以生物爲心今若獨言心字則我有心而汝亦有心人有心而物亦有心何啻千殊萬異善言心者不如把個生字來替了他則在天之日月星辰在地之山川民物在吾身之視聽言動渾然是此生生爲機則同然是此天心爲復故言下着一生字便心與復卽時混合而天與地我與物亦卽時貫通聯屬而更不容二也已○問先王以至日閉關商旅不行后不省方還是實事亦是取象曰是因象以爲事而實盡人以奉天也蓋雷潛地中卽陽復身內幾希隱約固難以情事取必又豈容以知識伺窺故商旅行者欲有所得者也后省方者欲有所見者也不行不省則情忘識泯情忘識泯則人靜天完而復將漸純矣子今切切然若謂有端可求皇皇然若謂有象可睹是則

商旅紛行而后省旁午也復何自而能休且斁耶○問某常反觀胸中固有靈衷炯炯之時乃不久而昏憒固有循循就道之時乃不久而躁妄如是其不一耶曰夫君子之學原自有個頭腦若頭腦一差無怪學問之難成矣今子不能以天理之自然者爲復而獨於心識之炯然處求之則天以人勝眞以妄奪安能終日而不妄終日而不散耶曰如何乃得頭腦曰頭腦豈是他人指示得的請子但渾身視聽言動都且信任天機自然而從前所喜的胸次之炯炯事務之循循一切不做要緊久則天自爲主人自聽命所謂不識不知而順帝之則矣○問精氣爲物游魂爲變何如曰吾人之生原陰陽兩端體合而成其一精氣妙凝有質所謂精氣爲物者也其一靈魂知識變化所謂游魂爲變者也精氣之質涵靈魂而能運動是則吾人之身也顯現易見而屬之於陽游魂之變附精氣而歸知識是則吾人之心也晦藏難見而屬之於陰其赤子之初則陽盛而陰微心思雖不無而專以形用也故常欣笑而若陽和亦常開爽而同朝日又常活潑而類輕風此陽之一端見於有生之後者然也及年少長則陰盛而陽微雖形體如故而運用則專以心思矣故愁蹙而欣笑漸減迷蒙而開爽益稀滯泥而活潑非舊此陰之一端見於有生之後者然

也人能以吾之形體而妙用其心知簡淡而詳明流動而中適則應接在於現前感通得諸當下生也而可望以入聖歿也而可望以還虛其人將與造化爲徒焉已矣若人以己之心思而展轉於軀殼想度而遲疑曉了而虛泛則理每從於見得幾多涉於力爲生也而難望以入聖歿也而難冀以還虛其人將與凡塵爲徒焉已矣曰如先生之論是以身爲陽而在所先以心爲陰而在所後乃古聖賢則謂身止是形心乃是神形不可與神並況可以先之乎曰子惡所謂神哉夫神也者妙萬物而爲言者也亦超萬物而爲言者也陰之與陽是曰兩端兩端者卽兩物也精氣載心而爲身是身也固身也固耳目口鼻四肢百骸而具備焉者也靈知宰身而爲心是心也亦身也亦耳目口鼻四肢百骸而具備焉者也精氣之身顯於晝之所爲心知之身形於夜之所夢然夢中之身卽日中之身但以屬陰故其氣弱其象微而較之日中之擧止毫髮無殊也日中之身卽夢中之身但以屬陽故其氣健其體充雖健且充而較之夢中之擧止毫髮無殊也是分之固陰陽互異合之則一神所爲所以屬陰者則曰陰神屬陽者則曰陽神是神也者渾融乎陰陽之內交際乎身心之間而充溢瀰漫乎宇宙乾坤之外所謂無在而無不在者也惟聖人與之

合德故身不徒身而心以靈乎其身心不徒心而身以妙乎其心是謂陰陽不測而爲聖不可知之神人矣○問中爲人所同有今日之論與古聖之言原是無異至反而求之不惟衆人不得卽聰明才辯者亦往往難之何哉羅子曰學至心性已是精微而況中之爲理又其至者乎故雖聰明而不能爲思雖才辯而莫可爲言以其神妙而無方耳然自某看來到喜得他神妙無方乃更有端倪可求也蓋謂之無方則精不住於精而麄亦無不有也微不專於微而顯亦無不在也善於思且求者能因其理而設心其心亦廣大周遍而不滯於一隅隨其機而致力其力亦活潑流動而不拘於一切人力天機和平順適不求中而自無不中矣○死無所在無所往○邸中有以明鏡止水以存心太山喬岳以立身青天白日以應事光風霽月以待人四句揭於壁者諸南明指而問曰那一語尤爲喫緊盧山曰只首一明字時方飲茶先生手持茶杯指示曰吾儕說明便向壁間紙上去明了奈何不卽此處明耶南明憮然先生曰試舉杯輒解從口不向鼻上耳邊去飲已卽置杯盤中不向盤外其明如此天之與我者妙矣哉○一衲子訪先生臨別先生求教衲子曰沒得說你官人常有好光景有好光景便有不好光景等待在俺出家人只這等先生

頓首以謝○先生既中式十年不赴殿試一日謁東廓於書院坐定問曰十年專工問學可得聞乎對曰只悟得無字東廓曰如此尚是門外人時山農在座聞之出而恚曰不遠千里到此何不打點幾句好話却倒了門面聞者爲之失笑○塘南曰學以悟性爲宗顧性不易悟也先生曰吾向者自以爲悟性然獨見解耳今老矣始識性曰識性如何曰吾少時多方求好色奉目今目漸暗多方求好聲奉耳今耳漸聾多方求好味奉齒今齒漸落我尚未死諸根皆不顧我而去獨此君行住坐臥長隨不舍然後覿面相識非復向日鏡中觀花矣○耿天臺行部至寧國問耆老以前官之賢否至先生耆老曰此當別論其賢加於人數等曰吾聞其守時亦要金錢曰然曰如此惡得賢曰他何曾見得金錢是可愛的但遇朋友親戚所識窮乏便隨手散去○先生與諸公請教一僧僧曰諸公皆可入道惟近溪不可先生問故僧曰載滿了先生謝之將別僧謂諸公曰此語惟近溪能受向諸公却不敢進○有學於先生者性行乖戾動見詞色飲食供奉俱曲從之居一歲將歸又索行資先生給之如數門人問先生何故不厭苦此人曰其人暴戾必多有受其害者我轉之之心勝故不覺厭苦耳○一隣媪以夫在獄求解於先生詞甚哀苦先生自嫌數

干有司令在座孝廉解之售以十金媼取簪珥爲質既出獄媼來哀告夫咎其行賄詈罵不已先生即取質還之自貸十金償孝廉不使孝廉知也人謂先生不避干謁大抵如此○先生過麻城民舍失火見火光中有兒在床先生拾拳石號於市出兒者予金視石一人受石出兒石重五兩先生依數予之其後先生過麻城人爭覩之曰此救兒羅公也

侍郎楊復所先生起元

楊起元字貞復號復所廣東歸善人萬曆丁丑進士授翰林院編修歷國子監祭酒禮部侍郎最後召爲吏部侍郎兼侍讀學士未上而卒年五十三先生之父傳芬名湛氏之學故幼而薫染讀書白門遇建昌黎允儒與之談學霍然有省因問子之學豈有所授受乎允儒曰吾師近溪羅子也無何先生在京而近溪至先生大喜遂稱弟子時江陵不說學以爲此陷阱不顧也近溪既歸先生歎曰吾師且老今若不盡其傳終身之恨也因訪從姑山房而卒業焉嘗謂鄒南皋曰師未語予亦未嘗置問但覺會堂長幼畢集融融魚魚不啻如春風中也先生所至以學淑人其大指謂明德本體人人所同其氣稟拘他不得物欲蔽他不得無工夫可做只要自識之而已故與愚夫

愚婦同其知能便是聖人之道愚夫愚婦之終於愚夫愚婦者只是不安其知能耳雖然以夫婦知能言道不得不以耳目口鼻四肢之欲言性是卽釋氏作用爲性之說也先生之事近溪出入必以其像供養有事必告而後行顧涇陽曰羅近溪以顏山農爲聖人楊復所以羅近溪爲聖人其感應之妙錙銖不爽如此

楊復所證學編

友人以忘會語爲歎曰予見子之未嘗忘也子夙則興興則盥盥則櫛櫛則衣冠衣冠則或治事或見賓言則言動則動食則食嚮晦則息明發復然予見子之未嘗忘也友人曰此與會語何與曰是不忘斯可矣又何事會語哉○人本無心因家國天下而有心心本無所因不識心而妄以爲有所誠意之極卽心無其心渾然以天下國家爲心是謂正心以家國天下爲心者是合家國天下爲一身矣蓋家本齊也因吾身好惡之偏而不齊國本治也因吾身好惡之偏而不治天下本平也因吾身好惡之偏而不平惟不於彼起見而第求諸身無作好無作惡保合吾身之太和而已此之謂真修○問抑亦先覺曰卽伊尹所謂先覺也人人有之至虛至靈謂之先覺又謂之良知逆億者情識之私習而有者也不逆不億則良知自然流行而先

覺矣子貢之億則屢中不能先覺而孔子之每事問乃先覺也○格亦有通徹之義通而謂之格猶治而謂之亂也格物者己與物通一無二也如此則無物矣有則滯滯則不通無則虛虛則通物本自無人見其有格物者除其妄有而歸其本無也歸其本無此謂知本○體之爲言禮也天地萬物一體者天地萬物一於禮也仁者以禮爲體不以形骸爲體故曰克己復禮爲仁○天地萬物其機於一時一事上全體融攝但應一聲轉一瞬無不與萬物同體顧人不善自識取耳○天下之人性固已平矣好智者欲爲之平適所以亂之也聖人以常平者視天下而不敢以有爲亂之恭之至也○或問世儒所言聖人之道是乎非乎曰是則不可謂之不是然非其本也譬之言日自其光景言之亦不可謂非日也畢竟非日體曷若以身爲日而光景皆自此出哉問以身爲日奈何曰不識自身原是日體而欲以身爲之者正所謂逐光景者也○明德之明一明也明明德之明又一明也明德之明明之出乎天者也明明德之明明之繫乎人者也繫乎人者必由學問之力以求其明學問一毫之未至卽其明亦未徹若其出於天者則虛靈之體人人完具聖非有餘凡非不足豈容一毫人力哉人之有是明德也猶其有是面貌也由學問以求明猶

欲自識其面貌者援鏡以自照也一照之後不過自識其面貌而已不能以分毫加損然則未識之前亦豈容以分毫損哉識與不識而面貌自如明與不明而明德自若今人不達明字之義遂疑明德之體有拘有蔽有昏必待人之磨淬洗滌然後明也如此則明德乃人造作而成安得言天哉是不求自識其面貌而徒欲以粉澤膏脂粧點雖粧點姸美與自己面貌了不相干要之皆不達此一明字之誤也○問明德既本明矣又欲求明之何也曰此聖人修道立教之事也太古之時不識不知順帝之則故其本明者足矣無事於教也天下之生久矣諸好漸深智識漸啓求欲漸廣而民始苦也聖人者思有以救之而救之之道又非政刑之所能齊也於是乎自明其明德而鼓舞天下以共明之然後天下知識漸忘而安於作息耕鑿之常用其本明者以自樂實聖人救之也然本明之德實不因明而有所增如人之有面貌何以照鏡爲哉然出入關津當自圖形相必假鏡自照然後圖得其真其實相貌不照亦是如此深山窮谷之中人民無有鏡者亦是如此所以云明德雖不明亦未嘗不明也然苦樂關津吾人何以度越則明明德之鏡其可少哉○以俗眼觀世間則充天塞地皆習之所成無一是性者以道眼觀世間則照天徹地皆性

之所成無一是習者○文必博則取舍無所措其意禮必約則思議無所與其幾○當下者學之捷法無前無後無善無不善而天地之大萬物之富古往今來之久道德功業之崇廣人情世態之變幻皆是矣非天下之至巧不足以語此○承諭有本體有工夫良知不學不慮固不待修證而後全若任作用爲率性倚情識爲通微不能隨時翕聚以爲之主倏忽變化將至於蕩無所歸致知之功不如是之疎也此殊不然陽明曰不睹不聞是本體戒愼恐懼是工夫戒愼恐懼是本體不睹不聞是工夫陽明之下此轉語者實見本體工夫原是強名求其合一且不可得而安得有二也試自揆之吾性果有本體工夫乎哉盡天地萬物皆在妙湛靈明之中就此中間請剖剝出何者爲本體離此中間請擇揀出何者爲工夫本體中無工夫耶工夫中無本體耶卽相等待如獨木橋彼此陵奪本體中有工夫耶工夫中有本體耶卽共淆雜如冷爐金磊塊支撐夫良知既謂之靈根矣翕聚緝熙豈其所不能哉既不能則不當妄加之以靈之名既不靈則又孰有靈之者以翕聚之緝熙之也如人眼目久瞪發勞自知閉瞬不待詔教不須起作形體尙爾無有工夫何況良知瞪勞閉瞬同歸靈妙本體工夫如何分別夫任作用爲率性倚情識爲通微豈

其不能隨時翕聚之過哉不見性之過也不能見性雖隨時翕聚卽謂之作用卽謂之情識若見性雖作用情識無一而非翕聚也翕聚亦可不翕聚亦可翕聚時如閉目不翕聚時如開目同是本體同是工夫今不責人學不見性而責人不隨時翕聚不知翕聚甚物又不知這翕聚的如何做主發散翕聚總屬前塵前塵皆客如之何其主之也所謂倏忽變化蕩無所歸者卽前塵變滅之象也不歸咎其翕聚之非而致疑於良知之失認客爲主終身不放豈有寧定之期哉而以此爲致良知之功誤矣○明德不離自身自身不離目視耳聽手持足行此是天生來真正明德至於心中許多道理却是後來知識意見過而不化者不可錯認爲明德也故大學單提身字可謂潔淨精微之至矣學雖極於神聖而理必始於可欲今吾儕一堂之上何其可欲如此也目之所視因可欲而加明耳之所聽因可欲而加聰聲之所發因可欲而加暢心之所思因可欲而加敏何善如之但能信此可欲之善原有諸己不待作爲於是由可欲而充之在父母則以可欲施於父母而孝行矣在兄弟則以可欲施於兄弟而序行矣君臣朋友夫婦皆然至於待人接物一切不忘可欲之念而仁愛行矣直至神聖亦可欲之至於化而不可知也舉凡有生之類同一

可欲之機洋洋在前優優乎充塞宇宙雖欲違之其可得耶○心到盡時無是心者無非心者卽此是性卽此是天一以貫之矣此後更無餘事惟隨時隨遇發歡喜心活潑潑地存養事天而已此是春生夏長氣象然則結果一着直是一刀兩斷也不管甚心也不管甚性確然以一身爲主獨往獨來一絲不掛便是立命此是秋殺冬藏手段○大人通天下爲一身若分別人我太重則自己心先不平何以平天下所謂修身爲本者將此分不平心修去之乃成其大譬之植樹者修去旁枝餘蘖根本便自威大而發榮滋長足以庇蔭千畝矣○心爲萬物主其大無對獨往獨來無能操者以下秣陵記聞○問如何了生死曰識得原無生死便是了○問知變化之道者知神之所爲曰卽汝一言一動便是變化汝能識汝言動處便是知神之所爲○有僧辨情辨性曰要曉得情也是性

明儒學案卷三十四

姚江黃棃洲先生著

豫章後學 夏鼎 熊育鑫 熊繩祖 熊育鏞 徐兆瀾 周聯慶 熊榮祖 蕭兆柄 劉秉楨 李真實 重刊

恭簡耿天臺先生定向

耿定向字在倫號天臺楚之黃安人嘉靖丙辰進士擢監察御史以大理寺丞謫州判累遷至太僕寺少卿右僉都御史丁憂起巡撫福建又丁憂起協理僉都御史晉左副都轉刑部侍郎陞南京右都御史以戶部尚書總督倉場事告歸家居七年卒年七十三贈太子少保謚恭簡先生所歷首輔分宜華亭新鄭江陵吳縣皆不甚齟齬而江陵奪情先生致書比之伊尹之覺世以天下自任者不得不冒天下之非議其諫奪情者此學不明故耳雖意在少殺其禍然亦近於誦六藝以文姦言矣及掌留院以御史王藩臣參三中丞不送揭帖爲蔑視堂官上疏糾之淸議以爲脅持言官逢時相之欲顧涇凡作客問質之先生先生無以難也先生之學不尚元遠謂道之不可與

愚夫愚婦知能不可以對造化通民物者不可以爲道故費之卽隱也常之卽妙也粗淺之卽精微也其說未嘗不是而不見本體不免打入世情隊中共行只是人間路得失誰知天壤分此古人所以貴刀鋸鼎鑊學問也是故以中行爲學稍一不徹骨髓其下場不及狂狷多矣先生因李卓吾鼓倡狂禪學者靡然從風故每每以實地爲主苦口匡救然又拖泥帶水於佛學半信半不信終無以壓服卓吾乃卓吾之所以恨先生者何心隱之獄唯先生與江陵厚善且主殺心隱之李義河又先生之講學友也斯時救之固不難先生不敢沾手恐以此犯江陵不說學之忌先生以不容已爲宗斯其可已者耶先生謂學有三關一卽心卽道一卽事卽心一愼術愼術者以良知現現成成無人不具但用之於此則此用之於彼則彼故用在欲明明德於天下則不必別有制心之功未有不仁者矣夫良知卽未發之中有善而無惡如水之必下針之必南欲明明德於天下而後謂之良知無待於用故凡可以之彼之此者皆情識之知不可爲良先生之認良知尙未清楚雖然亦緣傳習後錄記陽明之言者失真如云儀秦亦是窺見得良知妙用處但用之於不善耳先生爲其所誤也

天臺論學語

孔孟之學真實費而隱宋學未脫二氏蹊徑者以其隱而隱也嘗謂惠能云本來無一物此是又有無一物者在如孔子云汎愛衆而親仁顏子若虛若無犯而不校如此方是無一物此類何等顯其實何等微宋儒多只說向入微處終是未脫見耳○兄之文似輸却陽明一著陽明把筆時却是不曾要好兄尚有要好心在也遷史之文亦是無意要好班固便要好浸淫至於六朝只是要好極耳 與胡廬山

○夫與百姓同然處吾黨何能加得些子惟是百姓日用不知耳日用處聖人原與百姓同其所用處聖人自與百姓異區區所謂擇術者非能有加於百姓日用之外也意於百姓日用者而辨所用耳○世之言道譬之以管窺天者第知一隙之爲天不知觸處皆天也亦有知觸處之皆天者而躭虛執見不自反身理會視聽言動之皆天也或有知視聽言動之皆天者而乃鹵莽恣睢不知視聽言動之禮之爲天則也 與焦弱侯

○竊詳彼教大端以寂滅滅己處爲宗吾孔孟之教惟以此不容已之仁根爲宗耳聖人之尋常日用經世宰物何一非此不容已者爲之乎然即此不容已之仁根莫致莫爲原自虛無中來不容著見著見便自是兩截矣聖人以此立教使人由之

不使知之如宰我短喪夫子第卽其不安處省之墨氏薄葬孟子第原其額有泚處省之至其所以不安處其額所以有泚處非不欲使知不可加知也同上○聖人之道由無達有聖人之教因粗顯精與周柳塘○廿年前曾解盡心章云學者須從心體盡頭處了徹便知性之真體原是無思無爲便知上天之載原是無聲無臭渾然一貫矣所謂心體盡頭處者蓋昔人所謂思慮未起鬼神不知不覩不聞處也近來自省於人倫日用多少不盡分處乃語學者云吾人能於子臣弟友不輕放過務實盡其心者是其性真之不容自已也性真之不容自已原是天命之於穆不已非情緣也故實能盡心而知性知天一齊了徹矣○近溪安身立命處是無念余所謂心體盡頭處是也其日用受享提掇人處只是自然生機余所謂心體不容自已處是也蓋無念之生機乃是天體天體之生機卽是無念原是一貫說到此處難著言詮只好默契靈識耳○橫渠曰聚亦吾體散亦吾體是生死無分別也明道曰萬物爲一體是人我無分別也然夫子曰親親之殺尊賢之等禮所生也又曰非禮勿視聽言動孟子曰親其兄之子謂若隣之赤子乎此則分別而實則不分別也何者此則自然之真機非緣名義道理而生分別者○知是隨身貨知尤是行

之妙○柳塘云念之不動者爲性蓋既云念矣而中又有不動者在疑二之矣○來教云性無得失無是非誠然顧念之萌於欲也豈無邪正乎念之生於見也豈無偏全乎學者從念上研幾閑邪袪偏亦是復性實功似未可破除如足下教旨只從性上辨迷悟則誠爲直截真詮得上乘矣 與楊復所 ○知至至之則不識不知無聲無臭者此其顯現知終終之則開物成務日用云爲者此其真宰○定宇云知是知非之知是以照爲明誠然夫照從何生孟子曰日月有明容光必照因明生照由照探明原是一貫非判然兩截也今謂以照爲明相去千里提掇似太重矣 與龍溪 ○余惟反之本心不容已者雖欲堅忍無爲若有所使而不能反之本心不自安者雖欲任放敢爲若有所制而不敢是則膚淺之綱領惟求其不失本心而已矣 與李卓吾 ○昔大洲云只要眼明不貴踐履余則曰眼孔易開骨根難換公所取人者眼孔余所取人者全在骨根○學悟主腦則才識氣魄皆道之用主腦未徹則才識氣魄俱道之障也昔富鄭公中年居洛時爲堯夫所激發所得益深曾有書云某不遇某不過一村漢耳念菴嘗對人言某四十年前蓋濫俗人鄭公初年立朝風節震耀一時而自謂一村漢則其所以求不村不俗者必有所在矣 與胡杞泉 ○

此學只是自己大發願心真真切切肯求便日進而不自知矣蓋只此肯求便是道了求得自己漸漸有些滋味自家放歇不下便是得了與周少魯○今之學者談說在一處行事在一處本體工夫在一處天下國家民物在一處世道寥寥更無倚靠凡道之不可與愚夫愚婦知能不可以對造化通民物者皆邪說亂道也蓋費中隱常中妙粗淺中之精微本是孔孟萬古不易正脈但非實是撐天拄地捨身忘家逼真發學孔子之願者未易與此與喬戶部○三代以降學術分裂高者虛無卑者繁縟夫子出而單提爲仁之宗仁者人也欲人反求而得其所以爲人者戰國功利之習權謀術數孟子出而又提一義使知羞惡而有所不爲六朝以下清虛任放決裂名教宋儒出而提掇主敬之旨主敬禮也其後日趨於格式形迹真機埋沒陽明出而提掇良知之旨良知智也由仁而義而禮而智各舉其重實則一貫也今爲致知之學者又以意識見解承當崇虛躭無思以救之宜莫如信引其影響歸之實地示諸生古聖賢之悟只悟得自己不足是故若無若虛子臣弟友悟得不能盡今世學者所悟只增得一番虛知見添得一種浮氣耳大人通天下爲一身吾人只苦不識自家這個真身慺慺而生即令百歲枉死耳聖人苦心破口說個格

物格物物即求仁之別名也仁者人也識仁便是識得此身面目答唐元卿○近溪一日立白下大中橋覩往過來續者儦儦侁侁因指示同志曰試觀此千百萬人者同此步趨同此來往細細觀之人人一步一趨無少差失個個分分明明未見跌撞性體如此廣大又如此精微可默識矣一友曰否否此情識也如此論性相隔遠矣有述以問余余曰亡者東走追者亦東走走者同而所以走則異也茲來往橋上者或訪友親師或貿遷交易或傍花隨柳或至淫蕩邪辟者謾謂一切皆是此則默識之未真也此原不論來往之人只是見吾性體無往不是若一分別便是情識如鳶飛魚躍亦可分別否與同志○胡清虛浙之義烏人初爲陳大參門子以惡瘡逐出倚一道人率之遊匡廬終南遂有所得浙中士紳翕然宗之陶念齋王龍溪俱納贄受教晚與近溪及其二子遊廣東曹溪至肇慶近溪長子病死次子痛其兄爇香掌上灼爛而死清虛亦死○鄧豁渠言常住真心與後天不相聯屬此極邪之說近日談禪者百般病症皆由此蓋心事判內外岐孟子所云離明道所云兩截者是也與子建以上皆書○心體廣大神妙豈可把捉幽囚於腔子方寸地其曰求即求以學也學覺也又曰學以聚之惟學則聚矣此心之放以昏昧而放也一

覺焉則觸目而是何在非心此心之失以放逸而失也一覺焉則隨在皆心何有於放○人心未交於感也湛然虛耳何俟於洗而亦何容於洗也自知識起而吉凶悔吝之感生是故憂悔攻取憧憧往來而虛者汩矣聖人示之以卜筮之法使人之於感應知識不用歸於其天而憂悔攻取相忘於無朕之中其爲洗心也不已妙歟○吾人合下反身默識心是何心惟此視聽言動所以然處便是此心發竅處也此心發竅處便是天地之心之發竅處也○知體透露出頭不爲聲色臭味埋沒方能率令得耳目口鼻使視聽言動各循其則此卽出世而後能經世也○子游疑子夏只在儀節上教人不令識本體此初悟時語也子夏以本末原是一貫卽草木之根與杪原非兩截故使從洒掃應對上收攝精神漸使自悟此悟後語也○反身內觀一無所有唯此些子炯然在此始信人之所爲人者唯此明哲體耳此體透徹此身乃爲我有不然身且不得而有保此軀殼何用○聖人一生汲汲皇皇惟求無忝所生不求出離生死○楊太宰博謂余曰吾嘗接遇僚屬視其色若有隔礙然者反而自省曰是必吾中有閡而施之者倨也吾慮下之而色思温焉徐觀彼色亦因以易而神情融洽矣由是以觀外者內之符而人者己之鑑○孟子所以不

動心者原所由之路逕與世人殊也使孟子所學在事功一路欲建王霸之業則須據卿相之位乃能操得致之權也顧心一繫於卿相之位則得失毀譽交戰於前雖欲強勉不動不亦難乎孟子生平惟學孔子一路則不藉名位不倚功能仕固可止亦可久固可速亦可譬之行者曰緩步於康莊東西南北惟其所適卽有颶風巨浪傾檣摧楫心何由動哉○學有三關近世在聞識上硏窮以爲知在格式上修檢以爲行此不知卽心卽道也反觀近裏者又多躭虛執見此不知卽事卽心也事故皆心也顧有大人之事有小人之事心剖判於此事亦剖判於此事剖判於此人亦剖判於此矣學孔子之學猶業巫函之術者也不必別爲制心之功未有不仁者矣舍孔子之術以爲學雖均之爲仁有不容不墮於矢匠之術者矣故其究也愼術○至善卽本來無物處也知此乃能親民人之不親皆由中有物耳故先知止○朝紳日趨闕下不勝疲苦問節勞之術於方士方士曰第時時默識己身如天大則自不勞矣○魏中丞與余入朝余謂之曰常時入朝獨行則覺勞與友同行則勞頓減與同志同行則勞益減何以故中丞曰人己原是相通○人而名之曰人以仁也人而去仁則耳目口鼻儼然人也而實非人矣惡乎成名謂其無以成人之

名也○温故知新之故卽孟子所云天下之言性則故而已之故也
惻隱羞惡辭讓是非非外鑠我也我固有之也故曰故温者反之本
心而尋繹温養之謂也夫一反之固有之性而求之卽心有餘師○
獨夫夜行空谷中未免惴惴心動五尺童子隨其後則貼然晋一星
於寒灰則滅羣火在盆中可以竟夜觀此則以友輔仁可識矣○人
爲習氣所移多好放逸時一自警策便是禮人爲情慾所梏多致抑
鬱時一自舒暢便是樂○自性之根蒂而言原無聲臭者曰命自命
之流行而言原自不已者曰性口味目色耳聲是人之生機使口不
知味目不辨色耳不聞聲便是死人安得不謂之性然則窮到根蒂
上此等俱從無生故立命處色聲臭味不能染著合命處方是真性
也仁義禮智天道更何聲臭可言故謂之曰命然旣落著父子君臣
身上來便已降在衷了故忠孝之心自不容已非無形迹可見合性
處方是命也○今人乍見孺子入井怵惕惻隱之心動處卽是天根
歸原處卽是月窟纔參和納交要譽惡聲意思便是人根鬼窟矣吾
人應用云爲動作食息孰非此根此窟用事俗人懵懵日用不知而
賢智者又添一番意識見解起爐作竈千條萬緒頓令此根不得生
生此窟不得潔淨齷齪幽暗喫苦一生更無些子受用所以賢智之

過與愚不肖等也○人受天地之中以生生生之理原是如此卽欲掙上尋空寂自是不容已如何上得去卽欲退下恣情慾自是不自安如何下得來○吾人於一日十二時中精神志意皆有安頓處方有進步處○吾人真真切切爲己雖僕厮隸胥皆有可取處皆有長益我處若放下自己只求別人賢人君子皆不免指摘○不作好不作惡平平蕩蕩觸目皆是此吾人原來本體與百姓日用同然者也○只此無聲無臭是爲真常凡涉色象名號者卒歸消滅只此不爲不欲是爲本心凡務闊大放散者終墮坑塹○天地間大之治亂興衰生死成敗小之稱譏贊毀升沉得喪皆相對待然有對之主故有無對者以主宰其上吾人若渾在有對中未免爲造化輪轉○人只是換這一副心腸人情事變原與俗人一樣 以上皆劉調父述言○今人倒是不爲學的處事倒安妥反是一種爲學的人纔遇些小事便處得過當此何以故只是著了些意思不曉得堯舜與人同耳○問有不善未嘗不知這不善處顏子與吾人還同否曰不同如鄉黨自好之人發言舉事一不當也會知得又如做官的人在上官處稍失禮亦會知得顏子要學舜有不如舜處卽算做不善○問夫子賢於堯舜曰試觀吾輩今日友朋還是享用孔子的還是享用堯舜的

○精一執中實是淺近道理堯舜一心在安天下如何粗得一些如何夾雜得一些此便是堯舜精一農夫一念在播種便是有農夫之精一商賈一念在求利便是有商賈之精一但其精神安頓處不同○治天下在用人然自己眼不明不會知人如何能用人○一友問予儘修行然畢竟不聞道曰修行矣更聞甚道孔子所求乎子臣弟友咸曰未能今子能之又更何學其友有省○良知隨事皆然須用在欲明明德於天下上則知乃光大此誤認知識為良知也知即明德若言明德須用在明德上無乃牀上之牀乎

吉水諸公之學大率不欲享用現成良知別尋主宰此亦懲冒認良知猖狂自恣者之過耳良知若非現成又豈有造作良知者乎予嘗謂良知如靈魂然顧投胎何如如骨根不正至於猖狂自恣非良知之罪也亦如靈魂投胎時所遇則然耳○泰和王篤菴問虛字難彀手曰吾二十年前曾作致虛工夫一起坐一語默無不放虛字在胸中自覺工夫不踈眼前見人皆散漫不用工頗有輕世自賢之心一日忽省曰此卻是致實何曾致虛因悟顏子之問寡問不能舜之好問好察乃真虛也以下皆蘭舟雜述○問明體難得到手曰某為御史出巡值天暑一指揮扶轎見其不耐勞許之乘馬其後指揮隨他

御史竟中暍而死卽此一事觀之明體一存可以爲人立命區區守明覺於一腔亦復何益問三自反之學臨境實難曰但看舜爲法於天下可傳後世數語是何等志願所以肯自反今人身子願是鄉人所以要與鄉人相校○陸五臺問三聖人同處孟子言之詳矣至孔子所以異處畢竟何在曰孔子只是見得己與聖人同處亦與凡人同故以此學卽以此教要使人人皆如此耳

處士耿楚倥先生定理

耿定理字子庸號楚倥天臺之仲弟也少時讀書不成父督過之時時獨行空谷中憂憤不知所出問之則曰吾奈何不明白若有眼瞎子不知其所謂不明白者何也自是或靜坐一室終歲不出或求友訪道累月忘歸其始事方湛一最後於鄧豁渠得一切平實之旨能收視返聽於何心隱得黑漆無入無門之旨充然自足有問之者曰問子欲作神仙耶曰吾作天仙不作地仙人仙曰天仙云何曰直從太極入不落陰陽五行天臺聞而呵之曰學不向事親從兄實地理會乎曰學有原本堯舜相傳祇是一中子思爲之註曰喜怒哀樂未發之謂中今人孰從未發前覷一目哉曰中庸亦只言庸言庸行達道九經而已曰獨不觀其結語爲無聲無臭耶先生論學不煩言說

當機指點使人豁然卓吾好談說先生不發一言臨別謂之曰如何是自以爲是不可入堯舜之道卓吾默然天臺攜之見劉初泉先生云且勿言我二人是兄弟時初泉臥病天臺言吾與一醫者同來先生榻前數語初泉驚起已知爲天臺之弟謂天臺曰慧能和尚乃是舂米漢哉大開眼人恐不可以弟畜之李士龍來訪先生未與一語及學士龍恚曰吾冒險千里來此踰月不聞一言見教何外我甚先生笑而不答瀕行送之河滸問曰孔子云不曰如之何如之何此作何解士龍舉朱註云云先生曰畢竟是不曰如之何如之何者士龍因有省京師大會舉中義相質在會各呈所見先生默不語忽從座中崛起拱立曰請諸君觀中因嘆曰舍當下言中沾沾於書本上覓中終生罔矣在會因有省者先生機鋒迅利如此

耿楚倥論學語

廬山駁天臺所性不存語謂當官盡職卽爲盡性不則爲二心爲妄念矣卽孔子爲委吏莫非性之所存楚倥曰孔子爲委吏而夢周公却不爲二心爲妄念乎○卓吾寓周柳塘湖上一日論學柳塘謂天臺重名教卓吾識真機楚倥誚柳塘曰拆籬放犬○楚倥早歲曾遇異人質之曰孔子問禮於老聃老聃不言禮而直曰良賈深藏若虛

君子盛德容貌若愚何也曰若愚若虛此禮之真體也○問伊尹先覺所覺何事曰伊尹之覺非聞見知解之覺也卽其若撻之恥納溝之痛此其覺也○胡廬山會天臺楚倥於漢江之滸相與訂學宗旨天臺曰以常知爲學廬山曰吾學以無念爲宗楚倥曰吾學以不容已爲宗不容已者從無聲無臭發根從庸言庸行證果禹稷之猶饑猶溺伊尹之若撻若溝視親骸而泚顙遇嘑蹴而不屑見入井而怵惕原不知何來委不知何止天命之性如此也故曰於穆不已如摹擬孔氏之匡廓非此不容已者爲之血脈則捧土揭木爲偶人而已○孔氏之無聲無臭亦是有形有象孔氏之有形有象原自無聲無臭○龍溪言顏子心常止故不遷心常一故不貳先生曰否人試觀當怒時中更有個止體在當過時中更有個一體在是二本也卽能之其怒其過非真機矣顏子所好唯學卽生平之怒以學而怒學外無怒也生平之過以學而過學外無過也可見一生精神只是此學更無滲漏處也○默識識天地之化育也夫固於造化之中而不自識者凡夫也識之而出入造化者聖人也是故不藉名位不務功能卽學以誨卽誨以學立己立人達己達人蓋贊天地之化育於無疆矣夫贊天地之化育者非獨上之君相賢聖卽下之農工商賈細之

聾瞽侏跛凡寓形宇內而含靈者皆有以贊天地之化育而不自識也○克己者無我也無我則渾然天下一體矣故曰天下歸仁羲文周孔四聖人者之於易亦各言其己也道雖一致而時位不同故作用亦自不同隨時變易以從道侯之萬世而不惑不謬者其孔易乎孔子之於易也學焉耳試取大小象傳玩之卦卦學也爻爻學也學不厭教不倦立己立人達己達人易之生生也如是○潛見惕躍飛亢自聖人一身觀之隨時變易時象之矣合千聖觀之與世推移各一象矣○序卦周易也首乾坤終未濟即周事可覩矣雜卦序孔易也上經首乾坤次比師次臨觀而終之困下經首咸恆而終之夬何以明孔易也乾剛坤柔質弗齊也剛柔善惡均歸之中孔氏之教也比以類聚故樂師任裁成寧無憂乎或智臨於上或相觀以摩無行不與有求則應教乃知困也感之無心居之有恆終以剛決柔純乎乾矣是師道也亦君道也○天臺因舉扇悟曰原來通體皆是良知曰通天徹地皆是良知○天臺曰人言念菴靜坐會見光景遂有所得曰只理會當下光景耳

文端焦澹園先生竑

焦竑字弱侯號澹園南京旗手衛人萬曆己丑進士第一人京兆欲

爲樹棹楔謝以賑饑原籍山東亦欲表於宅改置義田授翰林修撰癸巳開史局南充意在先生先生條四議以進史事中止私成獻徵錄百二十卷甲午簡爲東宮講讀官嘗於講時有烏飛鳴而過皇太子目之先生卽輟講皇太子改容復聽然後開講取故事可爲勸戒者繪圖上之名養正圖解丁酉主順天試先生以陪推點用素爲新建所不喜原推者復搆之給事中項應祥曹大咸糾其所取險怪先生言分經校閱其所摘非臣所取謫福寧州同知移太僕寺丞後陞南京司業而年已七十矣先生積書數萬卷覽之略遍金陵人士輻輳之地先生主持壇坫如水赴壑其以理學倡率王弇州所不如也泰昌元年卒年八十一贈諭德崇禎末補諡文端先生師事耿天臺羅近溪而又篤信卓吾之學以爲未必是聖人可肩一狂字坐聖門第二席故以佛學卽爲聖學而明道闢佛之語皆一一絀之明道闢佛之言雖有所未盡大概不出其範圍如言佛氏直欲和這些秉彝都消煞得盡先生曰如此是二乘斷滅之見佛之所訶夫佛氏所云不斷滅者以天地萬物皆我心之所造故真空卽妙有向若爲天地萬物分疏便是我心之障何嘗不欲消煞得盡卽如定性書情順萬事而無情一語亦須看得好孔子之哭顏淵堯舜之憂文王之怒所

謂情順萬事也若是無情則內外兩截此正佛氏之消煞也明道言盡其心者知其性也佛所謂識心見性是也若存心養性則無矣先生曰真能知性知天更說甚存養一翳在眼空華亂墜夫存心養性正所以盡心之功識仁篇所言存久自明是也若未經存養其所謂知者想像焉而已石火電光而已終非我有存養其無翳之本體無翳乃可謂之存養安得以存養爲翳乎明道言傳燈錄千七百人無一人達者臨死不能尋一尺布帛裹頭先生謂是異國土風是也然此千七百人者生於中國而習異國土風胡謂乎無乃服桀之服也先生又謂明道嘆釋氏三代威儀非不知其美而故爲分異夫明道之嘆嘆儒者不能執禮而釋氏猶存其一二也豈以三代之禮樂歸之哉朱國禎曰弱侯自是真人獨其偏見不可開耿天臺在南中謂其子曰世上有三個人說不聽難相處問爲誰曰孫月峯李九我與汝父也

焦澹園論學語

學期於上達譬掘井期於及泉也泉之弗及掘井何爲性命之不知學將安用○爲惡無礙也爲善獨有礙乎爲善懼有著心也爲惡不懼有著心乎以彼所托意出禪宗禪宗無是也內典云無我無作無

受者善惡之業亦不亡無作無受者言於有爲之中識無爲之本體云爾未嘗謂惡可爲善可去也又云善能分別諸法相於第一義而不動言分別之中本無動搖云爾未嘗謂善與惡漫然無別也答耿師○佛氏所言本來無物者即中庸未發之中之意也未發云者非撥去喜怒哀樂而後爲未發當喜怒無喜怒當哀樂無哀樂之謂也故孔子論憧憧往來朋從爾思而曰天下何思何慮於憧憧往來之中而直指何思何慮之本體也○程子斥佛其言雖多大抵謂出離生死爲利心夫生死者所謂生滅心也起信論有真如生滅二門未達真如之門則念念遷流終無了歇欲止其所不能已以出離生死爲利心是易之止其所亦利心也然止亦非殄滅消煞之云也艮其背非無身也而不獲其身行其庭非無人也而不見其人不捐事以爲空事即空滅情以求性情即性殄滅消煞則二乘之斷見矣同上

○吾人應事雖屬紛紜乃其樞紐之者却是一物所謂隨事體驗云者於紛紜中識取此一物而已得此入手如馬有銜勒即縱橫千里無不如意此顏子之所謂禮也工夫只是復禮能約於禮則視聽言動頭頭是道奚繁且勞之慮焉原憲不識源頭却以支派求之用力愈勤去之愈遠何者人之在道如魚之在水疑生智隔乃覺其離苟

破疑城卽登彼岸非無疑之外更有彼岸可登也答陳景湖○仕而優卽爲學不必離仕求學也學而優卽爲仕不必離學求仕也優者無困於心而自得之之謂答人問○人之不能治世者只爲此心未得其理故私意糾棼觸處成窒苟得於心矣雖無意求治天下而本立道生理所必然所謂正其本萬事理也藉令悟於心而不可以治天下則治天下果何以而良知爲無用之物矣○禮也者體也天則也是禮也能視聽能言動能孝弟能賢賢能事君能交友可以爲堯舜可以通天地可以育萬物人人具足人人渾成所謂與天地萬物爲一體者乃其體自如是非我強與之一也學者不知目之自視又爲視以視之不知耳之自聽又爲聽以聽之不知口之自言身之自動又爲言動以言動之此所謂己也夫不識不知順帝之則苟率於己則知識耳矣意必固我耳矣何天則之能順乎○人之性體自定自息大學之知止易之艮正論此理非強制其心之謂也不然既爲神明不測之物則豈人力所能束縛之而苟其爲束而縛之則亦不可言定不可言息矣○問但盡凡情別無聖解乃曰求聖解而凡情不盡奈何曰語非不佳第所指凡情不同耳其人固問曰卽聖解是也安於所傷則物不能傷物不能傷而物亦不傷之○詩言偏爲爾

德在日用飲食日用飲食何人不爾而獨指之爲德則悟不悟之謂耳在聖非豐在凡非嗇悟之非增迷亦非損雖然未有不悟而道爲我有者所以貴知味也○性未易知不得不精思以求之非隨事體察之謂知性則人倫日用不必致力而自當若本之未立但逐事檢點自以爲當只落世儒義襲窠臼而於道愈遠矣○覺字最難說今人世情略能放下道理略能分疏便自謂覺此猶夢中語耳若是真覺無不了了如睡者醒眼一開萬象分明歷歷皆見何有漸次○某往日看世人無一當意然只是自心未穩妥非干人事淨名經云仁者心有高下故見此土爲不淨耳若真能致中和者豈有不位之天地不育之萬物哉

答友人問釋氏

王伯安言佛氏言無吾儒豈能加個有但以出離生死爲念則於無上不免加少意所以與吾聖人異曰出離者人法俱空能所雙遣何以言加○古云黄老悲世人貪着以長生之說漸次引之入道余謂佛言出離生死亦猶此也蓋世人因貪生乃修元元修既徹卽知我自長生因怖死乃學佛佛慧既成卽知我本無死此生人之極情入道之徑路也儒者或謂出離生死爲利心豈其絕無生死之念耶抑

未隱諸心而漫言此以相欺耶使果毫無悅生惡死之念則釋氏之書政可束之高閣第恐未悟生死終不能不爲死生所動雖曰不動直強言耳豈其情乎又當知超生死者在佛學特其餘事非以生死脅持人也○周茂叔言看一部華嚴經不如看一艮卦如何曰此言是也學者苟能知艮卦何須佛典苟能知自性又何須艮卦○程伯子言釋氏說道如以管窺天秖是直上去如何曰否道無上下○伯子言佛氏直欲和這些秉彝都消煞得盡然以爲道畢竟消煞不得如何曰安得此言如此是二乘斷滅之見正佛之所訶也○伯子言佛有個覺之理可謂敬以直內矣然無義以方外如何曰覺無內外○伯子言佛唯務上達而無下學然則其達豈有是也曰離下學無上達佛說種種方便皆爲未悟者設法此下學也從此得悟卽名上達學而求達卽掘井之求及泉也泉之弗及掘井奚爲道之弗達學將安用○伯子言盡其心者知其性也佛所謂識心見性是也若存心養性則無矣曰真能知性知天更說甚存養盡心知性所謂明得盡渣滓便渾化是也存心養性所謂其次莊敬以持養之是也卽伯子之言可以相證然釋氏亦有保任之說是否曰古語不云乎一翳在眼空華亂墜○伯子言傳燈千七百人無一人達者不然何以削

髮胡服而終曰削髮胡服此異國土風文中子所云軒車不可以適越冠冕不可以之胡者也然安知彼笑軒車冠冕不若我之笑削髮胡服者耶故老明至西方而效彼言焉入鞮國忻然而解裳局曲之人蓋不可道此○伯子言佛窮神知化而不足以開物成務如何曰學不能開物成務則神化何爲乎伯子嘗見寺僧趨進甚恭歎曰三代威儀盡在是矣又曰洒掃應對與佛家默然處合則非不知此理而必爲分異如是皆慕攻異端之名而失之者也不知天下一家而顧竭羅曲防自處於偏狹固執之習蓋世儒牽於名而不造其實往往然矣乃以自私自利譏釋氏何其不自反也○伯子言釋氏之學若欲窮其說而去取之則其說未能窮固已化而爲佛矣且於跡上攻之如何曰伯子未究佛乘故其掊擊之言率揣摩而不得其當大似聽訟者兩造未具而臆決其是非贓證未形而懸擬其罪案誰則服之爲士師者謂宜平反其獄以爲古今之一快不當隨俗爾爾也

尚寶潘雪松先生士藻

潘士藻字去華號雪松徽之婺源人萬曆癸未進士司理溫州入爲監察御史巡視北城有二奄闌出宮門調女婦執之羣奄奪去先生移文司禮監司禮以聞上怒曰東廠職何事而發自外廷耶命杖二

奄一奄死奄人由是恨之因火災陳言共摘疏中語爲歸過賣直謫廣東照磨晉南京吏部主事改尚寶司丞陞少卿卒年六十四先生學於天臺卓吾初至京師入講學之會如外國人驟聽中華語錯愕不知所謂得友祝延之世祿時時爲述所聞隨方開釋稍覺拘迫輒少寛之既覺心懈輒鞭策之久之轉展閉塞憤悶日甚延之曰經此一番苦楚是一生得力顧却無可得說一日自西長安街馬上忽省曰原來只是如是何須更索馳質之延之延之曰近是曰戒慎恐懼如何用功曰識此渠自會戒慎自會恐懼相與撫掌已相戒曰此念最易墮落須時時提醒醖釀日深庶有進步出京別天臺天臺曰至淮謁王敬所入安豐訪王東厓此老頗奇卽戲語亦須記過金陵再叩焦弱侯只此便是博學之先生一一如教始覺宇宙之無窮從前眞埳井之鼃也

潘雪松闇然堂日錄

問何當使心在腔子裏不至出入無時耿師天臺曰心體原是活潑一出一入神觸神應生生之機至妙今欲其常入無出是死却生機矣○耿師爲教不事言詮只欲於尋常言動認出眞性流行聚朋談究不爲要妙之論要於當下便識本心自著自察便是下手用力處

嘗謂朋友之益但當於其精神觸發與其用意懇至處得之只此便是眞性顯行不在區區同異校勘也○初謁卓吾質所見一切掃之他日友人發四勿之旨卓吾曰只此便是非禮之言當時心殊不服後乃知學者非用倒藏法盡將宿聞宿見平生深閉牢據者痛加割剗不留一些在骨髓裏作梗殆未可與語至學問已見頭腦用過工夫依舊爲我受用卓吾言讀書須以我觀之始得某曰正爲今未有我在○愚夫愚婦可知可能此皆不由學習任意觸發更無遮蓋矯強最可觀性只爲尋常不著不察自己眞性不顯此等皆蒙蔽了覺百千計較皆從此生○須從大處悟入卻細細從日用瑣屑一一不放過三千三百皆仁體也聖人所以下學而上達○默識二字終身味之不盡纔涉擬議非默識纔管形迹非默識纔一放過非默識纔動聲色非默識纔以意氣承當非默識終日如愚參前倚衡如見如承亦臨亦保此默識景象也○爲善須要直截發揮得出只從心之不可忍處脫體做去不必瞻前顧後凡事無所爲而爲到底天自有安排恰好處所以君子修之吉○此學有日新之機此機一息便非天命本體拈弄得熟此中如風火輪相似眼前不愜意處隨就銷鑠眼前可意處不當毫毛直是歇手不得○困而不學民斯爲下記云

學然後知困今人尚未知困在○不患無位患所以立立者四無倚附屹然是非毀譽之中所謂八風吹不動也非一點靈明自作主張鮮不仆矣○仁不可見要觀其用處用之藏即仁也○喜怒哀樂純是天機流行不著己不著人便是達天德曰天德何處著得人爲何處著得己見○須是酬酢紛紜中常常提醒收拾久之自有不存之存○人身常要竪立得起少有放鬆昏怠之氣隨之矣惟能常常挺然竪立不令放倒此凝神馭氣之要訣○立身自有易簡之道切弗冀望只是聽命切勿觀望只是信心程子言敬是惺惺法惺惺是吾人性根無有泯昧時即天命之不已者也人從無始刧以來便受五濁六鑿之累自性常埋沒不顯故須識此惺惺之體以惺惺不昧之功存之○學者不知一念之差已爲蹠之徒也故視得志之人負於國家往往竊嘆之豈知己之汲汲營利是其植根而得志之時不過成就結裹之耳○吾身喜幾動而一念和氣充襲於人人於我了無間隔覺有忻忻向榮之意此便堯舜帥天下以仁而民從之若值怒時眼前暴氣充塞父子兄弟情意阻閡不通俱作惡念相向此便是桀紂帥天下以暴而民不從

方學漸字達卿號本菴桐城人也少而嗜學長而彌敦老而不懈一言一動一切歸而證諸心爲諸生祭酒二十餘年領歲薦棄去從事於講學見世之談心往往以無善無惡爲宗有憂焉進而證之於古遡自唐虞及於近世摘其言之有關於心者各拈數語以見不覩不聞之中有莫見莫顯者以爲萬象之主非空然無一物者也然先生之言煞是有病夫心體本空而其中有主宰乎是者乃天之降衷有無虛實通爲一物者也渣滓盡化復其空體其爲主宰者卽此空體也若以爲虛中有實岐虛實而二之豈心體之本然哉故先生以不學不慮理所固然欲亦有之但當求之於理不當求之於不學不慮不知良知良能之不學不慮此繼善之根也人欲之卒然而發者是習熟之心爲之豈不學不慮乎先生欲辨無善無惡心之體而自墮於有善有惡心之體矣是皆求實於虛之過也先生受學於張甑山耿楚侗在泰州一派別出一機軸矣

心學宗

人心道心非謂心有二也危高大也人心之量本自高大其中道理則極精微心危而微故謂之中何以執之必也惟精乎精於求微乃充滿其惟危之量而道始歸於一一則中矣此允執厥中之旨也談

道之士慕高大而忽精微必至於蕩而多岐矣此理在天爲明命在人爲明德顯然共見無所用隱也人自弗之顧耳○文王敬止者非止以事止以心也一心發之爲仁敬孝慈信是一止而衆止五者根於一止則衆止總一止矣○理無上下學乎下所以達乎上中人以上可以語上謂其悟上於下之內也中人以下不可以語上謂其慕上於下之外也○陰陽以理言故謂之道此道生生毫無殺機故曰善得此而成性其善可知此君子之道也理寓於氣氣不能不殊得氣之偏者所見亦偏仁者以道爲仁智者以道爲智得氣之濁者日用乎道而不知其爲道故性善之理不明於天下而知道者鮮矣知者德性之知非見聞之知也物者吾心所接之物非泛言天下之物也格正也去不正以歸於正也致知者非可以空虛想像而致在正其所接之物使各當於理而得其宜焉則致知有實功矣○上天之載大德敦化實有爲之載者藏於無聲無臭之中載無聲無臭之爲載也君子敬信篤恭實有是德涵於人所不見之中非徒不顯而已也○孟子指理義根於心而後之人曰在物爲理處物爲義此異說所由起也或問物理者何曰物在外物之理在心提吾心則能物物是理在心而不在物也○心出於理則放心入於理則存求放心者

常存仁義而已○心外無性心外無天一時盡心則一時見性天一事盡心則一事見性天無時無處不盡心則無時無處不見性天存之養之常盡心而已矣夭壽修身純於盡心而已矣此孔門之心法也○仁義禮智根於心異端以心爲空是無根也○誠者善之本體幾者誠之發用本體既善發用亦善但既發則其善有過有不及就其過不及名之爲惡是善本嫡派惡乃孽支善本本來惡則半途而來非兩物相對而出也○識仁則見本原然非一識之後別無工夫必勿忘勿助誠敬存之則識者永識實有諸身不然此心終奪於物欲雖一時有識祇爲虛見而不能實有諸身矣○灑掃應對是下灑掃應對之心是上○心要在腔子裏腔子天理也○根本是未發之枝葉枝葉是已發之根本但見冲漠無朕不見其中有萬象之根是謂根本無枝葉後來欲芟枝葉以還根本也可乎○張子所謂大其心卽孟子盡其心也大者非馳騖空虛但視天下無非我而已盡者非窮極分量但隨在不有我而已仲尼之道盡於忠恕忠恕則大其心矣盡其心矣與天地萬物相流通而性天現前矣○性具於心謂之道心善學者求道於心不求道於事物善事心者日用事物皆心也○此理涵於物先流於物後超於物外貫於物中自今求之其在

物先物外者不可測而在物後物中者有可見因其可見求其不可測因物後以知物先因物中以知物外切實易簡所謂中庸之學也今之學者異於是以物後爲迹而玄想於物之先以物中爲粗而馳騖於物之外見以爲高也而日用則疏矣○主一者主於理也不主於理但空其心以事來不亂物去不留爲心之妙境而揆事應物不免失則惡在爲聖人之學乎○愼獨者聖學之要當其燕居獨處之時內觀本體湛然惺然此天理也存理而欲自退是第一著工夫內觀此中稍有染著此人欲也檢察欲念從何起根掃而去之復見本體遏欲以還理是第二著工夫兩者交修乃愼獨之全功也○流行者氣也主宰者理也知理之爲主則知從事於氣者之非學矣○未萌之先誰爲防之方萌之際誰爲克之唯天理爲之主時時提醒則人欲自去中庸大學非有二功所謂格物者不過於應物時戒愼恐懼求當於天理而已矣○虛靈中有理爲事之根奈何以虛靈爲無乎集註明德者人之所得乎天而虛靈不昧以具衆理而應萬事者也今學者删之曰明德者虛靈不昧之德也删去理字則無體删去事字則無用但云虛靈不昧則混於釋氏靈明之說而非大學之本旨矣○理無常形此心至當處卽天理也然有欲中之理有理中之

欲循理則苦心亦天然從欲則適情亦安排非致知者孰能識之○良知純任天理世有真實而不盡合於天理者其真實所發祗成自私自利而非天命人心之本然若夫誠則明明則誠良知卽真實真實卽良知○聖賢曰心異端亦曰心相似而難辨說者以爲本體同而作用不同天下豈有一根而穀莠兩出者乎蓋心一而見殊學始岐於天下人之觀心猶觀天管窺則天管牖窺則天牖登泰山而後見天之大大不可測仰而睨之曰太清太虛不知清虛天之象也非天之所以爲天也唯聖人獨觀清虛之宰而曰誠者天之道曰於穆不已曰大哉乾元夫不已之誠所稱繼善非乎是一元之理百物之所生也四時之所運也天之所以爲天也唯心亦然觀心於一曲管牖之窺也其小者也八荒我闥泰山之眺乎眺而不得八荒之際還而內顧莫可端倪則以爲不覩不聞至矣夫心之不可覩聞也從其觀於外也蓋有莫見莫顯者藏於不覩不聞之中所謂未發之中天下之大本是也從外而觀亦淺之乎其觀者烏覩心之所以爲心哉彼異端者雖亦曰明心不明乎善而空之則見以爲心者謬矣王龍溪天泉證道記以無善無惡心之體爲陽明晚年之密傳陽明大賢也其於心體之善見之真論之確蓋已素矣何乃晚年臨別之頃頓

易其素不顯示而密傳倘亦有所附會而失真歟

桐川語錄

南皐輯宗儒語略欲學者由茲直證本心夫以諸儒之語證吾心不若以吾心證吾心之爲真也以吾心之所發還而證吾心之所存以吾心之所存出而證吾心之所發乃所爲真也執隣之影索隣之神則眩執吾之影索吾之神則亦眩况執隣影證吾神而索之乎君子所以貴自得也○孟子以不慮之知不學之能爲良亦指不學不慮之最善者而言凡惻隱羞惡辭讓是非之心卒然而感自然而應皆不假於慮學從理根而發是良知良能愛親敬長乃其發見之真切者至於耳目口鼻四肢之欲亦非慮而知學而能但從欲根而發不得爲良知良能凡言良者重於善非重於不慮不學卽慮知學能而善亦謂之良可也○知其所由由而能知乃爲聖學若求知於所由之外則墮於虛見而非知行合一之知矣○道形上器形下謂器不能該乎道者非也凡人所學總屬之下莫載莫破皆下也其理不可見聞則上也不徒曰上而曰形上形卽器也安得求道於器之外乎○天理人欲原無定名以其有條理謂之理條理之自然謂之天動於情識謂之欲情識感於物謂之人故天理而滯焉卽理爲欲人欲

而安焉卽欲爲理凡欲能蔽其心而理則心之良也○心者人之神居中應外至虛而至實者也楞嚴七徵歸於無著之地彼以空立教巧設辨難卒歸於空以爲明心其實祇見一偏耳夫心無在而無不在唯無不在則七徵莫非心之所在惟無在則偏於無著之地亦非心之所在○徐令問知行並進聖人之學也何獨重良知乎曰君侯稱知縣不稱行縣何也易曰乾以易知良知乾道也行特知之實事耳○二氏皆言心也而所見於心者異皆言性也而所見於性者異皆一也而所見爲一者異皆靜也而靜中所見者異人心合有無隱顯而一之儒者見心之全體故曰仁人心也又曰仁者人也釋氏見心之空不見空之所有故於人道一切掃而空之老氏見心之虛不見虛之所含故推天下國家而外之譬之天儒見天之全空虛是天四時百物皆是天釋老但知天爲空虛遂以四時百物爲幻妄所見固不同也性則心之所具之理儒言性善是見性之本原性本善故位育總歸於善釋以空爲性雖謂山河大地皆佛性其意悉歸之空老氏鍊神還虛則又以氣之清虛者爲性見益淺矣儒所謂一者理也釋所謂一者空也老氏守一則守中耳守一滯於氣歸一溺於空總著一偏孰若一理貫通萬事變化不測而無所偏乎陽明曰循理

之謂靜從欲之謂動儒之靜主於理釋之靜則寂滅而枯槁老之靜則專氣致柔反矯天理而去之然則三家之言雖均之心均之一均之靜而其旨則霄壤矣

郎中何克齋先生祥

何祥號克齋四川内江人官至正郎初事南野於太學大洲謂之曰如南野汝當執贄專拜爲師可也先生如其言南野笑曰予官太學即師也何更以贄爲先生謂太學生徒衆矣非此不足以見親切也南野乃受之凡南野大洲一言一動先生必籍記之以爲學的京師講會有拈識仁定性者先生作爲講義皆以良知之旨通之大洲有詩贈之云君辭佳麗地來補昔巢居予亦同方侶高懸合轍車已指甪里訣新註紫陽書灼艾消殘病紉針返太初忘形非避俗覿體即真如荷葯種已大杞苗耘正疏烟波用無盡棹櫓傒有餘願附元真子扁舟縱所如先生之學雖出於大洲而不失儒者矩矱耿定力曰大洲法語危言起人沉痼先生温辭粹論輔人參苓其使人反求而自得本心一也

何克齋講學

爲學在求放心如思慮過去未來事都是放心但只存得此心常見

在便是善學了○人只是一個心心只是一箇志此心推行得去便是盛德大業故自古上士不患不到聖賢患此心不存不患做不出功業患此心不見道耳○人於良心上用則聰明日增於機心上用則聰明日減○祥問南野師曰良知卽是志若起心動念却是妄曰志不是起心動念志是明之果確處○南野師謂祥曰謂一貫如繩引珠然繩自繩珠自珠是兩物不足以明一貫又謂以一貫萬然一與萬亦有對待不足以明一貫夫子蓋言吾道只是一件曾子以忠恕明之說者謂忠是一恕是貫非也忠恕只是一心如冬時思量父母寒便能度親之心去做溫的道理夏熱亦如是忠恕如何分得而已矣是貫字之義凡日用倫物皆此忠恕再無他道又謂曾子學久然後聞此亦不然史記曾子少孔子四十九歲逮孔子卒時只二十四歲耳則聞一貫方在年少之時蓋此道必體立而後用行未有學於用而得之者學者初學便當知此一貫學方得不差○大洲先生出城過僧舍家兄問養生先生笑曰莫怕死人之壽甚長時祥聞之知先生別有所指也問曰此道體不息也工夫如何用先生曰適見公聽得分明只此聽得明底便是工夫祥悟曰道不遠人聽聽者是工夫不用安排自然者是自此不復騎驢覓驢矣○大洲先生曰學

者先須識得良知本體○又曰能居敬則舉動自不輕易而所行自簡矣

通解論學書

昨所解明道先生識仁書雖章意頗明然解中未及仁之源頭處蓋求仁須識得源頭則發用流行處自昧不得所謂源頭先儒已明言之矣橫渠張子云虛者仁之源康節邵子云惻隱來何自虛明覺處真張子所謂虛邵子所謂虛明覺處乃仁之源頭也欲識此源頭須端坐澄心默察此心虛明本體識得虛明本體卽是仁體卽是未發之中矣所謂靜亦定者此也由此隨感而應疾痛之事感而惻隱生不義之事感而羞惡生交際感而恭敬生善惡感而是非生千變萬化莫非仁之用也故曰義禮智信皆仁也又曰經禮三百曲禮三千無一事非仁也然用未嘗離了虛明本體如明鑑之應物妍媸畢見空體自如此卽動亦定也故程子謂體用一原顯微無間但於靜中識得箇源頭動處方得不迷耳白沙先生云學者須於靜中養出箇端倪方有商量處所謂端倪者非虛明之呈露乎然須識得心之本體原自虛明非是人爲做出來的靜坐時只歇下雜念本體自見切莫將心作虛明想若將心作虛明想卽此想念反障虛明矣程子因

人思於喜怒哀樂未發之前來中荅云既思即是已發矣正謂此也然欲歇妄念不可強制但只常常猛著精神不使昏沉妄念自歇何者真心是主妄念是客主常在客安能久停故妄念起時良知自覺一覺妄息當體虛明象山陸子云知非則本心自復又何用強制乎古云不怕念起惟恐覺遲朱子亦云警覺操存反其昏妄此則用工之要也然妄念既覺之時不當復計前妄若既覺而計妄則即此計念不離於妄是以妄追妄妄念愈不停矣古人譬之無風起波正謂此也夫既已息妄又不計妄此時之心靜定清明如太虛一般既無體質亦無邊際此則心之本體即當安汝止矣不當舍此更求真也若更起心求真即起求之心是又一妄矣無起求心當下虛明本體即得到此又不得著此虛明之意象也若著此意象亦屬妄想執此爲工夫是認賊做子以病爲藥何日得見本來面目乎透此一關漸識心體即此隨感而應莫非此體所謂一以貫之也然於妄念未免乘間而起比之靜時尤爲心害何也靜坐之時妄念雖萌猶未臨境故雖起易滅應物之時念與境交易於染著故一起難滅於此尤當加研幾之功故忿心初起則必懲慾心初動則必窒見善則必遷有過則必改必如惡惡臭如好好色求自慊而後已如是則克己工夫

無間於動靜妄念始不能爲心害矣濂溪周子有云君子乾乾不息於誠然必懲忿窒慾遷善改過而後至至哉言也聖學工夫不越是矣舍是則虛談矣識之識之然此學人多不講縱講之亦不肯奮然向往以求自得蓋緣未辨世間真假故逐假迷真耳此正受病之原也吾將有以明之孟子不云乎君子所性雖大行不加焉窮居不損焉分定故也邵子亦云身在天地後心在天地先天地自我出自餘安足言是知心性也者體無加損爲天地根非至真乎孟子又云人之所貴者非良貴也趙孟之所貴趙孟能賤之是知名利也者予奪由人等於浮雲不亦假乎世人倒見認假爲真決性命以赴之卒老不悔不知天下有至貴至富不加不損無予無奪而異乎彼者顧舍之不求不亦可哀耶汝宜高著明眼於此真假路頭明辨決斷一意惟真是求不得不止則真假不惑念頭自清前之所謂妄念者漸消釋矣妄消真復便識得仁體反身可誠而樂莫大焉矣便能性定廓然大公物來順應而合天地之常矣至此則天下何以尚之不此之務乃悠悠而與世之無志者躭著眼前虛花便執以爲究竟之事豈不可惜豈不可惜汝資稟篤實強毅辨此非難從此決志未晚也工夫依此做去當有悟處勉之勉之

給事祝無功先生世祿

祝世祿字延之號無功鄱陽人由進士萬曆乙未考選爲南科給事中當緒山龍溪講學江右先生與其羣從祝以直惟敬祝介卿眉壽爲文麓之會及天臺倡道東南海內雲附景從其最知名者則新安潘去華蕪陰王德孺與先生也去華初入京師雖親講會不知爲學之方先生隨方開釋稍覺拘迫輒少寬之既覺心懈輒鞭策之終不爲之道破使其自得先生謂吾人從有生來習染纏絆毛髮骨髓無不受病縱朋友善攻人過亦難枚舉惟是彼此互相虛下開一條受善之路此真洗滌腸胃良劑故終身不離講席天臺以不容已爲宗先生從此得力身在心中一語實發先儒所未發至謂主在道義卽蹈策士之機權亦爲妙用此非儒者氣象乃釋氏作用見性之說也古今功業如天空鳥影以機權而幹當功業所謂以道殉人遍地皆冀士矣

祝子小言

學者不論造詣先定品格須有鳳凰翔於千仞氣象方可商求此一大事不然渾身落世情窠臼中而因人起名因名起義輒號於人曰學何異濯纓泥滓之渦振衣風塵之路冀還純白無有是處○患莫

患於不自振洪範六極弱居一焉一念精剛如弛忽張風飛雷動奮迅激昂羣疑以亡諸欲以降百行以昌更有何事○世之溺人久矣吾之志所以度吾之身不與風波滅沒者也操舟者柁不使去手故士莫要於持志○元來無窮上天下地往古來今總游我無窮之中目終日視萬色而視不厭耳終日聽萬聲而聽不厭口終日言萬緒而言不厭身終日動萬應而動不厭是何物者耶奈何立志不堅覰體不親將此無窮者以瓦礫委之歟故曰宇宙未嘗限隔人人自限隔宇宙○學在知所以用力不見自心力將何用試觀不識一字凡夫臨不測之淵履欲墮之崖此時此心惺惺翌翌不著纖毫入聖微機政復如是不則逐名義而捉意會爲力彌勞去道彌遠○學人恆言用心用心實難祗用耳目爾日光萬古長圓月受日光三五缺焉心與耳目之用似之○見人不是諸惡之根見己不是萬善之門○儒者論是非不論利害此言非也是非利害自有真真是而真利應真非而真害應以此提衡古今如鼓答桴未有爽者○人知縱欲之過不知執理之過執理是是非種子是非是利害種子理本虛圓執之太堅翻成理障不縱欲亦不執理恢恢乎虛己以游世世孰能戕之○謬見流傳心在身中身中直一團心耳原來身在心中天包地

外身地也心天也海起浮漚身漚也心海也未有此身先有此心幻身滅後妙明不滅所以孔子許朝聞而夕可莊生標薪盡而火傳○天之運川之流木之華鳥之韻目之盼鼻之息疾痛之呻吟豈因名義爲之曰有不能已也吾志吾道乃因人爲起滅不名爲志○問內持一念外修九容可以爲學乎曰唯唯否否念不可持也容可修而不可修也仁守莊蒞知實先之弗然者妄持一念賈胡襲燕石之珍徒飾九容俳優作王公之狀爲僞而已矣○德輶如毛非以毛比德也知德不徹有這一絲在便損全力須是悟到無聲無臭處○問所存者神曰情識不生如空如水問所過者化曰雁度長空影落寒水雁無留迹水無留影○人必身與心相得而後身與世亦相得不然身與心爲讎將舉身與世亦相讎得則俱得讎則俱讎苦之趣也得樂之符也學不二境乃見學力肅之乎賓友之見忽之乎衆庶之臨得之乎山水之間失之乎衽席之上吾甚恥之○中庸非有二也識此理而保任之爲戒慎恐懼之中庸識此理而玩弄之爲無忌憚之中庸○王新建在事業有佐命之功在學問有革命之功蓋支離之說浸灌入人心髓久矣非有開天闢地大神力大光明必不能爲吾道轉此法輪○大人無多伎倆只不失其赤子之心若曰擴而充

之便蛇足矣然則本體外更無工夫乎曰大人原無本體赤子自有功夫○石中有火擊之乃見乍見孺子入井莫不有怵惕惻隱之心孟子特於石火見處點之欲人因擊之火悟火在石中不擊亦有夫擊之火火之可見者也不擊之火火之不可見者也見可見之火不過見火之形見不可見之火而後見火之性○雲白山青川行石立花迎鳥笑谷答樵謳萬境自閒人心自鬧○恆言學問蓋有學必有問問由學生也每見友朋相聚不切身從自家神理不通功夫做不去處討求而低眉緘口乂手齊足壇場冷落於是或拈話柄或掉書囊設爲問目其問不必關於學其答不必關於問浪問浪答徒長一番游談惡習何益底裏事○學者漫自隨人言句轉且直道本體是什麽物工夫是如何下原來本體自不容已不容已處是工夫若以工夫存本體是猶二之○權勢之門其利害入幕之客不能見而千里之外見之仁義之門其是非摳衣之士不能定而百世之下定之○作用須觀其所主所主在道義卽蹈跡策士之機權亦爲妙用所主在權利卽依心聖人之名教祇爲借資矣○古人言句還之古人今人言句還之今人自家如何道道得出是名真信真信者無不信一信忽斷百疑道不出方發真疑真疑者無乎不疑百疑當得一信

○學莫病於認識作知知與識疑而致相遠知從性生識從習起知渾識別知化識留嬰兒視色而不辨為何色聞聲而不辨為何聲夫知視知聽知也辨色辨聲識也非知也真知之體卽能辨不加不能辨不損也

明儒學案卷三十五

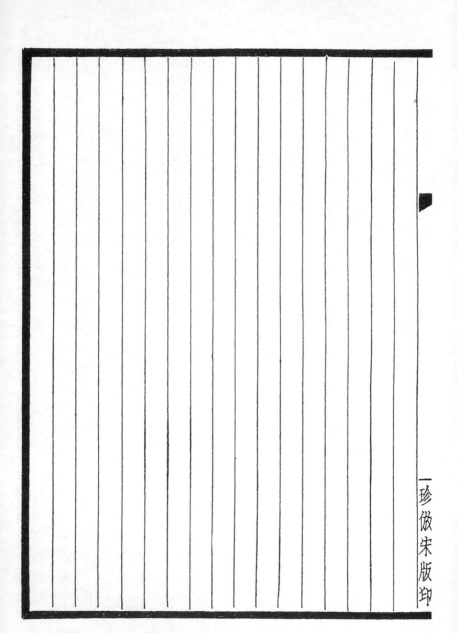

姚江黃梨洲先生著

豫章後學　夏鼎　熊育鑫
熊繩祖　熊育鏞
徐兆瀾　周聯慶
熊榮祖　蕭兆柄
劉秉楨　李真實　重刊

尚寶周海門先生汝登

周汝登字繼元別號海門嵊縣人萬歷丁丑進士擢南京工部主事歷兵吏二部郎官至南京尚寶司卿先生有從兄周夢秀聞道於龍溪先生因之遂知向學已見近溪七日無所啓請偶問如何是擇善固執近溪曰擇了這善而固執之者也從此便有悟入近溪嘗以法苑珠林示先生先生覽一二葉欲有所言近溪止之令且看去先生竦然若鞭背故先生供近溪像節日必祭事之終身南都講會先生拈天泉證道一篇相發明許敬菴言無善無惡不可爲宗作九諦以難之先生作九解以伸其說以爲善且無惡更從何容無病不須疑病惡既無善不必再立頭上難以安頭本體著不得纖毫有著便凝滯而不化大旨如是陽明言無善無惡心之體原與性無善無不善

之意不同性以理言理無不善安得云無善心以氣言氣之動有善有不善而當其藏體於寂之時獨知湛然而已亦安得謂之有善有惡乎且陽明之必爲是言者因後世格物窮理之學先有乎善者而立也乃先生建立宗旨竟以性爲無善無惡失却陽明之意而曰無善無惡斯爲至善多費分疏增此轉轆善一也有有善之善有無善之善求直截而反支離矣先生九解只解得人爲一邊善源於性是有根者也故雖戕賊之久而忽然發露惡生於染是無根者也故雖動勝之時而忽然銷隕若果無善是堯不必存桀亦可亡矣儒釋之判端在於此先生之無善無惡卽釋氏之所謂空也後來顧涇陽馮少墟皆以無善無惡一言排摘陽明豈知與陽明絕無干與故學陽明者與議陽明者均失陽明立言之旨可謂之繭絲牛毛乎先生教人貴於直下承當嘗忽然謂門人劉塙曰信得當下否塙曰信得先生曰然則汝是聖人否塙曰也是聖人先生喝之曰聖人便是聖人又多一也字其指點如此甚多皆宗門作用也

證學錄

王調元述泰州唐先生主會每言學問只在求個下落如何是下落去處曰當下自身受用得著便是有下落若止懸空說去便是無下

落○人到諸事沉溺時能迴光一照此一照是起死迴生之靈丹○今人乍見孺子入井必然驚呼一聲足便疾行行到必然挽住此豈待爲乎此豈知有善而行之者乎故有目擊時事危論昌言者就是只一呼拯民之溺八年於外者就是只疾行哀此煢獨者就是只一挽此非不足彼非有餘此不安排彼不意必一而已矣今人看得目前小事業大忽卻目前著意去做事業做得成時亦只是霸功小道○此心一刻自得便是一刻聖賢一日自得便是一日聖賢常常如是便是終身聖賢○洪舒民問認得心時聖賢與我一般但今人終身講學到底只做得鄉人何也曰只是信不及耳汝且道今日滿堂問答詠歌一種平心實意與杏壇時有二乎曰無有二也曰如此則何有鄉人之疑曰只爲他時便不能如是曰違則便覺依舊不違曰常常提起方可曰違則提起不違提個什麼○問天根月窟曰汝身渾是太極念頭初萌纔發此問便是月窟問處寂然念慮俱忘便是天根寂而萌萌而寂便是天根月窟之往來萬事萬化皆不外此處處皆真頭頭是道這便是三十六宮都是春○熊念塘言世界缺陷吾人當隨分自足心方寬泰曰自心缺陷世界缺陷自心滿足世界滿足不干世界事○一物各具一太極者非分而與之之謂如一室

千燈一燈自有一燈之光彼此不相假借是爲各具萬物統體一太極者非還而合之之謂如千燈雖異共此一燈之光彼此毫無間異是爲統體○問理氣如何分别曰理氣雖有二名總之一心心不識不知處便是理纔動念慮起知識便是氣雖至塞乎天地之間皆不越一念曰心何便是理如視是心而視所當視有視之理當循聽是心而聽所當聽有聽之理當循心豈便是理乎曰此正學問竅要不可不明信如所言則是心外有理理外有心矣凡人視所不當視聽所不當聽聲色牽引得去皆知識累之也知識忘而視聽聰明卽心卽理豈更有理爲心所循耶曰理必有氣心之知識可無耶曰卽理卽氣所謂浩然之氣是也不識知之識知所謂赤子之心是也非槁木死灰之謂曰動處是氣靜處是理否曰靜與動對靜亦是氣曰人睡時有何知識曰無知識何能做夢曰不做夢時如何曰昏沉卽是知識無著便是理○問此事究竟如何曰心安穩處是究竟○問學力只是起倒奈何曰但恐全不相干無有起倒可言今說有個起便自保任有個倒便好扶植莫自諉自輕○問亦偶有所見而終不能放下者何曰汝所見者是知識不是真體曰只此坐飲時如何是知識如何是真體曰汝且坐飲切莫較量一起較量便落知識但忘知

識莫問眞體

個事從人妄度量那知家計本尋常祇將渴飲饑餐事說向君前笑一場寄鄒南皐

論心半月剡江頭歸去翺翔興未休來往只應明月伴孤懸千古不曾收送醇之

梧桐葉葉動高風一放豪吟寥廓中萬疊雲山森滿目憑誰道取是秋空秋空

水邊林畔老幽棲衣補遮寒飯療饑一種分明眼前事勞他古聖重提撕老吟

良宵樽酒故人同小艇沿洄島嶼空看月不勞人重指渾身都在月明中泛舟石潭

九解

南都舊有講學之會萬歷二十年前後名公畢集會講尤盛一日拈舉天泉證道一篇相與闡發而座上許敬菴公未之深肯明日公出九條目命曰九諦以示會中先生爲九解復之天泉宗旨益明具述於左云

諦一云易言元者善之長也又言繼之者善成之者性書言德無常

師主善爲師大學首提三綱而歸於止至善夫子告哀公以不明乎
善不誠乎身顏子得一善則拳拳服膺而弗失孟子七篇大旨道性
善而已性無善無不善則告子之說孟子深闢之聖學源流無不可
考而知也今皆捨置不論而一以無善無惡爲宗則經傳皆非
維世範俗以爲善去惡爲隄防而盡性知天必無善無惡爲究竟無
善無惡即爲善去惡而無跡而爲善去惡悟無善無惡而始眞教本
相通不相悖語可相濟難相非此天泉證道之大較也今必以無善
無惡爲非然者見爲無善豈慮入於惡乎不知善且無而惡更從何
容無病不須疑病見爲無惡豈疑少却善乎不知惡既無而善不必
再立頭上難以安頭故一物難加者本來之體而兩頭不立者妙密
之言是爲厥中是爲一貫是爲至誠是爲至善聖學如是而已經傳
中言善字固多善惡對待之善至於發心性處善率不與惡對如中
心安仁之仁不與忍對主靜立極之靜不與動對大學善上加一至
字尤自可見蕩蕩難名爲至治無得而稱爲至德他若至仁至禮等
皆因不可名言擬議而以至名之至善之善亦猶是耳夫惟善不可
名言擬議未易識認故必明善乃可誠身若使對待之善有何難辨
而必先明乃誠耶明道曰人生而靜以上不容說纔說性時便已不

是性也凡人說性只是說繼之者善也孟子言人性善是也悟此益可通於經傳之旨矣解一

諦二云宇宙之內中正者爲善偏頗者爲惡如水炭黑白非可以私意增損其間故天地有貞觀日月有貞明星辰有常度嶽峙川流有常體人有眞心物有正理家有孝子國有忠臣反是者爲悖逆爲妖怪爲不祥故聖人教人以爲善而去惡其治天下也必賞善而罰惡天之道亦福善而禍淫積善之家必有餘慶積不善之家必有餘殃自古及今未有能違者也而今曰無善無惡則人將安所趨舍者歟曰中正曰偏頗皆自我立名自我立見不干宇宙事以中正與偏頗對是兩頭語是增損法不可增損者絕名言無對待者也天地貞觀不可以貞觀爲天地之善日月貞明不可以貞明爲日月之善星辰有常度不可以常度爲星辰之善嶽不以峙爲善川不以流爲善人有眞心而莫不飲食者此心飲食豈以爲善乎物有正理而鳶飛魚躍者此理飛躍豈以爲善乎有不孝而後有孝子之名孝子無孝有不忠而後有忠臣之名忠臣無忠若有忠有孝便非忠非孝矣賞善罰惡皆是可使由之邊事慶殃之說猶禪家談宗旨而因果之說實不相礙然以此論性宗則粗悟性宗則趨舍二字是學問大病不可

有也解二

諦三云人心如太虛元無一物可著而實有所以爲天下之大本者在故聖人名之曰中曰極曰善曰誠以至曰仁曰義曰禮曰智曰信皆此物也善也者正中純粹而無疵之名不雜氣質不落知見所謂人心之同然者也故聖賢欲其止之而今曰無善則將以何者爲天下之大本其爲物不貳則其生物不測天地且不能無主而況於人乎

說心如太虛說無一物可著說不雜氣質不落知見已是斯旨矣而卒不放下一善字則又不虛矣又著一物矣又雜氣質又落知見矣豈不悖乎太虛之心無一物可著者正是天下之大本而更曰實有所以爲天下之大本者在而命之曰中則是中與太虛之心二也太虛之心與未發之中果可二乎如此言中則曰極曰善曰誠以至曰仁曰義曰禮曰智曰信等皆以爲更有一物而不與太虛同體無惑乎無善無惡之旨不相入以此言天地是爲物不貳失其主矣解三

諦四云人性本善自蔽於氣質陷於物欲而後有不善然而本善者原未嘗泯滅故聖人多方誨迪使反其性之初而已祛蔽爲明歸根爲止心無邪爲正意無僞爲誠知不迷爲致物不障爲格此徹上徹

下之語何等明白簡易而今曰心是無善無惡之心意是無善無惡之意知是無善無惡之知物是無善無惡之物則格致誠正工夫俱無可下手處矣豈大學之教專爲中人以下者設歟近世學者皆上智之資不待學而能者歟

人性本善者至善也不明至善便成蔽陷反其性之初者不失赤子之心耳赤子之心無惡豈更有善耶可無疑於大人矣心意知物只是一個分別言之者方便語耳下手工夫只是明善明則誠而格致誠正之功更無法上中根人皆如是學舍是而言正誠格致頭腦一差則正亦是邪誠亦是僞致亦是迷格亦是障非明之明其蔽難開非止之止其根難拔豈大學之所以教乎解四

諦五云古之聖賢秉持世教提撕人心全靠這些子秉彝之良在故曰民之所好好之民之所惡惡之斯民也三代之所以直道而行也惟有此秉彝之良不可殘滅故雖昏愚而可喻雖強暴而可馴移風易俗反薄還純其操柄端在於此奈何以爲無善無惡舉所謂秉彝者而抹殺之是說倡和流傳恐有病於世道非細

無作好無作惡之心是秉彝之良是直道而行著善著惡便作好作惡非直矣喻昏愚馴強暴移風易俗須以善養人以善養人者無善

之善也有其善者以善服人喻之馴之必不從如昏愚強暴何如風俗何至所謂世道計則請更詳論之蓋凡世上學問不立之人病在有惡而閉藏學問用力之人患在有善而執著閉惡者教人爲善去惡使有所持循以免於過惟彼著善之人皆世所謂賢人君子者不知本自無善妄作善見捨彼取此粘一放一謂誠意而意實不能誠謂正心而心實不能正象山先生云惡能害心善亦能害心以其害心者而事心則亦何由誠何由正也夫害於其心則必及於政與事矣故用之成治效止驩虞而以之撥亂害有不可言者後世若黨錮之禍雖善人不免自激其波而新法之行卽君子亦難盡辭其責其究至於禍國家殃生民而有不可勝痛者豈是少却善哉范滂之語其子曰我欲教汝爲惡則惡不可爲教汝爲善則我未嘗爲惡蓋至於臨刑追考覺無下落而天下方且恥不與黨效尤未休眞學問不明而認善字之不徹其蔽乃一至此故程子曰東漢尚名節有雖殺身不悔者只爲不知道嗟乎使諸人而知道則其所造就所康濟當更何如而秉世教者可徒任其所見而不喚醒之將如斯世斯民何哉是以文成於此指出無善無惡之體使之去縛解粘歸根識止不以善爲善而以無善爲善不以去惡爲究竟而以無惡證本來夫然

後可言誠正實功而收治平至效蓋以成就君子使盡爲臯夔稷契之佐轉移世道使得躋黃虞三代之隆上有不動聲色之政而下有何有帝力之風者舍茲道其無由也孔子曰聽訟吾猶人也必也使無訟乎無訟者無善無惡之效也嗟乎文成茲旨豈特不爲世道之病而已乎解五

諦六云登高者不辭步履之難涉川者必假舟檝之利志道者必竭修爲之力以孔子之聖自謂下學而上達好古敏求忘食忘寢有終其身而不能已者焉其所謂克己復禮閑邪存誠洗心藏密以至於懲忿窒慾改過遷善之訓昭昭洋洋不一而足也而今皆以爲未足取法直欲頓悟無善之宗立躋聖神之地豈退之所謂務勝於夫子者邪在高明循謹之士著此一見猶恐其涉於疎略而不情而况天資魯鈍根器淺薄者隨聲附和則吾不知其可也

文成何嘗不教人修爲卽無惡二字亦足竭力一生可嫌少乎既無惡而又無善修爲無迹斯真修爲也夫以子文之忠文子之清以至原憲克伐怨欲之不行豈非所謂竭力修爲者而孔子皆不與其仁則其所以敏求忘食與夫復禮而存誠洗心而藏密者亦自可思故知修爲自有真也陽明使人學孔子之真學疎略不情之疑過矣解

諦七云書曰有其善喪厥善言善不可矜而有也先儒亦曰有意爲善雖善亦粗言善不可有意而爲也以善自足則不宏而天下之善種種固在有意爲善則不純而吉人爲善常惟日不足古人立言各有攸當豈得以此病彼而概目之曰無善然則善果無可爲爲善亦可已乎賢者之疑過矣

有善喪善與有意爲善雖善亦私之言正可證無善之旨堯舜事業一點浮雲過太虛謂實有種種善在天下不可也吉人爲善爲此不有之善無意之善而已矣解七

諦八云王文成先生致良知宗旨元與聖門不異其集中有云性無不善故知無不良良知卽是未發之中卽是廓然大公寂然不動之本體但不能不昏蔽於物欲故須學以去其昏蔽又曰聖人之所以爲聖人者以其心之純乎天理而無人欲之私也學聖人者期此心之純乎天理而無人欲則必去人欲而存天理又曰善念存時卽是天理立志者常立此善念而已此其立論至爲明析無善無惡心之體一語蓋指其未發廓然寂然者而言之而不深惟大學止至善之本旨亦不覺其矛盾於平日之言至謂有善有惡意之動知善知惡

是良知爲善去惡是格物則指點下手工夫亦自平正切實而今以心意知物俱無善惡可言者竊恐其非文成之正傳也

致良知之旨與聖門不異則無善惡之旨豈與致良知異耶不慮者爲良有善則慮而不良矣無善無惡心之體一語旣指未發廓然寂然處言之已發後豈有二耶未發而廓然寂然已發亦只是廓然寂然知未發已發不二則知心意知物難以分析而四無之說一一皆文成之祕密非文成之祕密吾之祕密也何疑之有於此不疑方能會通其立論宗旨而工夫不謬不然以人作天認欲爲理背文成之旨良多矣夫自生矛盾以病文成之矛盾不可也解八

諦九云龍溪王子所著天泉橋會語以四無四有之說判爲兩種法門當時緒山錢子已自不服易不云乎神而明之存乎其人默而成之不言而信存乎德行神明默成蓋不在言語授受之際而已顏子之終日如愚曾子之真積力久此其氣象可以想見而奈何以元言妙語便謂可接上根之人其中根以下之人又別有一等說話故使之扞格而不通也且云汝中所見是傳心祕藏顏子明道所不敢言今已說破亦是天機該發泄時豈容復祕嗟乎信斯言也文成發孔子之所未發而龍溪子在顏子明道之上矣其後四無之說龍溪子

談不離口而聰明之士亦人人能言之然而聞道者竟不知爲誰氏竊恐天泉會語畫蛇添足非以尊文成反以病文成吾儕未可以是爲極則

人有中人以上中人以下二等所以語之亦殊此兩種法門發自孔子非判自王子也均一言語而信則相接疑則扞格自信自疑非有能使之者蓋授受不在言語亦不離言語神明默成正存乎其人知所謂神而明默而成則知顏子之如愚曾子之真積自有入微之處而云想見氣象抑又遠矣聞道與否各宜責歸自己未可疑人兼以之疑教至謂顏子明道所不敢言等語自覺過高然要之論學話頭未足深怪孟子未必過於顏閔而公孫丑問其所安絕無遜讓直曰姑舍是而學孔子曹交未足比於萬章輩而孟子教以堯舜不言等待而直言誦言行行是堯而已然則有志此事一時自信得及誠不妨立論之高承當之大也若夫四無之說豈是鑿空自創究其淵源實千聖所相傳者太上之無懷易之何思何慮舜之無爲禹之無事文王之不識不知孔子之無意無我無可無不可子思之不見不動無聲無臭孟子之不學不慮周子之無靜無動程子之無情無心盡皆此旨無有二義天泉所證雖陽明氏且爲祖述而況可以龍溪氏

當之也耶雖然聖人立教俱是應病設方病盡方消初無實法言有非真言無亦不得已若惟言是泥則何言非礙而不肖又重以言或者更增蛇足之疑則不肖之罪也夫解九

文簡陶石簣先生望齡

陶望齡字周望號石簣會稽人也萬歷己丑進士第三人授翰林編修轉太子中允右諭德兼侍講妖書之役四明欲以之陷歸德江夏先生自南中主試至境造四明之第責以大義聲色俱厲又謂朱山陰曰魚肉正人負萬世惡名我寧紹將不得比於人數矣苟委之不救陶生願棄手板拜疏與之同死皆俛首無以應故沈郭之得免巽語者李九我唐抑所法語者則先生也已告歸踰年起國子祭酒以母病不出未幾卒諡文簡先生之學多得之海門而氾濫於方外以為明道陽明之於佛氏陽抑而陰扶蓋得其彌近理者而不究夫毫釐之辨也其時湛然澄密雲悟皆先生引而進之張皇其教遂使宗風盛於東浙其流之弊則重富貴而輕名節未必非先生之過也然先生於妖書之事犯手持正全不似佛氏舉動可見禪學亦是清談無關邪正蓋其為學始基原從儒術後來雖談元說妙及至行事仍舊用著本等心思如蘇子瞻張無垢皆然其於禪學皆淺也若是張

天覺純以機鋒運用便無所不至矣

石簣論學語

妄意以隨順真心任諸緣之並作爲行持觀萬法之自無爲解脫自覺頗爲省便○知事理不二即易欲到背塵合覺常光現前不爲心意識所使即不易伊川康節臨命時俱得力若以見解論恐當代諸公儘有高過者而日逐貪嗔已不免縱任求生死得力不亦難乎古人見性空以修道今人見性空以長慾可嘆已與焦弱侯○學求自知而已儒皆津筏邊事到則舍矣不肖雖愚昧然灼知倫物即性道不敢棄離亦不敢以此誤人願先生勿慮也與徐魯源○堂皇之雜遝簿領之勤勞時時大用顯行但少有厭心忽心因觸而動恚心因煩而起躁心即是習氣萌生處即是學不得力處損之又損覺袪除稍易時即得力時也與余舜仲○我朝別無一事可與唐宋人爭衡所可跨跱其上者惟此種學問出於儒紳中爲尤奇偉耳與何越觀○吾輩心火熠熠思量分別殆無間歇行而不及知知而不及禁非心體本來如是蓋緣此路行得太熟耳今以生奪熟以真奪妄非有純一不已之功何異杯水當輿薪之火哉然所謂工夫者非是起心造意力與之爭只是時時念念放下去放不得自然須有著到與弟

我明○百姓日用處卽聖神地位處聖神地位處卽學者入手處何者無思無爲不容有二也與幼集○正嘉以還其賢者往往以琴張曾晳之見談顏氏之學而人亦窺見行之不揜以求所謂不貳者而未盡合於是言足以明矣而不信信矣而不免於疑諸君子者宜亦有責焉鄧文藻序○道之不明於天下也事事而道道也事事則道妨事道道則事妨道不知事者道之事道者事之道道之外必無事事之外必無道不可二也是道也堯謂之中孔謂之仁至陽明先生揭之曰良知皆心而已中也仁也心之徽稱乎詔之以中而不識何謂中詔之以仁而不識何謂仁故先生不得已曰良知良知者心之圖繪也猶不識火而曰炎也不識水而曰濕也體用內外理事道器精粗微顯皆舉之矣勳賢祠記○夫自私用智生民之通蔽也自私者存乎形累用智者紛乎心害此未達於良知之妙也混同萬有昭察天地靈然而獨運之謂知離聞泯覩超絕思慮寂然而萬應之謂良明乎知而形累捐矣明乎良而心害遺矣陽明祠記○今之談學者多以忻厭爲戒然予以忻厭猶痛癢也平居無疾小小痛癢便非調適若麻木痿痺之人正患不知痛癢耳稍知則醫者相慶矣書扇

太學劉冲倩先生塙

劉塙字靜主號冲倩會稽人賦性任俠慨然有四方之志所至尋師問友以意氣相激發人爭歸附之時周海門許敬菴楊復所講學於南都先生與焉周楊學術同出近溪敬菴則有異同無善無惡之說許作九諦周作九解先生合兩家而刻之以求歸一而海門契先生特甚曰吾得冲倩而不孤矣受教兩年未稱弟子一日指點投機先生曰尙覺少此一拜海門卽起立曰足下意真比時輩不同先生下拜海門曰吾期足下者遠不可答拜及先生歸海門授以六字曰萬金一諾珍重先生報以詩曰一笑相逢日何言可復論千金唯一諾珍重自師門先生雖瓣香海門而一時以理學名家者鄒南臯李儲山曹真予焦弱侯趙儕鶴孟連洙丁敬與無不參請識解亦日進海門主盟越中先生助之接引後進學海門之學者甚衆而以入室推先生然流俗疾之如讐亦以信心自得不加防檢其學有以致之也先生由諸生入太學七試場屋不售而卒葉水心曰使同甫晚不登進士第則世終以爲狠疾人矣不能不致嘆於先生也

證記

與人露聲色卽聲色矣聲色可以化導人乎臨事動意氣卽意氣矣意氣可處分天下事乎○何者爲害求利是已何者爲苦尋樂是已

何者爲怨結恩是已釋氏之火裏開蓮不過知得是火便名爲蓮矣有身在火上而不猛力避之者乎其不猛力避者猶恐認火作土耳○人只向有光景處認本體不知本體無光景也人只向有做作處認工夫不知工夫無做作也○當下信得及更有何事聖賢說知說行止不過知此行此無剩技矣只因忒庸常忒平易轉令人信不及耳力足舉千鈞之鼎矣有物焉其小無內而轉窘於力之無可用明足察秋毫之末矣有物焉其大無外而轉束於明之無可入○名節吾道之藩籬斯語大須味舍名節豈更有道只著名節不可耳○世極深極險矣我只淺易世極奇極怪矣我只平常世極濃極艷矣我只淡泊世極崎極曲矣我只率直允若茲不惟不失我而世且無奈我何○問安身立命畢竟在何處曰一眼看去不見世間有非自家有是世間有得自家有失處安立之而已矣○本來平易不著些子做手方可耐久○揣事情中毛髮而不墮機智通人情淡骨髓而不落煦沫此爲何物○聖人之於世也宥之而已矣君子之於俗也耐之而已矣○人當逆境時如犯弱症纔一舉手便風寒乘虛而入保護之功最重大却最輕微○言尤之媒也既已有言矣自僅可寡尤而不能無尤無尤其默乎行悔之根也既已有行矣自僅可寡悔而

不能無悔無悔其靜乎○說易諸家舊傳心別有門但看乾動處總只用純坤○四大聚散生死之小者也一念離合生死之大者也忘其大而惜其小此之謂不知生死○平平看來世間何人處不得何地去不得只因我自風波便惹動世間風波莫錯埋怨世間○天下無不可化之人不向人分上求化也化我而已矣天下無不可處之事不向事情上求處也處我而已矣○無暴其氣便是持志工夫若離氣而言持志未免捉捏虛空○心到明時則境亦是心○與人終日酬酢全要保得自己一段生意不然思意綢繆禮文隆腆而一語之出懷許多顧忌一語之入起許多猜疑皆殺機也

明儒學案卷三十七

姚江黃梨洲先生著

豫章後學　夏　鼎　熊育鑫
　　　　　熊繩祖　熊育鏞
　　　　　徐兆瀾　周聯慶　重刊
　　　　　熊榮祖　蕭兆柄
　　　　　劉秉楨　李真寶

甘泉學案

王湛兩家各立宗旨湛氏門人雖不及王氏之盛然當時學於湛者或卒業於王學於王者或卒業於湛亦猶朱陸之門下遞相出入也其後源遠流長王氏之外名湛氏學者至今不絕卽未必仍其宗旨而淵源不可沒也

文簡湛甘泉先生若水

太僕呂巾石先生懷

侍郎何吉陽先生遷

郡守洪覺山先生垣

主政唐一菴先生樞

侍郎蔡白石先生汝楠

侍郎許敬菴先生孚遠
恭定馮少墟先生從吾
文選唐曙臺先生伯元
端潔楊止菴先生時喬
文定王順渠先生道

明儒學案卷三十七 甘泉一

姚江黃梨洲先生著

豫章後學 夏鼎 熊育鑫 熊繩祖 熊育鏞 徐兆瀾 周聯慶 熊榮祖 蕭兆柄 劉秉楨 李真實 重刊

文簡湛甘泉先生若水

湛若水字元明號甘泉廣東增城人從學於白沙不赴計偕後以母命入南雍祭酒章楓山試睟面盎背論奇之登宏治乙丑進士第初楊文忠張東白在闈中得先生卷曰此非白沙之徒不能為也拆名果然選庶吉士擢編修時陽明在吏部講學先生與呂仲木和之久之使安南冊封國王正德丁亥奉母喪歸廬墓三年卜西樵為講舍士子來學者先令習禮然後聽講興起者甚衆嘉靖初入朝陞侍讀尋陞南京祭酒禮部侍郎歷南京禮吏兵三部尚書致仕平生足跡所至必建書院以祀白沙從遊者殆徧天下年登九十猶為南嶽之遊將過江右鄒東廓戒其同志曰甘泉先生來吾輩當獻老而不乞言毋輕有所論辯也庚申四月丁巳卒年九十五先生與陽明分主

教事陽明宗旨致良知先生宗旨隨處體認天理學者遂以王湛之學各立門戶其間爲之調停者謂天理卽良知也體認卽致也何異何同然先生論格物條陽明之說四不可陽明亦言隨處體認天理爲求之於外是終不可強之使合也先生大意謂陽明訓格爲正訓物爲念頭格物是正念頭也苟不加學問思辨行之功則念頭之正否未可據夫陽明之正念頭致其知也非學問思辨行何以爲致此不足爲陽明格物之說病先生以爲心體萬物而不遺陽明但指腔子裏以爲心故有是內而非外之誚然天地萬物之理實不外於腔子裏故見心之廣大若以天地萬物之理卽吾心之理求之天地萬物以爲廣大則先生仍是舊說所拘也天理無處而心其處心無處而寂然未發者其處寂然不動感卽在寂之中則體認者亦唯體認之於寂而已今曰隨處體認無乃體認於感其言終覺有病也

湛甘泉心性圖說附圖

性者天地萬物一體者也渾然宇宙其氣同也心也者體天地萬物而不遺者也性也者心之生理也心性非二也譬之穀焉具生意而未發未發故渾然而不可見及其發也惻隱羞惡辭讓是非萌焉仁義禮智自此焉始分矣故謂之四端端也者始也良心發見之始也

是故始之敬者戒懼慎獨以養其中也中立而和發焉萬事萬化自此焉達而位育不外是矣故位育非有加也全而歸之者耳終之敬者卽始之敬而不息焉者也曰何以小圈曰心無所不貫也何以大圈曰心無所不包也包與貫實非二也故心也者包乎天地萬物之外而貫夫天地萬物之中者也中外非二也天地無內外心亦無內外極言之耳矣故謂內爲本心而外天地萬事以爲心者小之爲心也甚矣

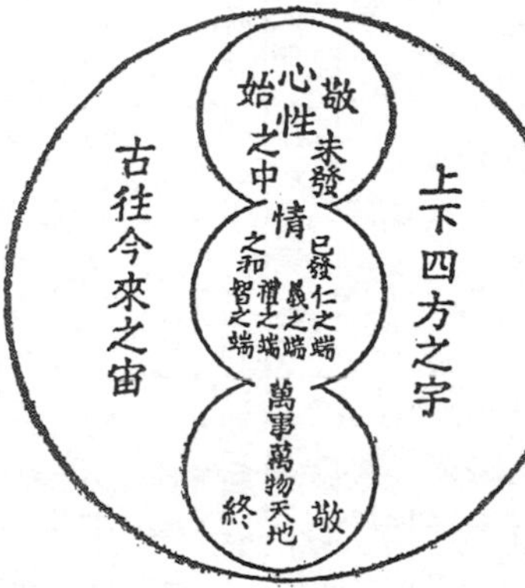

求放心篇

孟子之言求放心吾疑之孰疑之曰以吾之心而疑之孰信哉信吾心而已耳吾常觀吾心於無物之先矣洞然而虛昭然而靈虛者心之所以生也靈者心之所以神也吾常觀吾心於有物之後矣窒然而塞憒然而昏塞者心之所以死也昏者心之所以物也其虛焉靈焉非由外來也其本體也其塞焉昏焉非由內往也欲蔽之也其本體固在也一朝而覺焉蔽者徹虛而靈者見矣日月蔽於雲非無日月也鑑蔽於塵非無明也人心蔽於物非無虛與靈也心體物而不遺無內外無終始無所放處亦無所放時其本體也信斯言也當其放於外何者在內當其放於前何者在後何者求之放者一心也求者又一心也以心求心所爲憧憧往來朋從爾思秖益亂耳況能有存耶夫欲心之勿蔽莫若寡欲寡欲莫若主一

甘泉論學書

格物之義以物爲心意之所著兄意只恐人舍心求之於外故有是說不肖則以爲人心與天地萬物爲體心體物而不遺認得心體廣大則物不能外矣故格物非在外也格之致之心又非在外也於物若以爲心意之著見恐不免有外物之病 與陽明 ○學無難易要在

察見天理知天之所爲如是涵養變化氣質以至光大爾非杜撰以相罔也於夫子川上之嘆子思鳶魚之說及易大人者天地合德處見之若非一理同體何以云然故見此者謂之見易知此者謂之知道是皆發見於日用事物之閒流行不息百姓日用不知要在學者察識之耳涵養此知識要在主敬無間動靜也寄王純甫〇學者之病全在三截兩截不成片段靜坐時自靜坐讀書時又自讀書酬應時又自酬應如人身血氣不通安得長進元來只是敬上理會未透故未有得力處又或以內外爲二而離之吾人切要只於執事敬用功自獨處以至讀書酬應無非此意一以貫之內外上下莫非此理更有何事吾儒開物成務之學異於佛老者此也答徐曰仁〇上下四方之宇古往今來之宙宇宙閒只是一氣充塞流行與道爲體何莫非有何空之云雖天地弊壞人物消盡而此氣此道亦未嘗亡則未嘗空也寄陽明〇古之論學未有以靜爲言者以靜爲言者皆禪也故孔門之教皆欲事上求仁動靜著力何者靜不可以致力纔致力卽已非靜矣故論語曰執事敬易曰敬以直內義以方外中庸戒愼恐懼愼獨皆動以致其力之方也何者靜不可見苟求之靜焉駸駸乎入於荒忽寂滅之中矣故善學者必令動靜一於敬敬立而動

靜渾矣此合內外之道也答余督學○從事學問則心不外馳卽所以求放心如子夏博學篤志切問近思仁在其中者非謂學問之外而別求心於虛無也答仲騶○心存則有主有主則物不入不入則血氣矜忿窒礙之病皆不爲之害矣大抵至緊要處在執事敬一句若能於此得力如樹根著土則風雨雷霆莫非發生此心有主則書冊山水酬應皆吾致力涵養之地而血氣矜忿窒礙久將自消融矣答陳惟浚○涵養須用敬進學在致知如車兩輪夫車兩輪同一車也行則俱行豈容有二而謂有二者非知程學者也鄙見以爲如人行路足目一時俱到涵養進學豈容有二自一念之微以至於事爲講習之際涵養致知一時並在乃爲善學也故程子曰學在知所有養所有○朱元晦初見延平甚愛程子渾然同體之說延平語云要見理一處却不難只分殊處却難又是一場鍛鍊也愚以爲未知分殊則亦未知理一也未知理一亦未必知分殊也二者同體故也敬以直內義以方外所以體夫此也敬義無內外也皆心也而云內外者爲直方言之耳皆同上○執事敬最是切要徹上徹下一了百了致知涵養此其地也所謂致知涵養者察見天理而存之也非二事也答鄧瞻兄弟○明道所言存久自明何待窮索須知所存者何事

乃有實地首言識得此意以誠敬存之知而存也又言存久自明存而知也知行交進所知所存皆是一物其終又云體之而樂亦不患不能守大段要見得這頭腦親切存之自不費力耳答方西樵○夫學不過知行知行不可離又不可混說命曰學於古訓而後有獲知之非艱行之惟艱中庸必先學問思辨而後篤行論語先博文而後約禮孟子知性而後養性始條理者知之事終條理者聖之事程子知所有而養所有先識仁而以誠敬存之若僕之愚見則於聖賢常格內尋下手庶有自得處故隨處體認天理而涵養之則知行並進矣答顧箬溪○道無內外內外一道也心無動靜動靜一心也故知動靜之皆心則內外一內外一又何往而非道合內外混動靜則澄然無事而後能止故易曰艮其背不獲其身行其庭不見其人止之道也夫不獲其身必有獲也不見其人必有見也言有主也夫然後能止復王宜學○夫所謂支離者二之之謂也非徒逐外而忘內謂之支離是內而非外者亦謂之支離過猶不及耳必體用一原顯微無間一以貫之乃可免此答陽明○夫學以立志為先以知本為要不知本而能立志者未之有也立志而不知本者有之矣非真志也志立而知本焉其於聖學思過半矣夫學問思辨所以知本也知本

則志立志立則心不放心不放則性可復性復則分定分定則於憂怒之來無所累於心性無累斯無事矣苟無其本乃憧憧乎放心之求是放者一心求之者又一心也則情熾而益鑿其性性鑿則憂怒之累無窮矣答鄭啓範○格者至也卽格於文祖有苗之格物者天理也卽言有物舜明於庶物之物卽道也格卽造詣之義格物者卽造道也知行並進學問思辨行皆所以造道也故讀書親師友酬應隨時隨處皆求體認天理而涵養之無非造道之功誠正修工夫皆於格物上用家國天下皆卽此擴充無兩段工夫此卽所謂止至善嘗謂止至善則明德親民皆了者此也如是方可講知至孟子深造以道卽格物之謂也自得之卽知至之謂也居安資深逢原卽修齊治平之謂也答陽明○夫至虛者心也非心之體也性無虛實說甚靈耀心具生理故謂之性性觸物而發故謂之情發而中正故謂之眞情否則僞矣道也者中正之理也其情發於人倫日用間矣其中正焉則道矣勿忘勿助其間則中正處也此正情復性之道也復鄭啓範○謹獨格物其實一也格物者至其理也學問思辨行所以至之也是謂以身至之也所謂窮理者如是也近而心身遠而天下暫而一日久而一世只是格物一事而已格物云者體認天理而存之

也答陳宗亨○所云主一是主一個中與主一是主天理之說相類然主一便是無一物若主中主天理則又多了中與天理卽是二矣但主一則中與天理自在其中矣答鄧恪昭○明德新民全在止至善上用功知止能得卽是知行合一乃止至善之功古之欲明明德二節反復推到格物上意心身都來格物上用功上文知止定安卽其功也家國天下皆在內元是一段工夫合外內之道更無七段八段格物者卽至其理也意心身於家國天下隨處體認天理也所謂致者意心身至之也世以想像記誦爲窮理者遠矣寄陳惟浚○集者如虛集之集能主敬則衆善歸焉勿忘勿助敬之謂也故曰敬者德之聚也此卽精一工夫若尋常所謂集者乃於事事上集無乃義襲耶此內外之辨也然能主敬則事事無不在矣今更無別法只於勿忘勿助之間調停爲緊要耳答問集義○本末只是一氣擴充此生意在心爲明德在事爲親民非謂靜坐而明德及長然後應事以親民也一日之間開眼便是應事卽親民自宋來儒者多分兩段以此多陷支離自少而長豈有不應事者應事而爲枝葉皆是一氣擴充答陳康涯○天地至虛而已虛則動靜皆虛故能合一恐未可以至靜言○虛實同體也佛氏岐而二之已不識性且求去根塵非得

真虛也世儒以佛氏爲虛無爲足以及此○格物卽止至善也聖賢非有二事自意心身至家國天下無非隨處體認天理體認天理卽格物也蓋自一念之微以至事爲之著無非用力處也陽明格物之說以爲正念頭既於後面正心之說爲贅又況如佛老之學皆自以爲正念頭矣因無學問思辨行之功隨處體認之實遂併與其所謂正者一齊錯了以上答王宜學○陽明謂隨處體認天理是求於外若然則告子義外之說爲是而孟子長之者義乎之說爲非孔子執事敬之教爲欺我矣程子所謂體用一原顯微無間格物是也更無內外蓋陽明與吾看心不同吾之所謂心者體萬物而不遺者也故無內外陽明之所謂心者指腔子裏而爲言者也故以吾之說爲外

答楊少默○以隨處體認爲求之於外者非也心與事應然後天理見焉天理非在外也特因事之來隨感而應耳故事物之來體之者心也心得中正則天理矣人與天地萬物一體宇宙內卽與人不是二物故宇宙內無一事一物合是人少得底○云敬者心在於事而不放之之謂此恐未盡程子云主一之謂敬主一者心中無有一物也故云一若有一物則二矣勿忘勿助之間乃是一今云心在於是而不放謂之勿忘則可矣恐不能不滯於此事則不能不助也可謂之

敬乎○程子曰格者至也物者理也至其理乃格物也故古本以修身說格物今云格物者事當於理之謂也不若云隨處體認天理之盡也體認兼知行也當於理是格物後事故曰物格而後知至云敬而後當於理敬是格物工夫也○聖賢之學元無靜存動察相對只是一段工夫凡所用功皆是動處蓋動以養其靜靜處不可著力才著力便是動矣至伊川乃有靜坐之說又別開一個門面故僕誌先師云孔孟之後若更一門蓋見此也○勿忘勿助只是說一個敬字忘助皆非心之本體此是心學最精密處不容一毫人力故先師又發出自然之說至矣來諭忘助二字乃分開看區區會程子之意只作一時一段看蓋勿忘勿助之間只是中正處也學者下手須要理會自然工夫不須疑其爲聖人熟後事而姑爲他求蓋聖學只此一個路頭更無別個路頭若尋別路終枉了一生也答聶文蔚○明道看喜怒哀樂未發前作何氣象延平默坐澄心體認天理象山在人情事變上用工夫三先生之言各有所爲而發合而觀之合一用功乃盡也所謂隨處體認天理者隨未發已發隨動隨靜蓋動靜皆吾心之本體體用一原故也若謂靜未發爲本體而外已發而動以爲言恐亦歧而二之也答孟津○石翁名節道之藩籬者云藩籬耳非

卽道也若謂卽道然則東漢之名節晨門荷蕢之高尙皆爲得道耶蓋無其本也答王順渠○天理二字聖賢大頭腦處若能隨處體認真見得則日用間參前倚衡無非此體在人涵養以有之於己耳上白先生

答陽明王都憲論格物

兩承手教格物之論足諗至愛然僕終有疑者疑而不辨之則不可欲辨之亦不可不辨之則此學終不一而朋友見責王宜學則曰講求至當之歸先生責也方叔賢則亦曰非先生辨之其誰也辨之則稍以兄喜同而惡異是己而忽人是己而忽人則己自聖而人言遠矣而陽明豈其然乎乃不自外而僭辨之蓋兄之格物之說有不敢信者四自古聖賢之學皆以天理爲頭腦以知行爲工夫兄之訓格爲正訓物爲念頭之發則下文誠意之意卽念頭之發也正心之正卽格也於文義不亦重複矣乎其不可一也又於上文知止能得爲無承於古本下節以修身說格致爲無取其不可二也兄之格物訓云正念頭也則念頭之正否亦未可據如釋老之虛無則曰應無所住而生其心無諸相無根塵亦自以爲正矣楊墨之時皆以爲聖矣豈自以爲不正而安之以其無學問之功而不知所謂正者乃邪而

不自知也其所自謂聖乃流於禽獸也夷惠伊尹孟子亦以爲聖矣而流於險與不恭而異於孔子者以其無講學之功無始終條理之實無智巧之妙也則吾兄之訓徒正念頭其不可者三也論學之最始者則說命曰學於古訓乃有獲周書則曰學古入官舜命禹則曰惟精惟一顏子述孔子之教則曰博文約禮孔子告哀公則曰學問思辨篤行其歸於知行並進同條共貫者也若如兄之說徒正念頭則孔子止曰德之不修可矣而又曰學之不講何耶止曰默而識之可矣而又曰學而不厭何耶又曰信而好古敏求者何耶子思止曰尊德性可矣而又曰道問學者何耶所講所學所好所求者何耶其不可者四也考之本章既如此稽之往聖又如彼吾兄確然自信而欲人以必從且爲聖人復起不能易者豈兄之明有不及此蓋必有蔽之者耳若僕之鄙說似有可采者五訓格物爲至其理始雖自得然稽之程子之書爲先得同然一也考之章首止至善卽此也上文知止能得爲知行並進至理工夫二也考之古本下文以修身申格致爲於學者極有力三也大學曰致知在格物程子則曰致知在所養養知在寡欲以涵養寡欲訓格物正合古本以修身申格物之旨爲無疑四也以格物兼知行其於自古聖訓學問思辨篤行也精一

也博約也學古好古信古也修德講學也默識學不厭也尊德性道問學也始終條理也知言養氣也千聖千賢之教爲不謬五也五者可信而吾兄一不省焉豈兄之明有不及此蓋必有蔽之者耳僕之所以訓格者至其理也至其理云者體認天理也體認天理云者兼知行合內外言之也天理無內外也陳世傑書報吾兄疑僕隨處體認天理之說爲求於外若然不幾於義外之說乎求即無內外也吾之所謂隨處云者隨心隨意隨身隨家隨國隨天下蓋隨其所寂所感時耳一耳寂則廓然大公感則物來順應所寂所感不同而皆不離於吾心中正之本體本體即實體也天理也至善也物也而謂求之外可乎致知云者蓋知此實體也天理也至善也物也乃吾之良知良能也不假外求也但人爲氣習所蔽故生而蒙長而不學則愚故學問思辨篤行諸訓所以破其愚去其蔽警發其良知良能者耳非有加也故無所用其絲毫人力也如人之夢寐人能喚之惺耳非有外與之惺也故格物則無事矣大學之事畢矣若徒守其心而無學問思辨篤行之功則恐無所警發雖似正實邪下則爲老佛楊墨上則爲夷惠伊尹是也何者昔曾參芸瓜誤斷其根父建大杖擊之死而復甦曾子以爲無所逃於父爲正矣孔子乃曰小杖受大杖逃

乃天理矣一事出入之間天人判焉其可不講學乎詰之者則曰孔子又何所學心焉耳矣殊不知孔子至聖也天理之極致也仁熟義精也然必七十乃從心所欲不踰矩人不學則老死於愚耳矣若兄之聰明非人所及固不敢測然孔子亦嘗以學自力以不學自憂矣今吾兄望高位崇其天下之士所望風而從者也故術不可不慎教不可不中正兄其圖之兄其圖之則斯道可興此學可明矣若兄今日之教僕非不知也僕乃嘗迷方之人也且僕獲交於兄十有七年矣受愛於兄亦可謂深矣嘗愧有懷而不盡吐將爲老兄之罪人天下後世之歸咎乃不自揣其分傾倒言之若稍有可采乞一俯察若其謬妄宜擯斥之吾今可以默矣謹啓

語錄

衡問舜之用中與回之擇乎中庸莫亦是就自己心上斟酌調停融合人心天理否先生曰用中擇中庸與允執厥中皆在心上若外心性何處討中事至物來斟酌調停者誰耶事物又不曾帶得中來故自堯舜至孔顏皆自心學○盤問日用切要工夫道通曰老先生之教惟立志煎銷習心體認天理之三言者最爲切要然亦只是一事每令盤體而熟察之久而未得其所以合一之義敢請明示先生曰

此只是一事天理是一大頭腦千聖千賢共此頭腦終日終身只是此一大事更無別事立志者志乎此而已體認是工夫以求得乎此者煎銷習心以去其害此者心只是一個好心本來天理完完全全不待外求顧人立志與否耳孔子十五志於學卽志乎此也此志一立三十四十五十六十七十直至不踰矩皆是此志變化貫通只是一志志如草本之根具生意也體認天理如培灌此根煎銷習心如去草以護此根貫通只是一事○心問如何可以達天德道通云只體認天理之功一內外兼動靜徹始終一息不容少懈可以達天德矣○盤問何謂天德何謂王道道通謂君且理會慎獨工夫來敢問慎獨之與體認天理果若是同與先生曰體認天理與謹獨其功夫俱同獨者獨知之理若以爲獨知之地則或有時而非中正矣故獨者天理也此理惟己自知之不但暗室屋漏日用酬應皆然慎者所以體認乎此而已若於是有得便是天德便卽有王道體用一原也○一友問何謂天理衝答曰能戒慎恐懼者天理也友云戒慎恐懼是工夫衝曰不有工夫如何得見天理故戒慎恐懼者工夫也能戒慎恐懼者天理之萌動也循此戒慎恐懼之心勿忘勿助而認之則天理見矣熟焉如堯之兢兢舜之業業文王之翼翼卽無往而非天

理也故雖謂戒愼恐懼爲天理可也今或不實下戒愼不覩恐懼不聞之功而直欲窺見天理是之謂先獲後難無事而正卽此便是私意遮蔽爲乎得見天理耶先生曰戒愼恐懼是工夫所不覩不聞是天理工夫所以體認此天理也無此功夫焉見天理○舜臣問正應事時操存此心在身上作主宰隨處體認吾心身天理眞知覺得吾心身生生之理氣所以與天地宇宙生生之理氣脗合爲一體者流動於腔子形見於四體被及於人物遇父子則此生生天理爲親遇君臣則此生生天理爲義遇師弟則此生生天理爲敬遇兄弟則此生生天理爲序遇夫婦則此生生天理爲別遇朋友則此生生天理爲信在處常則此生生天理爲經在處變則此生生天理爲權以至家國天下華彝四表蒞官行法班朝治軍萬事萬物遠近巨細無往而非吾心身生生之理氣根本於中而發見於外名雖有異而只是一個生生理氣隨感隨應散殊見分焉耳而實非有二也卽此便是義以方外之功卽此便是物來順應之道而所以行天下之達道者在是焉愚見如此未審是否先生曰如此推得好自隨處體認以下至實非有二也皆是可見未應時只一理及應事時纔萬殊中庸所謂溥博淵泉而時出之正爲此後儒都不知不信若大公順應敬直

義方皆合一道理宜通上章細玩之體用一原○一友問察見天理恐言於初學難爲下手衡答曰夫子之設科也中道而立能者從之天理二字是就人所元有者指出以爲學者立的耳使人誠有志於此而日加體認之功便須有見若其不能見者不是志欠真切便是習心障蔽知是志欠真切只須責志知爲習心障蔽亦只責志即習心便消而天理見矣先生曰天理二字人人固有非由外鑠不爲堯存不爲桀亡故人皆可以爲堯舜途之人可以爲禹者同有此耳故途之人之心即禹之心禹之心即堯舜之心總是一心更無二心蓋天地一而已矣記云人者天地之心也天地古今宇宙內只同此一個心豈有二乎初學之與聖人同此心同此一個天理雖欲強無之又不得有時見孺子入井見餓殍過宗廟到墟墓見君子與夫夜氣之息平旦之氣不知不覺萌動出來遏他又遏不得有時志不立習心蔽障又忽不見了此時節蓋心不存故也心若存時自爾見前唐人詩亦有理到處終日覓不得有時還自來須要得其門所謂門者勿忘勿助之間便是中門也得此中門不患不見宗廟之美百官之富責志去習心是矣先須要求此中門○一友患天理難見衡對曰須於心目之間求之天理有何影形只是這些虛靈意思平鋪著在

不容你增得一毫減得一毫輕一毫不得重一毫亦不得前一步不得卻一步亦不得須是自家理會先生曰看得儘好不增不減不輕不重不前不卻便是中正心中正時天理自見難見者在於心上功夫未中正也但謂天理有何形影是矣又謂只是這些虛靈意思平鋪著在恐便有以心爲天理之患以知覺爲性之病不可不仔細察釋氏以心之知覺爲性故云蠢動含靈莫非佛性而不知心之生理乃性也平鋪二字無病○孚先問戒慎不覩恐懼不聞敬也所謂必有事焉者也勿忘勿助是調停平等之法敬之之方也譬之內丹焉不覩不聞其丹也戒慎恐懼以火養丹也勿助勿忘所謂文武火候然否先生曰此段看得極好須要知所謂其所不覩其所不聞者何物事此即道家所認真種子也故其詩云鼎內若無真種子如將水火煑空鐺試看吾儒真種子安在尋得見時便好下文武火也勉之勉之○衡嘗與仲木伯載言學因指雞母爲喻云雞母抱卵時全體精神都只在這幾卵上到得精神用足後自化出許多雞雛來吾人於天地間萬事萬化都只根源此心精神之運用何如耳呂陸以爲然一友云說雞母精神都在卵上恐猶爲兩事也此又能補衡言所不逮者先生曰雞卵之譬一切用功正要如此接續許大文王只是

緝熙敬止雞抱卵少間斷則這卵便毈了然必這卵元有種子方可若無種的卵將來抱之雖勤亦毈了學者須識種子方不枉了工夫何謂種子卽吾此心中這一點生理便是靈骨子也今人動不動只說涵養若不知此生理徒涵養個甚物釋氏爲不識此種子故以理爲障要空要滅又焉得變化人若不信聖可爲請看無種子雞卵如何抱得成雛子皮毛骨血形體全具出殼來都是一團仁意可以人而不如鳥乎精神在卵內不在抱之者或人之言亦不可廢也明道先生言學者須先識仁○衢問儒釋之辨先生曰子可謂切問矣孟子之學知言養氣首欲知詖淫邪遯之害心蓋此事第一步生死路頭也往年曾與一友辨此渠云天理二字不是校仙勘佛得來吾自此遂不復講吾意謂天理正要在此岐路上辨辨了便可泰然行去不至差毫釐而謬千里也儒者在察天理佛者反以天理爲障聖人之學至大至公釋者之學至私至小大小公私足以辨之矣昨潘稽勳石武選亦嘗問此吾應之曰聖人以天地萬物爲體卽以身當天地萬物看何等廓然大公焉得一毫私意凡私皆從一身上起念聖人自無此念是無意必固我之私若佛者務去六根六塵根塵指耳目口鼻等爲言然皆天之所以與我不能無者而務去之卽己一

身亦奈何不得不免有意必固我之私猶強謂之無我耳何等私小二子聞言卽悟歎今日乃知如此先正未嘗言到○或問學貴煎銷習心心之習也非固有也形而後有者也外鑠而中受之也如秦人之悍也楚人之詐也心之習於風氣者也處富而鄙吝與處約而好侈靡者心之習於居養者也故曰性相近也習相遠也煎銷也者煉金之名也金之精也有汚於鉛者有汚於銅者有汚於糞土之侵蝕者非鍊之不可去也故金必百鍊而後精心必百鍊而後明先生曰此說得之認得本體便知習心習心去而本體完全矣不是將本體來換了習心本體元自在習心蔽之故若不見耳不然見赤子入井便如何膨發出來故煎銷習心便是體認天理功夫到見得天理時習心便退聽如煎銷鉛銅便是鍊金然必須就鑪錘乃得鍊之之功今之外事以求靜者如置金於密室不就鑪錘雖千萬年也只依舊是頑雜的金○衡問未發之中唯聖人可說得若是聖人而下都是致和底工夫然所謂和者不戾於中之謂乃是就情上體貼此中出來中立而和生也到得中常在時雖倂謂之致中和亦可也然否先生曰道通所謂情上體貼此中出來一句與中立而和生皆是其餘未精致中和乃修道立教之功用道至中和極矣更又何致耶若以

未發之中爲聖人分上致和工夫爲聖人而下學者分上則又欠明了所不睹不聞卽未發之中也道之體也學者須先察識此體而戒愼恐懼以養之所謂養其中也中立而和生焉若謂自然而中則惟聖可能也若功夫則正是學者本源緊要處動以養其靜道通徒見戒愼恐懼字以爲致和耳○或問認思慮凝靜時爲天理爲無我爲天地萬物一體爲鳶飛魚躍爲活潑潑地自以爲灑然者因言遇動輒不同何也衡應之曰譬之行舟若這個舟風平浪靜時或將就行得若遇狂風逆浪便去不得也要去須得柁柄在手故學莫先於立主宰若無主宰便能胸中無他閑思雜想亦只討得個淸虛一大氣象安得爲天理安可便說鳶飛魚躍程明道先生嘗言鳶飛戾天魚躍於淵與必有事焉而勿正意同昔聰明如文公直到晚年纔認得明道此意未知這必有事焉是何事先生曰天理亦不難見亦不易見要須切己實用必有事焉而勿正功夫乃可真見都是鳶飛魚躍不然亦只是說也又問曰衡竊謂初學之士還須令靜坐息思慮漸教以立志體認天理煎銷習心及漸令事上磨鍊衡嘗歷歷以此接引人多見其益動靜固宜合一用工但靜中爲力較易蓋人資質不同及其功用純雜亦異須是因才成就隨時點化不可拘執一方也

然雖千方百計總是引歸天理上來此則不可易正猶母雞抱卵須是我底精神合併他底精神一例用方得如何先生曰靜坐程門有此傳授伊川見人靜坐便歎其善學然此不是常理日往月來一寒一暑都是自然常理流行豈分動靜難易若不察見天理隨他入關入定三年九年與天理何干若見得天理則耕田鑿井百官萬物金革百萬之衆也只是自然天理流行孔門之教居處恭執事敬與人忠黄門毛式之云此是隨處體認天理甚看得好無事時不得不居處恭卽是靜坐也執事與人時如何只要靜坐使此教大行則天下皆靜坐如之何其可也明道終日端坐如泥塑人及其接人渾是一團和氣何等自然◯昨日孚先以長至在邇作飯會席間思講復其見天地之心衡謂諸友云人心本自坦坦平平卽所謂天地之心不待復而後見也聖人見人多迷而不復恐其滅絕天理不得已又就其復處指點出來欲令人便循著擴充將去也吾輩若能守得平坦之心常在卽不消言復只怕無端又生出別念來耳故顏子克己只是不容他軀殼上起念諸友以爲然如何先生曰冬至一陽初動所爲來復時也天地之心何時不在特於初動時見耳人心一念萌動卽是初心無有不善如孟子乍見孺子將入於井便有怵惕惻隱之

心乍見處亦是初心復時也人之良心何嘗不在特於初動時見耳若到納交要譽惡其聲時便不是本來初心了故孟子欲人就於初動處擴充涵養以保四海若識得此一點初心真心便是天理由此平平坦坦持養將去可也若夫不消言復一語恐未是初學者事雖顏子亦未知此道顏子猶不遠復毋高論要力行實地有益耳○潘稽勳講天理須在體認上求見舍體認何由得見天理也衡對曰然天理固亦常常發見但人心逐外去了便不見所以要體認纔體認便心存心存便見天理故曰不能反躬天理滅矣又曰復其見天地之心體認是反躬而復也天地之心即我之心生生不已更無一毫私意參雜其間此便是無我便見與天地萬物共是一體何等廣大高明認得這個意思常見在而乾乾不息以存之這纔是欛柄在手所謂其幾在我也到那時恰所謂開闔從方便乾坤在此間也宇宙內事千變萬化總根源於此其妙殆有不可言者然只是一個熟如何先生曰此節所問所答皆是然要用功實見得方有益中間云纔體認便心存心存便見天理不若心存得其中正時便見天理也如此體認工夫尤更直截其後云云待見天理後便見得親切也○陳子才問先生常言見得天理方見得人欲如何衡謂纔體認便見得

天理亦便見得人欲蓋體認是天理萌動人心得主宰時也有主宰便見人欲文王緝熙只體認不已便接續光明去便容不得一毫人欲此便是敬止從此到至善只一條直路因竊自歎曰明見得只一條路在前面還只不肯走病果安在耶願賜鞭策先生曰文王緝熙敬止便是止至善便是體認天理工夫若見得時李延平所謂一毫私意亦退聽也豈不便見得人欲乎若人之酒醒便知是醉也若謂明見得這條路在前面如何不肯走或是未曾上路也又何遲迴顧慮無乃見之未明或有病根如憂貧之類在內爲累故耶若欲見之明行之果須是把習心打破兩層三層乃可向往也○一友語經哲曰須無事時敬以直內遇有事方能義以方外經哲曰恐分不得有事無事聖人心事內直則外自方學者恐義以方外事亦是做敬以直內工夫與修辭立誠亦是做忠信進德工夫纔見得心事合一也老先生隨處體認天理之訓盡此二句之意更見打透明白不知是否先生曰隨處體認天理兼此二句包了便是合內外之道敬以包乎義義以存乎敬分明不是兩事先儒未曾說破予一向合看如此見得遺書中謂釋氏敬以直內則有之義以方外則無有爲決非程子語也吾子看到此難得○一友問明道先生言天理二字卻自家

體貼出來今見朋友中開口便說天理某却疑先生教人要察見天理者亦是人自家體貼乎此耳非謂必欲人圖寫個天理與人看也如何衡對曰誠然誠然天理何嘗有定形只是個未發之中中亦何嘗有定體人但常以心求中正爲主意隨時隨事體認斟酌調習此心常合於中正此便是隨處皆天理也康誥所謂作稽中德亦是如此求也自求見也自見得也自得他人不能與其力便是見得亦不能圖寫與人看雖然說工夫處却不能瞞得人也未知是否先生曰天理只是自家體認說便不濟事然天理亦從何處說得可說者路頭耳若連路頭也不說便如何去體認其全不說者恐是未曾加體認工夫如未曾行上路的人更無疑問也所云心求中正便是天理良是然亦須達得天理乃可中正而不達天理者有之矣釋氏應所無住而生其心是也何曾達得天理○若愚問中庸尊德性道問學一章朱子以存心致知言之而未及力行者厥義維何幸夫子教之先生曰後世儒者認行字別了皆以施爲班布者爲行殊不知行在一念之間耳自一念之存存以至於事爲之施布皆行也且事爲施布豈非一念爲之乎所謂存心卽行也○若愚問天理心之主也人欲心之賊也一心之微衆欲交攻日侵月蝕賊漸內據主反退聽旦

書所爲時或發見殆一杯水於輿薪之火耳如弗勝何今欲反其故復其眞主者主之賊者賊之如之何其用力也先生曰這個天理眞主未嘗亡特爲賊所蔽惑耳觀其時或發見可知矣體認天理則眞主常在而賊自退聽不是外邊旋尋討主入室來又不是逐出賊使主可復也只頃刻一念正卽主翁便惺便不爲賊惑耳二者常相爲消長○問劉子曰民受天地之中以生性之所以立也子思曰中者天下之大本用之所以行也體用一源顯微無間學者從事於勿助勿忘之間而有得夫無聲無臭之旨則日用應酬莫非此中發見流行之妙不啻執規矩以爲方圓蓋曲當也然堯舜允執之中孟子無權之中似就事物上說故後世有求中於外者不知危微精一皆心上功夫而權之一字又人心斟酌運量之妙以中乎不中者則既已反其本矣舍此不講而徒於事物上每每尋個恰好底道理雖其行之無過不及而固已入於義外之說恐終亦不免於執一而已矣臆見如此未知何如先生曰聖人之學皆是心學所謂心者非偏指腔子裏方寸內與事爲對者也無事而非心也堯舜允執厥中非獨以事言乃心事合一允執云者胸合於心與心爲一非執之於外也所謂權者亦心也廉伯所云斟酌運量之本是也若能於事物上察見

自然天理平時涵養由中而出卽由仁義行之學何有不可若平時無存養功夫只到事來面前纔思尋討道理卽是行仁義必信必果之學卽是義外卽是義襲而取之者也誠僞王伯之分正在於此○敢問中庸不覩不聞與詩無聲無臭之旨何以異天理本無形聲可以擬議但只恁地看恐墮於無若於無中想出一個不覩不聞景象則亦滯於有矣無卽佛氏之所謂空有卽其所謂相也二者皆非也然則不無而無不有而有其心之本體乎其在勿助勿忘之間乎近來見得如是幸夫子明以教我先生曰此事正要理會廉伯能以疑問知是善理會矣在人爲不覩不聞在天爲無聲無臭其實一也如舊說不覩不聞無聲無臭却墮於虛無而不自知矣然於不覩不聞而必曰其所是有實體也於無聲無臭而必曰上天之載是有實迹也何墮於無這個不覩不聞之實體程子所謂亦無有處有亦無無處無乃心之本體不落有無者也須於勿忘勿助之間見之要善體認吾於中庸測難已說破惟諸君於心得中正時識取本體自然見前何容想象○奉謂孟子所謂持其志毋暴其氣者亦無本末之分不過欲人存中以應外制外以養中耳使知合觀並用之功也公孫丑疑而問者未達乎此而已矣先生曰志氣不是兩物志卽氣之精

靈處志之所至氣亦至焉故持志卽無暴氣都一齊管攝如志欲手持則持志欲足行則行豈不內外一致存中應外固是制外之心非由中乎不必分內外○清問昨日坐中一友言夜睡不著老先生謂其未曾體認天理故睡不著清因舉蔡季通先睡心後睡眼文公以爲古今未發之妙言之老先生不以爲然者豈以其歧心目爲二理耶先生曰吾意不以爲然者非以歧心目爲二理也只先著一個睡字便是安排事事亦復如是所謂體認天理者亦非想象想象亦便是安排心中無事天理自見無事便自睡得著何意何必○毛式之日來功夫儘切身衞家居全得此友往來商確耳但渠銖較寸量念頭尚未肯放下多病精神不足可惜也願先生療以一言渠若見得完全卻會守得牢固先生曰毛君素篤信吾學隨處體認天理此吾之中和湯也服得時卽百病之邪自然立地退聽常常服之則百病不生而滿身氣體中和矣何待手勞脚攘銖較寸量乎此心天理譬之衡尺衡尺不動而銖銖寸寸自分自付而衡尺不與焉舜之所以無爲而天下治者此也此劑中和湯自堯舜以來治病皆同天理在心不在事心兼乎事也○朱鵬問道通云隨處體認天理卽孔門博約一貫之義者然則博學於文約之以禮須合作一句看始明請示

其的先生曰隨處體認天理與博約一貫同皆本於精一執中之傳博文約禮還是二句然則一段工夫一齊並用豈不是同一體認天理○先生嘗言是非之心人皆有之此便是良知亦便是天理衡竊以爲是非之心其在人也雖私欲亦蒙蔽他不得譬諸做強盜人若說他是強盜他便知怒又如做官人要錢底渠亦怕人知覺及見人說某官何等清廉渠亦知敬而自愧可見他本心自是明白雖其貪利之心亦蔽他不得此正是他天理之心未嘗泯滅處學者能常常體察乎此依著自己是非之心知得真切處存養擴充將去此便是致良知亦便是隨處體認天理也然而外間多言先生不欲學者之言良知者豈慮其體察未到將誤認於理欲之閒遂以爲真知也耶先生曰如此看得好吾於大學小人閒居章測難備言此意小人至爲不善見君子卽知掩不善又知著其善又知自愧怍人視己如見肺肝又如賊盜至爲不道使其乍見孺子將入井卽有怵惕惻隱之心豈不是良知良知二字自孟子發之豈不欲學者言之但學者往往徒以爲言又言得別了皆說心知是非皆良知知得是便行到底知得非便去到底如此是致恐師心自用還須學問思辨篤行乃爲善致○老先生儒佛之辨明矣衡竊以爲論佛氏曰當先根究其初

心不合從軀殼起念且緩責其苦根塵絕倫理之辠蓋由其舉足之差遂使其謬至此極也故衡每與朋儕言學須先探訊其志然後與論工夫若其志不正雖與講得極親切只是替他培壅得私己的心反幫助潤飾得他病痛後來縱欲敗度傷殘倫理或反有甚於佛氏者孔子於門人往往誘其言志孟子欲人察於善利之間者殆爲是耳故自學教人皆宜先正其志何如先生曰佛氏初心軀殼起念卽是苦根塵絕倫理之辠是同條共貫事然問辠者先須按其實迹贓證乃可誅之也今只誅其軀殼起念則彼又有無諸相之說必不肯服從事聖人之書者亦有縱欲敗度傷殘倫理然不可謂之儒聖人必不取之而佛者之教正欲人人絕滅倫理如水火之不相同子比而同之且抑揚之間詞氣過矣正志之說甚好○衢問先生教人體認天理衢只於無事時常明諸心看認天理萬物一體之義至有事時只就此心上體會體會便應去求個是便了不識然否先生曰吾所謂天理者體認於心卽心學也有事無事原是此心無事時萬物一體有事時物各付物皆是天理充塞流行其實無一事○經晳向前領師尊教每令察見天理晳苦天理難見正坐失於空中摸索耳近就實地尋求始覺日用間一動一止一事一物無非這個道理分

明有見但猶有一等意思牽滯未肯真實認他做主耳非難見也竊以人生天地間與禽獸異也人得天地之中耳中乃人之生理也卽命根也卽天理也不可頃刻間斷也若不察見則無所主宰日用動作忽入於過不及之地而不自知矣過與不及卽邪惡之漸去禽獸無幾矣故千古聖賢授受只一個中不過全此天然生理耳學者講學不過講求此中求全此天然生理耳入中之門曰勿助勿忘中法也以中正之法體中正之道成中正之教也體認天理卽體認中也但中字虛天理字真切令人可尋求耳不知是否先生曰體認正要如此真切若不用勿忘勿助之規是無也○經哲與一友論擴充之道經哲以擴充非待發見之後一端求充一端也只終日體認天理卽此是敬敬卽擴充之道非敬之外又有擴充功夫也所謂操存涵養體認擴充之只是一事如戒懼慎獨以養中中立而和自發無往而非仁義禮智之發見矣孟子曰苟能充之足以保四海重在足字非必保四海而後爲充也只是求復吾廣大高明之本體耳不知是否先生曰今之所謂致良知者待知得這一是非便致將去此所謂待發見之後一端求充一端也只一隨處體認天理擴充到盡處卽足保四海卽是廣大高明之本體○律問鳶飛魚躍活潑潑地學者

用功固不可不識得此體若一向爲此意擔閣而不用參前倚衡的功夫終無實地受用須是見鳶飛魚躍的意思而用參前倚衡的工夫雖用參前倚衡的工夫而鳶飛魚躍之意自在非是一邊做參前倚衡的工夫一邊見鳶飛魚躍的意思乃是一併交下惟程明道謂必有事焉而勿正心勿忘勿助長未嘗致纖毫人力最盡先生曰鳶飛魚躍與參前倚衡同一活潑潑地皆察見天理工夫識得此意而涵養之則日進日新何擔閣之云不可分爲二也所舉明道必有事焉勿正勿忘勿助長元無絲毫人力之說最好勿正勿忘勿助中間未嘗致絲毫人力乃必有事焉之工夫的當處朱傳節度二字最好當此時節所謂參前倚衡所謂鳶飛魚躍之體自見矣○先生曰陽明謂勿忘勿助之說爲懸虛而不知此乃所有事之的也舍此則所有事無的當工夫而所事者非所事矣○子嘉問程子曰勿助勿忘之間乃是正當處正當處卽天理也故參前倚衡與所立卓爾皆見此而已必見此而後可以語道或以勿助勿忘之間乃虛見也須見天地萬物一體而後爲實見審如是則天地萬物一體與天理異矣人惟不能調習此心使歸正當是以情流私勝常自扞格不能體天理萬物而一之若能於勿助勿忘之間眞有所見則物我同體在是

矣或於此分虛實者獨何與故圖說曰性者天地萬物一體者也心也者體天地萬物而不遺舍勿助勿忘之間何容力乎伏惟明示以決所疑先生曰惟求必有事焉而以勿助勿忘爲虛陽明近有此說見於與聶文蔚侍御之書而不知勿正勿忘勿助乃所有事之工夫也求方圓者必於規矩舍規矩則無方圓舍勿忘勿助則無所有事而天理滅矣下文無若宋人然非徒無益而又害之可見也不意此公聰明未知此要妙未見此光景不能無遺憾可惜可惜勿忘勿助之間與物同體之理見矣至虛至實須自見得○子嘉問克己復禮一功也己克而禮自復禮復而後己可言克矣蓋一心之中理欲不容並立也或者專言克己必己私克盡而後禮可復則程子生東滅西之語何謂乎若謂初學之士習心已久不免己私之多故先言克己以覺之卽先正所謂非全放下終難湊泊之謂也以此爲講學始終之要恐非中正也殊不知言復禮則克己在其中言克己則復禮不外矣若得其要於勿助勿忘之間雖言克己亦可也若不得其要不知所克者何物縱云克己亦不過把持而已焉能盡克而不生乎若謂顏子之功尚亦如此況其他乎蓋顏子之資生知之亞故己一克而卽去不萌所謂不貳過是也非若後世一一而克之之謂也或

以爲存天理無所捉摸不若克己之爲切是蓋未得其功於勿助勿忘之間者也若果能有見於勿助勿忘之間則己私又何容乎嘉以爲既眞有所見復於受病深者而克之則日漸月磨己不知而自克也嘉之所見或亦偏墮而不知伏惟詳示先生曰克己復禮固不是二事然所謂克己者非謂半上半下也去之盡乃謂之克也己私纔盡天禮立復若其不繼又復如初惟隨處體認天理最要緊能如是則克復在其中矣謂體認天理不如克己者蓋未知此且克己惟以告顏子而不以告仲弓諸人蓋非人人所能也今人只說克己耳又何曾克來若待到知是己私時其機已往又安能克惟是祇悔耳○子嘉問隱顯無間動靜一功子所雅言也或者不求立其本體而專磨煉於事遂詆靜坐者爲非夫靜坐而不求諸人事而後可以言偏矣若專用力於事而不求見本體則與靜坐之弊均矣又何誚彼耶不知所謂磨煉者又何物耶況所謂隨處體認天理非專於事也體認也者知行並進之謂也識得此天理隨時隨處皆知行並進乎此天理也若曰隨事則偏於事而非中正矣毫釐千里之差所係不細伏惟垂教先生曰體認天理而云隨處則動靜心事皆盡之矣若云隨事恐有逐外之病也孔子所謂居處恭乃無事靜坐時體認也所

謂執事敬與人忠乃有事動靜一致時體認也體認之功貫通動靜隱顯只是一段工夫○問周子曰無極而太極太極動而生陽動極而靜靜而生陰靜極復動一動一靜互爲其根分陰分陽兩儀立焉夫動靜一也而爲動而生陽靜而生陰則動靜各自爲一物矣謂常體不易者爲靜妙用不息者爲動則所謂靜極復動動極復靜者不可通矣夫所謂分陰分陽兩儀立焉者其以天地之形體言之乎抑以其性情言之乎以其形體言之則天主動地主靜動靜分矣以其性情言之則所謂陽變陰合而生金木水火土者又何謂也願示先生曰觀天地間只是一氣只是一理豈常有動靜陰陽二物相對蓋一物而兩名者也夫道一而已矣其一動一靜分陰分陽者蓋以其消長迭運言之以其消故謂之靜謂之陰以其長故謂之動謂之陽亘古亘今宇宙內只此消長觀四時之運與人一身之氣可知何曾有兩物來古今宇宙只是一理生生不息故曰動靜無端陰陽無始見之者謂之見道○問白沙先生有語云靜坐久之然後吾心之體隱顯呈露常若有物觀此則顏之卓爾孟之躍如蓋皆真有所見而非徒爲形容之辭矣但先生以靜坐爲言而今以隨處體認爲教不知行者之到家果孰先而孰後乎明道先生曰天理二字是某體貼

出來是其本心之體亦隱然呈露矣而十二年之後復有獵心之萌何也意者體貼出來之時方是尋得入頭去處譬如仙家之說雖是見得元關一竅更有許多火候温養工夫非止謂略窺得這個景象便可以一了百了也如何如何先生曰虛見與實見不同靜坐久隱然見吾心之體者蓋先生為初學言之其實何有動靜之間心熟後雖終日酬酢萬變朝廷百官萬象金革百萬之衆造次顛沛而吾心之本體澄然無一物何往而不呈露耶蓋不待靜坐而後見也顏子之瞻前忽後乃是窺見景象虛見也至於博約之功既竭其才之後其卓爾者乃實見也隨處體認天理自初學以上皆然不分先後居處恭執事敬與人忠即隨處體認之功連靜坐亦在內矣○問無在無不在只此五字循而行之便有無窮難言之妙白沙先生所謂高明之至無物不覆反求諸身不在於人欲也無不在者無不在於天理也羣竊謂此五字當渾全以會其意不當分析以求其義分析則支離矣既有學問思辨之功意不向別處走不必屑屑於天理人欲之分析也此緊關終身受用之地更願發揮與同志者共之先生曰此段看得好五字不可分看如勿助勿忘四字一般皆說一時事當此時天理見矣常常如此恆久不息所以存之也白沙先生所謂

欛柄在手者如此此乃聖學千古要訣近乃聞不用勿助勿忘之說將孰見之孰存之乎是無欛柄頭腦學者不可不知○問神易無方體學者用無在無不在之工夫當內外動靜渾然之兩忘也蓋工夫偏於靜則在於靜矣工夫偏於動則在於動矣工夫偏於內則在於內矣工夫偏於外則在於外矣非所謂無在無不在也非所謂無方體也非所謂活潑潑地也竊料如此不知其果然否乎先生曰神易最可玩此當以意會不可以言盡也當知易是甚神又是甚皆是勿忘勿助無在無不在之間見之何內外動靜之分會得時便活潑潑地○問天地之心動而無動靜而無靜之妙貫晝夜寒暑古今而無不然也而此獨以亥子爲然者必有說矣願聞所謂亥子中間者先生曰動靜之間卽所謂幾也顏子知幾正在此一著○道通復問惟意必固我故不能貫通心事合一持養否先生曰惟不於心事合一持養心地不能灑然而物來順應則每事擬議商量憧憧憒憒便是意必固我○先生曰先師白沙先生與予題小圓圖屋詩有云至虛元受道又語予云虛實二字可往來看虛中有實實中有虛予謂太虛中都是實理充塞流行只是虛實同原○先生曰戊子歲除召各部同志諸君飲於新泉共論大道飲畢言曰諸君知忠信爲聖道之

至乎學者徒大言誇人而無實德無忠信故也故主忠信忠信所以進德直上達天德以造至誠之道忠信之外無餘事矣既而語羅民止周克道程子京曰忠信者體認天理之功盡在是矣中心爲忠心中故實是謂之信心之不實全是不中不正之心爲之間如何中心曰勿忘勿助之間則心中矣○孟津問心之本體莫非天理學者終日終身用功只是要循著天理求復本體而已本體何分於動靜乎明道云須看喜怒哀樂未發前作何氣象延平之教默坐澄心體認天理象山誨學者曰須在人情事變上用功夫喜怒哀樂情也亦事也已發者也一則欲求諸已發一則欲看諸未發何與竊意三先生之教一也明道爲學者未識得本體看未發之前氣象正欲體認本體也認得本體方好用功延平亦明道意也象山恐學者未識於實地用功卽墮於空虛漭蕩便有岐心事爲二之病人情事變乃日用有實地可據處卽此實地以體認吾心本然之天理卽人情事變無不是天理流行無不是未發前氣象矣若不從實地體認出來竊恐病痛未除猶與本體二也幸賜明教先生曰師云來問亦看得好三先生之言各有所爲而發合而觀之合一用功乃盡也吾所謂體認者非分已發未發未分動靜所謂隨處體認天理者隨已發未發隨

動隨靜蓋動靜皆吾心之本體體用一原故也如彼明鏡然其明瑩光照者其本體也其照物與不照物任物之來去而本體自若心之本體其於未發已發或動或靜亦若是而已矣若謂靜未發爲本體而外已發而動以爲言恐亦有岐而二之之弊也前人多坐此弊偏內偏外皆支離而非合內外之道矣吾心性圖備言此意幸深體之○先生曰主一個天理陽明常有此言殊不知無適之謂一若心主一個天理在內卽是物卽非一矣惟無一物乃是無適乃是主一這時節天理自見前矣觀此則動容貌整思慮未便是敬乃所以生敬也○問由求亦要爲邦曾點要灑然爲樂其志夐不同者豈聖人以其事迹觀之顧有取於窮居樂善而不取於用世行志者耶但其間有大意存焉謂理之無在無不在也夫有點之樂奚必舍去國事適清閑之地浴沂詠歌而後樂之乎爲邦亦是曾點合當爲的使由求赤得點之意則何嫌於用世但三子見得一處點見得無處不是此理若是只認得彼處是樂亦猶夫三子之屑屑事爲矣尙謂之見大意乎孔子仕止久速未嘗留意孟子大行不加窮居不損是何物也可因以窺與點之意矣請問是否先生曰曾點正爲不曾見得無處不是此理意思故須求風浴詠歸始樂若見得則隨處體認天理流

行則爲邦爲政何往而非風浴之樂點雖樂優於三子然究竟言之過猶不及耳終是未能一貫若以此爲堯舜氣象則又認錯堯舜了也○問人心與天地萬物爲一體是則然矣但學者用功只當於勿忘勿助上著力則自然見此心虛明之本體而天地萬物自爲一體耳故云立則見其參於前也在輿則見其倚於衡也曰古人見道分明曰已見大意曰見其大皆指見此心本體言之爾若爲學之始而遽云要見天地萬物爲一體則胸中添一天地萬物與所謂守一中字者不相遠矣是否先生曰吾意正如此勿忘勿助心之中正處這時節天理自見天地萬物一體之意自見若先要見是想像也王陽明遂每每欲矯勿忘勿助之說惑甚矣○問爲學之始雖不可遽云要見天地萬物一體然爲學之初亦不可不知天地萬物與吾一體蓋不知此體則昧於頭腦矣故程子曰學者須先識仁體先生亦嘗教孚先曰鼎內若無真種子却教水火煑空鐺又曰須默識一點生意此乃知而存也韋推官止見得程子所謂存久自明以下意思乃存而知也竊疑如此未知是否先生曰固是大頭腦學者當務之急然始終也須於勿忘勿助處見○先生曰知崇而禮卑中行之士也行者中路也以上便可到聖人地位狂者有智崇而無禮卑狷者有

禮卑而無智崇孔子思得狂狷蓋欲因其一偏之善抑揚進退之狂
狷交用則智崇禮卑天地合德便是中行可踐迹而入聖人之室矣
○先生曰楊慈湖豈是聖賢之學乃真禪也蓋學陸象山而又失之
者也聞王陽明謂慈湖遠過於象山象山過高矣又安可更過觀慈
湖言人心精神是謂之聖是以知覺爲道矣如佛者以運水搬柴無
非佛性又蠢動含靈無非佛性然則以佛爲聖可乎○先生曰聰明
聖知乃達天德故入道係乎聰明然聰明亦有大小遠近深淺故所
見亦復如此曾記張東海謂定性書動亦定動亦是定有何了期王
陽明近謂勿忘勿助終不成事夫動靜皆定忘助皆無則本體自然
合道成聖而天德王道備矣孔孟之後自明道之外誰能到此可知
是未曾經歷二君亦號聰明亦止如此故人之聰明亦有限量○先
生曰有以知覺之知爲道是未知所知者何事孟子言予將以斯道
覺斯民則所覺者道也儒釋之分正在此○懷問體認天理最難天
理只是吾心中正之體不屬有無不落方體纔欠一毫已便不是纔
添一毫亦便不是須是義精仁熟此心洞然與之爲體方是隨處體
認天理或曰知勿忘勿助之間則見之竊謂勿忘勿助固是中規然
而其間間不容髮又不是箇有硬格尺可量定的只這工夫何緣便

得正當先生曰觀此可見吾契曾實心尋求來所以發此語天理在心求則得之夫子曰我欲仁斯仁至矣但求之自有方勿忘勿助是也千古惟有孟子發揮出來須不費絲毫人力欠一毫已便不是纔添一毫亦不是此語最是只不忘助時便添減不得天理自然見非有難易也何用硬格尺量耶孟子曰物皆然心爲甚吾心中規何用權度

明儒學案卷三十七

姚江黄梨洲先生著

豫章後學　夏鼎　熊縄祖　徐兆瀾　熊榮祖　劉秉楨　熊育鑫　熊育鏞　周聯慶　蕭兆柄　李真實　重刊

太僕呂巾石先生懷

呂懷字汝德號巾石廣信永豐人嘉靖壬辰進士自庶吉士出爲給事中復入春坊以南司業掌翰林院事遷南太僕寺少卿致仕先生受學於甘泉以爲天理良知本同宗旨學者工夫無有着落枉自說同說異就中指點出一通融樞要只在變化氣質故作心統圖說以河圖之理明之一六同宗二七同道三八爲朋四九爲友各居一方五十在中如輪之有心屋之有脊兼統四方人之心是五十也陰陽合德兼統四端命曰人極至於氣質由身而有不能無偏猶水火木金各以偏氣相勝偏氣勝則心不能統之矣皆因心同形異是生等差故學者求端於天不爲氣質所局矣先生之論極爲切實可以盡

橫渠之蘊然尚有說夫氣之流行不能無過不及故人之所稟不能無偏氣質雖偏而中正者未嘗不在也猶天之寒暑雖過不及而盈虛消息卒歸於太和以此證氣質之善無待於變化理不能離氣以爲理心不能離身以爲心若氣質必待變化是心亦須變化也今曰心之本來無病由身之氣質而病則身與心判然爲二物矣孟子言陷溺其心者爲歲未聞氣質之陷溺其心也蓋橫渠之失渾氣質於性先生之失離性於氣質總由看習不清楚耳先生所著有律呂古義曆考廟議諸書

巾石論學語

竊謂天道流行命也與心俱生性也在天曰命在人曰性實一本耳前後五者皆性於己而命於天世之人但知以前五者爲人性而不知節之以天理以後五者爲天命而不知求之於人心故孟子謂聲色臭味安佚之欲與心俱生人之性也然有本之天理而不可易者君子固不謂由於人性恣然自肆而不思所以節之於理也仁義禮智天道之懿一理流行天之命也然有根於人心而不容僞者君子固不謂出於天命而不思所以性之於己也夫心卽理理卽心人心天理無非中者然性本人心而有不出於理者是形氣之私而非性之真命出天理而有不根於心者是拘蔽之妄而非命之正性命合

一天人不間知而行之此孟子之所以亞聖也答毛介川○氣之存亡間不容髮一念之得則充塞天地一念苟失卽墮落體膚是故孟子論養氣必以集義爲事此氣流行生生不息是吾之本心也義與心俱何以待集蓋忘助間之耳忘助人也勿忘勿助則義集人欲泯而天理流行矣程子謂勿忘勿助與鳶飛魚躍意同正謂是也答曾廓齋○此理此心流行天地默而識之隨處充足烟花林鳥異態同情俛仰之間萬物一體不言而喻若只憑地操持恐不免只是義襲工夫到底得聖門所爲難耳同上○不覩不聞卽吾心本來中正之體無生無弗生無存無弗存苟有絲毫人力便是意必固我而生存之理息矣故君子戒謹恐懼常令惺惺便是生存之法答戚南山○天以生物爲心生生不息命之所以流行而不已也聚散隱顯莫非仁體性之所以與心俱生也循是出入是實有不得已而然者道之無內外無終始也直立天地貫始終內外而一之者人之所以爲仁也毫髮與道不相入便是不仁便自不貫便屬滅息是故君子盡心知性知天存心養性事天皆所爲以道仁身俟此命之流行也答唐一菴○天命之中無不包貫此吾心本體也此心同此理同其爲包貫亦無弗同流行神理豈有豐嗇厚薄哉唯其流行而旣形焉於是

二氣分五行判交錯不齊而理之神有不能盡然者矣非其本體之神有豐嗇厚薄也蓋陰陽五行適得其初則中中則心存心存則本體洞然而無所障蔽知微知彰知柔知剛其神固不改也陰陽稍偏皆屬障蔽偏陰知柔偏陽知剛其障淺薄者易化深長者難化及其化也淺薄者可盡而深長者雖功深力至欲其本體清明瑩然如初畢竟不能譬如濁水昏溷之極雖澄清之久畢竟不如泉流初出山下之體也謂繫於所稟神理之數不齊雖得理氣合而不分然不免墮於理氣混而無別之弊與 蔣道林 ○心統圖說正爲發明性善本於天理其言偏仁偏義氣質等語緣只是指點病根之所從來蓋性統於心本來無病由有身乃有氣質有氣質乃有病有病乃有修是故格致誠正所以修身戒懼愼獨所以修道身修道立則靜虛動直天理得而至善存矣非以氣質爲惡性與性善待並出也 同上 ○靜坐工夫正要天機流行若是把定無念卽此是念窒塞天機竟添一障且如平旦好惡與人相近與見孺子入井有怵惕惻隱之心盡屬動處何曾把定無念蓋一陰一陽謂道繼善成性乃是天則合下是個聖人之資稟天地至中至和之氣以生性道流行止於至善何動何靜只爲吾人稟氣不免有偏勝去處旦晝紛紛客氣浮動念慮相

仍晝屬軀殼間有良心透露去處也自混過旋復埋沒故程子靜坐之說正欲和靖於靜中透露天機庶幾指點下手工夫方有着落其說實自孟子夜氣四端發揮出來雖然天德不可強見須涵泳從容不着一物優而游之厭而飫之恍然而悟悠然而得方是實見此則所謂莫見莫顯人所不知而己獨知之者只此意流行不塞便是王道吾輩但得此意常在不令埋沒即就日用感應正處識取亦得不必拘拘專任靜坐間耳與楊朋石 ○古今天下人才不相上下辟如倉公之箇藥食品類與今天下之醫之箇不甚相遠也而其生人殺人之功頓殊察脈診病主方用藥有當有不當耳居今之時治天下之事苟使盡當天下之才挽回之勢當必有可觀未可遂謂今天下盡無人也與歐陽南野 ○不肖妄意聖學嘗從諸賢之教作大公順應工夫日用應酬留中頗覺定靜久久從容校勘雖有一二偶合去處然以揆之聖賢之道以為便只如此則盡未也因而不能自信反求其故又三十餘年始悟心同形異知愚賢不肖之所自生以氣質有蔽之心只持無念便作大公順應此其所以終身由之而不可以底於道也答周都峯 ○昔人謂安土敦仁天下一人而已蓋種種病痛都從自家軀殼上生試從天下一人上理會東西南北到處即家

進退窮通何往非我如此省却多少魔障
答趙雪屏
○來諭性無氣質知有聞見氣質不能累性良知必藉聞見而後致愚不敢以爲然夫聞見者形氣之所感發也形氣不偏合下盡如聖人隨感而應此雖紛華波蕩之中猶自無聲無臭上天之載於是乎存而何聞見之與有若或氣質偏勝則感應失中此其軀殼物而不化之氣暗著心體所以往往自謂聲臭俱寂而不知其閉目靜坐猶自墮落聞見學問思辨兀兀窮年終日終身只逐聞見上奔走良知之致又將焉藉哉竊見古來聖賢求仁集義戒懼愼獨格致誠正千言萬語除却變化氣質更無別勾當也
復王損齋
○易言直內方外通書言靜虛動直皆兼舉互言畢竟是有內有外有動有靜欲一之不能若固儱侗不分以爲一則言靜不必言動言內不必言外言動與外不必又言靜與內致一之功要有不在區區分上求同而有無隱顯通一無二乃必有道矣心也者陰陽五行之中也有無隱顯一以貫之理也孰非心者氣質偏駁則感應失中內外動靜不得其理而一之道病是故君子隨分致力直之方之虛之直之理得心存氣變質化無內外無動靜純一不二而學之能事畢矣然則存省之旨亦何病於致一哉世之學者不責支離之病於氣質而求一於虛直直方之間迺責

支離於內外動靜必求合併於分以致一此其所以言愈神而道愈遠功愈密而幾愈離也與黃滄溪○方今吾輩學問不可謂盡無豪傑之才真切之士出於其間只爲學術欠明往往一出門來便以見成聖人認在身上却不去實反之身心極深研幾以求自得是以自謂物來順應而不知已離大公之體自謂感而遂通而不知非復天下之故所以中庸卒章既言學者立心爲己而必繼之以知遠之近知風之自知微之顯可與入德意可識矣答謝顯○近與一學者詩云直須對境無差錯方是山中善讀書仲木究竟此學有年方今曾自視對境何如大學曰如保赤子心誠求之雖不中不遠矣今之爲政者其當官未必盡不如古人要之其清其慎其勤緣只是做官曷嘗有保赤子之心在此所以雖極力綳把支持而卒不免於弊也答沈仲木○傳曰民之所好好之民之所惡惡之此之謂民之父母只今吾子但有好惡念頭須從父母心中流出方是實學答趙敏行○竊嘗以奕喻之羲畫八卦是棋盤定局文王八卦又說出一個行路車是直行馬是日行象是田行之類周易六十四卦如對局下棋又說出一個棋勢變處是如此時要如此行是如彼時又要是如彼行雜卦傳却是發明周易卦變只是一個吉凶消長進退存亡之道是

故六十四卦者三十二卦闔闢之謂也有吉有凶有消有長有進而存有退而亡是故剛柔憂樂與求見雜起止盈衰之類種種不同而其爲一闔一闢一往一來無非道之變動夫子觀時察變其於易也思過半矣 答詹孟仁 ○太極之極卽下文陽極生陰陰極生陽之極極處便是生處此陰陽統會之中所爲天地之心不動不靜之間是也故言易有太極陽爲陰根陰爲陽根一理流行生生不息是則動靜無端陰陽無始故言太極本無極也 答葉德和 ○種種計較利害得失之私都向氣質上生德性用事百般病痛都消是故知者不惑仁者不憂勇者不懼直則直讓則讓只有面前一個道理曷嘗有個直之不可讓之不可道理在昔日太王避狄何曾生着一個讓之不可之心世守勿去何須多着一個直之不可之心讓之不可直之不可畢竟是計較利害得失之私氣質所生也 同上 ○古人無入不自得境界元不是一切丟放度外只求一快活便了其曰素位而行千緒萬端物各付物不知有多少條理在反身循理莫非天理流行之實活潑潑地有絲毫人力不得而與焉者此之謂自得這個境界若不由戒懼慎獨格致誠正上得來恁他說得活潑潑地若丟放得下便是強自排遣 同上 ○天理良知本同宗旨誠得原因著脚則千蹊

萬徑皆可入國徒徇意見不惟二先生之說不能相通古人千門萬戶安所適從今卽便于良知天理之外更立一方亦得然無用如此故但就中指點出一通融樞要只在變化氣質學問不從這上著脚凭說格致說戒懼說求仁集義與夫致良知體認天理要之只是虛弄精神工夫都無着落同上

○繫辭曰一陰一陽之謂道繼之者善也成之者性也天則也天則流行陰陽未有偏勝闔闢往來本自生生不息形聚質成軀殼氣生陰陽交駁志以氣行而天道或幾於息矣以故一旦軀殼旣敝積陰不化之氣不可反升於天依草附木爲鬼爲祟頓令此身飄流散落弗獲歸根復命與草木同朽腐而已矣天之生物使之一本父母全而生之子全而歸之繼善成性不以生存不以死亡生生化化通乎死生晝夜而知者歸根復命之謂也雖謂之不死可也釋氏說法度人宗旨不過以蘊空之說爲根本聲音之道爲作用不落鬼道爲法門今所傳心經字母其本敎也而其爲末法又不過窺見世俗積惡任氣死則物而不化鬱陰愴悽游魂如夢直以鐃鼓聲音散之是驅之速於滅亡而已豈有所爲聖賢安身立命之道哉予昔爲太僕時直宿隸告以夜中有鬼投石隸舍終夜不息隸舍之西爲亭池空地直繞衙後予視之見有空房一區幽陰

闃寂蓋人跡所不臨之地予問此何房有老隸密告以故予曰噫嘻積陰聚而不散以聲音散之當止乃令直夜敲擊梆鈴叫噪其中旬日之間鬼不復投石予豈嘗修齋念佛效法超度邪聲音散之已焉耳 答祝介卿

○道心惟微上天之載無聲無臭也聲臭皆屬氣質爲輕躁爲怠忽粗率浮動百孔千瘡皆從此發危莫甚焉是故精者不粗之名一者不二之名不粗不二更無聲臭可言氣質變化而天載存矣執中之道也 答葉德微

○予年十八九時切慕聖賢之學日涉蹊徑旋開旋塞一日讀延平語錄教人觀喜怒哀樂未發氣象予竊嘗試之積日累月稍覺氣質漸次清明問學漸次得力是故喜怒哀樂未發豈真冥然無覺之謂也苟真冥然無覺則戒慎恐懼孰其尸之白沙曰戒慎恐懼閑邪存其誠而已是故莫見乎隱莫顯乎微誠之不可揜也曲能有誠推而致之形著動變誠斯立焉至誠之德著於四方悠遠博厚高明而一本之道備矣是故不知反觀不可與語於閑存不知閑存不可與語於戒懼此吾儒存省思誠之學與異端枯寂蘊空毫釐千里之辨其曰喜怒哀樂未發前氣象非可觀者幾何其不流而爲虛無之續也 李靜齋榮擬序

○一友曰日用應事只從心之安處便是良知又一友曰予往於此心之不安處求而得之

東廓曰良知者心之真知也天然自有之中也良知發於心之所安固也非其所安之正而發也者非心之真也發於心之不安固也非其所以不安之正而發也者非心之真也皆病也氣質誘之也是故戒懼慎獨之慎從真學者只常常戒慎不離無分寂感一以貫之此其爲致良知而已矣東廓先生文集序◯廣信婁一齋先生受業康齋之門歸與其徒論學饒陽永豐潘夏二先生遊焉潘德夫方正嚴毅終日終身出入準繩規矩夏東巖則性度春和涵養純粹人以明道方之一日謁先生於家先生飲之其姪貞獻新釀秫酒請爲令先生時方督學山東笑語懷曰某此去不能爲新奇酒令但循古套行酒期於浹洽不亦可乎先生兩楹對語有天人一處須由敬內外忘時始是仁之句先生指謂懷曰某平生問學只此二語是用功最得力處東巖文集序◯聖人之道在心心之道在天地天地之道見於陰陽陰陽之道著於易河圖之數易數也而天地聖人之道存焉是故易有太極太極者天地之心陰陽所始實無始也陰陽所終實無終也一理動靜兩儀肇分一二三四五水火木金土生焉六七八九十水火木金土成焉生者爲動爲陽爲天成者爲靜爲陰爲地動陽之陽一二爲太陽陽之陰三四爲少陰靜陰之陰六七爲太陰陰之

陽八九爲少陽中分二儀橫列四象一變一合八卦相盪天太陽之陽一水生象乾太陽之陰二火生象兌少陰之陽三木生象離少陰之陰四金生象震地太陰之陰六水成象坤太陰之陽七火成象艮少陽之陰八木成象坎少陽之陽九金成象巽天卦四地卦四一六同宗位北水二七同道位南火三八爲朋在東木四九爲友居西金陽極於五陰極於十如輪之在心如屋之在脊合之有中分之無迹兼統四方有極無極土之所以成始成終太極之象也方其天道流行動而生陽一二三四陽動斯極動極生陰造化萬物陽變爲感應隨陰合洪纖高下各肖形色六七八九四陰一氣地道終畢陰極陽至天根動萌精純粹美是故心生形成萬物咸備少陽木之性仁太陽金之性義少陰火之性禮太陰水之性智信兼四德五性是具心統性情道根天地乾道爲性坤道爲情是故仁之端惻隱寬裕溫柔有容少陽木之應也義之端羞惡發強剛毅有執太陽金之應也禮之端恭敬齊莊中正有敬少陰火之應也智之端是非文理密察有別太陰水之應也剛柔之中陰陽合德兼統四端命曰人極人極者心也是故知覺運動不足以盡心陰陽有統剛柔有中三極一本原始要終心之則也是故禽獸之倫有知覺亦有運動生同本原成襲

偏氣陰塞陽拘識心私己草木之無知識偏塞之極也人亦物也動靜變合周流復始陰剝陽生虛含萬理此其形合神存靈通知類也然陽奇陰耦天清地濁陽以陰成天從地作游氣因依互有純駁純者聖駁者愚心同形異是生等差故木多偏仁金多偏義火多偏禮水多偏智陽多偏剛陰多偏柔多微者偏多甚者惡五性感動弗由於則人心妄天理塞此其所以去禽獸不遠也是故善學者恆求其端於天正心正此脩身脩此擇善擇此固執執此理得心存氣變質化行此四德徹上徹下無餘欠無假借天人同歸死生晝夜孟子言盡心知性知天存心養性事天修身立命至矣哉心統圖說

侍郎何吉陽先生遷

何遷字益之號吉陽德安人嘉靖辛丑進士除戶部主事歷官至南刑部侍郎萬曆甲戌卒年七十四先生從學於甘泉京師靈濟之會久虛先生入倡同志復之先生之學以知止為要止者此心感應之幾其明不假思而其則不可亂非止則退藏不密藏不密則真幾不生天則不見此與江右主靜歸寂之旨大略相同湛門多講研幾而先生以止為幾更無走作也其疏通陽明之學謂舍言行而別求一心外功力而重任本體皆非王門種子亦中流之一壺也張鹵疏先

生撫江右不滿人望惜哉

吉陽論學語

自釋氏出儒者襲之相率以虛爲知而卒無以體物弊亦久矣近代致知格物之學復明學者類知求諸應感之幾以順性命而成化育於是天聰明之藴庶幾爲天下利而空寂窠臼若將推而易之由孟軻氏以來未有臻斯旨者蓋孔門遺意也此義既明誦說漸廣世之學者乃或不能究其微而高明之士又益過之承接依稀之見自信當下修然以爲流行而反之天則往往疎漏粗浮將使明明德於天下之學又復一晦而彼空寂者流反將以其所獨至者掩之此豈致知格物本旨哉予嘗遡而求之道有本末學有先後大學教人以知止爲先而後定靜安慮由之知止而後能定靜安慮者致知以格物也定靜安慮而後能得者物格而後知至也是故知止之義雖高明之士有不能舍之以徑趨者甚哉聖人爲學者慮至深遠也止者此心應感之幾其明不假思而其則不可亂善而無善所謂至善也有所不止焉思以亂之非其本體也是故聖人亟指之而欲以其知及之信其本無不止之體而究其有所不止之由卽應感之間察流行之主使所謂不思而明有則而不可亂者卓然見於澄汰廓清之餘

而立於齋莊凝聚之地是則知止之義蓋致知格物者所必先而聖人之所爲亟指也由是而定靜安慮其爲消融長裕雖甚敦篤精密思以效與能之才而不可廢然非知止抑孰從而竭之蓋不知止則其思不一其思不一則其主不藏其主不藏則其幾不生其幾不生則其則不見知如是而曰定靜安慮皆誣而已學焉而不得其旨其流未有不至於漫焉以自誣者夫以梏亡反覆之體後然於感應之間而欲責其當下流行之幾以充致知格物之量是索照於塵鑑而計溝澮之必江河也惡可得哉彼高明之士苟能反身而絜比之亦可自悟矣 贈滄守胡子序

○陽明之學要於心悟而取撰於致知將以探言行所本闢夫滯見聞而習度數者之非而究其知出於自然亦以信其所不息而擴其所必燭彼舍言行而別求一心與夫外功力而任本體皆非其旨也嗣後一傳百訛師心自聖不假學力內馳見於玄漠而外逃失於躬行後生不察遂謂言行不必根心而聖人之學不足達於用由是繼之以畔夫良知曰致蓋必舉其靈晰圓神出於自然者怳然澄定於廓清凝聚之餘而日見其參立於前而後養以長裕漸以銷融使其精微中庸皆將畢於竭才以幾渾合如是則所謂心悟者非百倍其功不可入而至於長裕銷融固未嘗忘所有

事也此豈無假於學哉龍岡摘稿序○理一而分殊知先後者其庶乎知止始條理也立主宰以統流行非遺外也先立乎其大者爾定靜安慮終條理也流行中精此主宰非離根也致其用焉爾儱侗似理一防檢似分殊遠矣哉然則奈何曰由知止焉精之而已矣○知者行之主行者知之用良知良能其體一也致知格物其工夫亦一也學者能使其明覺之幾歸於精實則知行一矣虛見非知也襲義非行也二之故也二之者離其體之謂也故立本以利其用君子務焉○成己即能成物非推也傳有之有諸己而後求人無諸己而後非人奈何曰物有本末學有先後始也盡其性而物體焉所以道之也既也察諸物而性盡焉所以齊之也齊而不道謂之無本霸術是已道而不齊謂之遺末二氏是已有始有卒聖學其幾矣乎○周一己之善仁歟贊一世之化知歟天地萬物有根竅焉往古來今有宗統焉君子中天下定四海仁知之事也乃所性則不與焉些子頭柄全其爲人之道而已故人也者天地之靈也萬物之命也往古之藏來今之準也知此謂之知學信此謂之信道○學必有見見不以默是神識也非性之明覺也學必有造造不以深是襲取也非性之真養也學必有措措不以時是力魄也非性之動以天也性者上天之

載無聲無臭見而無見是爲真知造而無造是爲實諸措而無措是爲當幾故習以學者不離乎節槩名義勳庸藝文之間而不得夫節槩名義勳庸藝文之迹此於其質不已化而趨於中乎○居仁由義窮居卽大行也視達道何損焉成器而動大行卽窮居也視求志何加焉○夫學性情而已矣不怨不尤孔子所以學天也不遷不貳顏子所以學聖也○性天命也弘之存乎人不慮而知其誰命之故不信天則學無從不竭人則道不致知天焉盡矣○人我立達天所爲也性其仁乎然立達不先近無可取將焉譬之能此乃謂求仁遺己急人非天所爲爾故求仁莫先反身○退藏於密神智出焉惟洗心得之乃見天則天則無本末然其主不藏則其幾不生退藏其至乎洗心要矣○造詣涵養皆自見始忘見而修以身至之日虛日新不見其止造詣極矣涵養奚俟焉卽見爲守不可語悟以是爲涵養末矣○生之謂性原無對待克伐怨欲之心卽惻隱羞惡之心只從不慮出來則爲性從軀殼上起則爲妄顏子不絕妄念只妙悟此性性性生生則雖習心未淨自無住脚處如此乃能立本經綸知化育也務絕念并本來生機一齊滅熄遂使天地之化都無從發生安得爲仁

明儒學案卷三十八

姚江黃梨洲先生著

豫章後學 夏鼎 熊育鑫 熊繩祖 熊育鏞 徐兆瀾 周聯慶 熊榮祖 蕭兆柄 劉秉楨 李真實 重刊

郡守洪覺山先生垣

洪垣字峻之號覺山徽之婺源人嘉靖壬辰進士以永康知縣入爲御史轉溫州知府閒住歸凡四十六年而後卒年近九十先生爲弟子時族叔熺從學文成歸而述所得先生頗致疑與精一博約之說不似其後執贄甘泉甘泉曰是可傳吾釣臺風月者丁未秋偕同邑方瓘卒業東廣甘泉建二妙樓居之庚申甘泉約遊武夷先生至南安聞甘泉訃走其家哭之越兩月而歸先生謂體認天理是不離根之體認蓋以救師門隨處之失故其工夫全在幾上用幾有可見未幾則無見也以幾爲有無接續之交此卽不睹不聞爲未動念時獨爲初動念時之舊說也不知周子之所爲幾者動而未形有無之間以其湛然無物故謂之無以其炯然不昧故謂之有是以有無合言

不以有無分言也若自無而至有則仍是離根之體認矣先生調停王湛二家之學以隨處體認恐求理於善惡是非之端未免倚之於顯是矣以致良知似倚於微知以知此理以無心之知爲眞知不原先天不順帝則致此空知何用夫知主無心所謂不學不慮天載也帝則也以此知爲不足恃將必求之學慮失卻道心之微則倚之於顯者可謂得矣得無自相矛盾乎方瓘字時素號明谷初從甘泉於南都甘泉卽令其爲諸生向導甘泉北上及歸家皆從之而往以學爲急遂不復仕

覺山理學聞言

學者覺也夷惠謂之心安則可謂之悅則不可蓋悅重知不重行知通乎行故悅行亦悅也行局乎知則所知亦未免爲障耳白沙之見端倪於悅近之愛敬父母根也根孝弟是不離根發生處故生生之謂仁舍此便是無根之學仁義禮樂何實之有○君子去仁惡乎成名非成君子之名也古人名卽是實仁是體名是事安仁利仁是體處約處樂是事○萬殊一本是理理一分殊是功分殊卽在理一中有感應無分合內外兼該是貫處蓋一則內外兼設也若云以一理貫萬事是二之矣○忠是體恕是用否曰不分體用皆於感應上見

之體則無可言有一言而可以終身行之者其恕乎行之卽忠也○天道無名而忠恕有路故曰違道不遠然於命脈則一爾居處恭執事敬與人忠心一也在居處爲恭在執事爲敬在與人爲忠日用只此三者中間更無空閒閒斷便得仁體流通○下學上達至淡至簡豈人所可與知惟自知之惟天知之天知卽於自知中見之天人二途中間更無別路去人所以還天人所不知者卽天知也○行不貫徹恐於事上著了脚故有礙子張問行子貢問行夫子惟告以忠信與忠恕忠恕流通卽自無礙脚處○設無此身何意之有爲其有身也故人己形而好惡之意起焉是己與人流通之關鍵也通則格不通則不格通則格乎天地不通則否塞消亡知者察好惡而開意之金鑰也知則覺而軀殼忘矣故意有善惡知則惟有善而無惡知善知惡是知爲善去惡是格物如何曰知善知惡真知也卽真知一路致之以通格乎物若添爲善去惡二字似又加一轉身致與格二矣○愼獨誠意皆喜怒哀樂上消磨不落虛見○戒愼不睹不聞須從大志願上未接物而本體自在已接物而本體自如不涉睹聞乃戒懼也能戒懼不睹不聞猛然一爐真火自然點雪不容○喜怒皆天性流行少離體便是遷便是出位遷對止而言觀於未發之中不但

是怒時忘怒觀理〇從人欲上起念便蹈危機從天理上起念便蹈
安機機動之初自以爲細微可以僥倖無事故忽忽爲之遂至於不
可止不知害已在其中智者只觀理欲於毫芒而利害不與利害展
轉則昏塞愈甚〇言顧行行顧言顧不在言行而在體認天理一顧
俱得〇經綸大經其大不在功業而在此心心無私則日用細微皆
大經也〇無惡於志譬如日月著不得纖翳故能無聲無臭〇志在
幾先工夫則於幾時原非起念〇不動而敬不言而信本體全功不
分動靜〇孟子不動心在集義有事上告子不動心在不動心上不
得勿求是欲效廓然而實私也歸之內焉耳矣彼長我長彼白我白
是欲效順應而實逆也成之外焉耳矣是內便非外不得勿求便彼
長彼白一病也〇勿求於氣是持志而志與氣二故曰志一則動氣
氣一動卽心動矣孟子之養氣是志至而氣與志一故曰持其志無
暴其氣氣安卽心安矣蓋心志皆氣之所萃故不動氣者是不動心
之要訣也〇不得勿求似不動心而實病心似物各付物而實外物
〇志氣一舟也志至氣次是有舵之舟運用伸縮只見舟不見有舵
氣一動志斯無舵矣志一動氣執舵而用之者非其人也〇其爲氣
也配義與道於天地絪緼時觀之無理氣分合處〇孔孟言敬言集

義言精一博約皆是渾流片段工夫不是逐事逐時照管有時事者感應耳常寂常感○助者無根之謂集義工夫止於根上著力則雖奮迅勇果亦是生意震發槩謂之助不可○乃若其情則可以爲善此情字是繼之者善善字上來忽然之間真情發見卽繼之之意若施之事爲離幾已遠其情不可得而見矣○平旦未與物接無好惡可見而何以曰與人相近只是其氣清明無所好惡便是相近○舍生取義以生與義並論是不得已喚醒常人語若在賢者則真是生順死安論義理不論生死豈有身與義對者乎○放者意也非心也求之者心也致知之事也故曰欲誠其意者先致其知以心使心非矣○盡性無工夫工夫在盡心上○吾人與萬物爲體身之精靈萬物之根也反身而誠天機流行發育萬物故樂仁體也○行之著是生機露習之察是生機精到神處○楊氏爲我人自爲人物自爲物牛自爲牛馬自爲馬而不以我與之是亦物各付物而實出於意見故無情○子莫執中是事上求中事上豈能有中來嘗記呂涇野馬西田崔後渠過朝廷香案一曰下馬一曰虛位講論未定其一曰子一脚下馬一脚不下如何可知執中自是無此理○命之流行有剛柔純駁而生生之本未嘗不在故剛柔純駁可以言偏而不可以言

惡○道無不在隨位而在三百八十四爻總是一個思不出其位故曰位當位不當古人身無間也○問定性曰率性之謂道率性而行便不消言定定亦率也非率而定雖定未免有病○心不入細微還從聲色利名習見粗處蔽之○分殊在理一上流行如水各滿其器然○禁止矜持雖非善學然亦有可用之時與截瘧相似一截則元氣自復○天地之塞吾其體無欠缺處卽是塞知此則知帥矣不必更見有塞體段○風波不起本體和平自在○無知而無不知有無一體老子恃其所不知以爲知其知猶有著處蓋退以爲進也於寂體不似○變化氣質亦須有造命手從天命上轉透○思慮不定何故曰只爲心中有物在爾吾人居常有思做盜者否以其無此念也須廓然坦然強把著不得○問視聽爲氣聰明爲性何如曰視聽氣也亦性也視聽之聰明氣之粹而性之正者也以視聽爲非性則形色天性非矣○思從意起則滯思從心體則通○萬物不能礙天之大萬事不能礙心之虛○人處大運中吉凶悔吝無一息暫停聖人只隨地去看道理亦無停息所行有滯礙處必思有以通之其智益明○若要撥開頭上路先須推倒面前牆面前何牆牆在吾心耳心不蔽則家國天下皆在吾格致中矣故物格意誠而心廣體胖○朱

子謂儒以理爲不生不滅釋氏以神識爲不生不滅天理因神識以發儒豈能外神識以自存者但我儒理與神識爲一物而釋之神識恐理爲之障耳理豈爲障障之者意也○體認天理是不離根之體認○人只能一心一路如九河就道滔滔中行更無泛思雜念方是學問○未應則此知渾然與物爲體既應則此知粲然物各付物若云意之所在謂之物似有無知無物之時其爲物不二與萬物載焉只是一物○五行相資相濟一時具備所以純粹中和而能爲四時之消息流行也有微著而無彼此有偏全而無欠缺若謂春夏秋冬各以一物自爲生克勝負謬矣蓋消息卽是生克也○變化氣質不如致良知之直截何如曰是當下頓悟之說也人之生質各有偏重如造形之器亦有志至而氣未從者譬之六月之冰安得一照而遽融之五十以學易可以無大過夫子亦且不敢如此說故其變化而至七十不踰矩○東郭嘗云古人惜陰一刻千金一年之間有許多金子既不賣人又不受用不知放在何處只是花費無存可惜○婁一齋高冠佩劍所至傾仰至姑蘇桑悅來訪引僻書相難一齋未答悅曰老先生德性工夫有之道問學則未也一齋遂不與語○陽明嘗朗誦孟子終篇學者問之曰如今方會讀書一讀書去能不回頭

尹先生曰耳順心得如誦己言○吾人心地常使有餘裕地步常使有餘閒隨吾所性自然寬博有容平鋪自在事變之來是非亦可照察不可竭盡心力彼此俱迫迫窄窄無展布處○大事小視之則可以見大變事常視之則可以處變若小而爲大常而爲變則不惟來叢脞之失而且有多事之害○人之聰明各有所從發之竅精於此或暗於彼故聖學專從全體上不在聰明陽明云果是調羹鼎爨手段只將空手去應副鹽梅汁米之類不患其不備也○聖人亦何嘗有過人的念慮有過人的事功自耕稼陶漁以至爲帝滿眼生意竹頭木屑皆家計也○被事占地步多只是心狹○至善無形何物可止不動於欲天則自如止水無波是也○不以軀殼起念即一念天下歸仁○學者無天下之志即是無爲己之志○念從知轉則念正知從念轉則知妄○明道獵心原不成念故謂之過吾人有過便連心撥動故謂之惡○此心流行之精而有條理可見者爲文威儀動作猶文之表末耳故惟精惟幾爲博文○先輩語言須虛心細玩不可輕忽置去一擔黃連通喫了方說甜語○百姓與知何以謂之日用不知曰百姓之病無根之病百姓之善亦無根之善主宰未立學問未講故也○有起念處即便有斷念時○感應是有物時見不是

有物時起起則有生滅矣真知脫悟自然必照○日食之時以扇作圓圈承之其地影之圈亦隨日體盈虧以爲偏全可知本體不足雖垂照廣偏終是偏也○自私者必用智○明道曰性靜者可以爲學性靜便近本體非惡動也○以公言仁不足以見仁體以惺與覺言仁不足以見仁之全體惟夫子以愛人言仁周子以愛言仁仁之實理自在不必更說是仁之用又添出一個心之德愛之理○心之虛處是性否曰惟真虛斯能與天地萬物同流虛卽性也然性無虛實○天地無心却有主宰在牛生牛而不生馬桃生桃而不生李要亦天地生生變化只有此數而已○真知流行卽是知行並進○幾乃生幾寂體之流行不已者感而遂通妙在遂字易之藏往知來俱在此中誠神幾也生幾須存誠爲主○工夫不難於有事無事而難於有無接續之交於中蓋有訣竅焉志在幾先功在幾時言志則不分有事無事而真機自貫如大學所爲如好好色如惡惡臭皆真機也善幾著察有不善未嘗不知知之未嘗復行此顏子知幾先天之學今之學者止於意氣作爲上論志不於天行乾乾主宰上論志非志則幾不神非志非幾而欲立未發之中於未應之先以爲應事主而應之者無心焉非影響卽虛見所謂體天理者豈是事物上推求豈

是意念上展轉只從生機上時時照察幾是則通體皆是幾非則通體皆非蓋幾者性情之流行通乎知行而無息者也○學者每言無知知是虛靈開天闢地生生不死底物事窮神知化過此以往未之或知是到無聲臭無可言處未至於此豈可便說無知恐不免於信心妄用耳○天一生水地六成之之類天無偏而地氣有偏然天至於生時即已入地氣矣天氣須從未生時觀來○人之過各於其黨黨生於性之偏豈惟食色雖佛老楊墨皆於吾人虛體仁義上偏重之亦不是性外突來物事無形安有影○道在求自得爾靜體渾融虛通無間原不在喧寂上故有用博約如有所立者有用默坐澄心體認天理者各隨其資稟方便以入其言靜以養動者亦默坐澄心法也不善用之未免絕念滅性枯寂強制之弊故古來無此法門然則如之何道以自然爲至知其自然動不以我斯無事矣故學在知止不在求靜○慎獨是靜功是動功曰言靜言動又恐學者於動靜時便生起滅惟幾則無間一體故也○問致知有起處如何曰知無不在致之之功則在於幾時蓋幾有可見未幾則無見也夫其所可見即其所未見者耳故致所見而其所未見者在矣動靜無有二體○氣質變化有要否曰枯槁之發生以陽氣質之變化以知知透而

行至渣滓融矣故曰陽明勝則德性用乾道也如雞抱卵亦然○人之才智聰慧不同莫亦繼善原初帶來否曰非也猶之生物然濃淡華素色色各別者地氣耳天無形地氣有形人之質稟軀殼地氣也故學求端於天

論學書

精粗一理顯微無二故善學者從粗淺入細微不善學者從細微成議論實用功者從日用察鳶魚不實用功者從鳶魚成虛見此中正之道所以難也 答甘泉 ○垣竊以為戒懼事迹之功易而戒懼念慮之功難戒懼念慮之功易而戒懼本體之功難夫戒懼乎本體者非志之主宰不能也此處無隱處亦無懈時顧在人自作之耳近時謝惟仁有書論今人只於義理上論學不在合下工夫上論學只於學上論病痛不於己志真切上論病痛又竊以為今之學者止於意氣作為上論志不於天行乾乾主宰上論志所以終未有湊泊處 柬鄒東廓 竊念此生真惟有此一念可以對越上帝細細修飾猶是掩惡著善地面縱饒此身全無破綻畢竟於仁體乾體上無干也噫乾道之學數百年鮮有聞者自道丈發之而吾人猶以大人之體翻為童觀之窺乃遂謂之曰儒其自小也甚矣 寄鄒東廓 ○格物卽精一工

夫東黃久菴◯心齋之學同志每以空疎爲疑近得執事所論修道
工夫小物必謹則發心齋之蘊非執事而誰第於不睹不聞另立見
解尚與區區之意未合夫不睹不聞性之體也惟其不睹不聞故能
體物不遺卽率性之道也人惟有此不睹不聞體物不遺之體而或
不能不以忘助失之故戒謹恐懼所以存於此身猶之曰修身修心
養性云耳非謂必有一物而後可存養也今曰性如明珠原無塵染
有何睹聞著何戒懼故遂謂平時只是率性所行及時有放逸不睹
不聞然後戒謹恐懼以修之夫既如明珠矣既無塵染矣不待戒懼
矣其所謂放逸者又何從而有之而又知之所謂率者又何事乎平
時無事難以言功止合率性性本具足不必語修則誠似矣然物交
知誘非有戒懼存於其間則其所率所謂道者果知其爲性道之本
否乎果如此說非惟工夫間斷不續待放逸不睹不聞而後修其幾
亦微矣知及仁守莊蒞動禮此夫子自內達外示人以性道全體合
下便是合一用功非謂有知及仁守而又有莊蒞動禮也君子終日
乾乾忠信進德修詞立誠聖賢以此爲教吾人尚爾悠悠動輒見過
若謂只任自然便謂之道恐終涉於百姓日用不知區區爲此說者
非謂率非自然也愼獨精一不容意見之爲自然者自然之至也答

顏鈞○戒懼不睹不聞只觀主宰不論體段只求致虛不論著力內省不疚無惡於志志者主宰也剛健純粹通一身動靜隱顯而運用之若云真有所見則影響其將不免矣炯炯靈靈中中正正之何物乎在目乎在念乎非目非念何見乎此恐未易言也答徐溫泉文清○未感之先別無可言惟有一真志在耳故鄙人嘗謂志在幾先而功在幾時志從好學有之幾從好學得之故夫子獨稱顏子為好學又曰知幾其神乎非志則幾不神也非志非幾而欲立未發之中於未應之先以為應事主而應之者無心焉非影響即虛見與葛洞岡張連山鄭浣溪諸友○善學者事從心生故天下之事從心轉不善學者心從事動故吾人之心從事換只在內外賓主之間非天然之勇不能也答謝特峯鉉○非生機呈露條達而遽謂之真志且曰是能立焉恐猶之意氣所發誠偽由分非可強者世緣仍仍機竅便熟道家所謂今之學道以天理為門庭以人影為行徑斯亦對證之劑如何答程介齋○聖賢之怒從仁上發故善善惡惡皆仁之用吾人之怒從己意上發故忿懥賤惡皆氣之動此理欲所由分也今執事只當理會仁體理會自己分事則性靜感寂相去不遠若於怒時觀理蓋為未知用功者設此法門如知仁體則已不必言此矣答謝子

錄〇昨遽以甘泉翁集序上請蒙不見卻復賜教云當知湛王二公之所以同又知其所以異吾人又當自知曾於二公異同處用功孰得孰失誠爲確語愚固自審之矣慨自愼獨之旨不明於天下雖曾力行篤信師法古人猶謂有不得預聞於道者自二公以所不睹不聞性之體發之學者曉然知天德王道眞從此心神化相生相感不復落於事功形迹之末其有功於後學不淺此非其所同乎雖然其所同在此而其所異與吾人用功之有得失者亦在此何者微之顯誠之不可揜聖人之學脈也於微顯處用功內省不疚無惡於志又進而敬信渾然至於上天之載無聲無臭以復此顯微之體此聖學工夫也夫方功夫本體講論大明之時而猶異同明晦終有未盡合者固由於學之不善其亦救偏補弊之過有以致之與陽明公之言曰獨知之知至靜而神無不良者吾人順其自然之知知善知惡爲良知因其所知而爲善以去惡爲致良知是於行上有功而知上無功蓋其所謂知自夫先天不雜於欲時言之是矣至復語人以不識不知及楊慈湖之不起意爲得聖學無聲臭命脈一時學者喜於徑便遂概以無心之知爲眞知不原先天不問順帝之則如尊教所爲任性而非循性者是過徵意識之故也故嘗謂陽明公門弟之學似

倚於微而無失之倚非良矣愚故尊之喜之取以爲益雖嘗學焉而未得也甘泉公竊爲此懼乃大揭堯舜授受執中心法惓惓補以中正之語故其言曰獨者本體也全體也非但獨知之知爲知乃獨知之理也纔知卽有物物無內外知體乎物而不遺是之謂理卽上文所不睹不聞之所下文未發已發之中和末章上天之載是也中庸不云或學而知之乎之者達道也理也學者致良知也致知而學以求知此天理是乃致知在格物君子學以致其道之謂若謂學以致此良知斯無謂矣後來學者因有執中之說亦惑於感應之際舍初念而逐善惡是非之端以求所謂中正者恐未免涉於安排而非性體之自然故嘗謂甘泉公門弟之學似又倚於顯而有失之倚非中矣愚實尊之信之視以爲法雖嘗學焉而未至也顯之失尚有規矩可循微之失則漸入於放而蕩矣雖然微之失未必無所由起而顯之失乃誠吾人之不善爲擇也忘助俱無中斯見矣擇斯得矣夫忘助俱無者非心之規矩乎雖云正心本於誠意致知然良知不能爲一身主宰其所以致知擇中而爲一身主宰者在心故堯舜開心學之源曰人心道心夫子曰其心三月不違仁謂仁與良知天理非心不可然心者實天理良知之管攝也求之心則二公之異同亦可得

其一二矣其可併以支離病哉乞訂證數言以俟百世答徐存齋閣老○必於未感之先而求心事相關之處則已涉於起意未免反爲心病明道曰廓然而大公物來而順應能順應處卽相關處矣以心應事猶是心小答永嘉陳生旦○危大也人心爲形器爲費道心爲義理爲隱答白齋弟圭○時時未發時時已發之說似大儱侗不如還是未感寂然不動已感油然遂通寂然不動無時節內外感而遂通有時節而無內外無時節內外故流行昭著不已之本體不可見而有物所謂人生而靜天之性也有時節而無內外故流行昭著變化之妙用可見而無因所謂感物而動性之欲也答子明叔熺○動靜體用緣只是本體流行如春夏秋冬非謂必以靜之體而致用也語默感應運而不已何者爲先何者爲後若謂之默以爲語體當其默時復何用語當其語時於默何功惟不知周子之所謂主靜云者實因無極示人以無欲本體決不爲妄動累耳答葉生嘉泰○泉翁嘗語僕云有聖學之省察有賢學之省察賢學省察猶去草於地無由乾淨聖學之省察如去草於田草去而苗物之生意暢然矣蓋有我與無我而路徑之有廣狹故也有我者意見也知識也如原憲由張之類是也其他私欲種種者不論矣然以有我之心而去其礙我

者終是有有我在其爲路也狹其轉動也難及其成也修念之學是已張子曰大其心則能體天下之物大心者見大也見大則全體之真志在而意見知識廓然矣日用酬應由真志不由有我其爲路也廣其轉動也易此顏子所以爲仁曰由己聖學也復趙石梁○云旣知良知爲入道端倪安得不歸之以寂似非陽明公本旨陽明云蓋謂此知本寂本感本密本神卽天命之性所不覩聞之獨充塞宇宙上下古今橫飛直上入知出愚爲道之全體不但端倪而已又何寂之歸乎總之子思只言知不言良孟子以後造端言良造詣言知今則自陽明公良知之說起好徑者不察而競趨之而後良知與知混雜而無別而知之德亡矣知亡而後修德凝道之學晦答張道亨光達○天理人欲從子思中庸看來只於中與太過不及別之中是此物過是此物不及亦是此物學者只致其中斯天理自存豈有中在是而又有太過不及二者退於兩旁之理故曰惡亦不可不謂性○自天則謂之天命自人則謂之修道戒愼恐懼卽是真心卽是天命本體流行而云戒懼以養不覩不聞之體自修道者言之義未盡也識得只消言修己以敬言戒愼恐懼識不得則雖云不覩不聞依舊是有覩聞之戒懼故修道原從天來答祝介卿○箕子以天道五行

之土屬心然卽不言心而曰思曰睿意亦思類也如箕子則脾土當屬心而今論五行者乃不屬心而屬之於意脾土之生意周貫於視聽言動心身家國天下而自以快足於己其不亦睿作聖類乎蓋有官位有官職心官位也思意官之所以盡職也官職盡而猶復求官位之事斯亦無可求矣 答余孝甫純似 ○夫文幾也當幾之來黜見聞忘資稟泯意識由乎天衷而不以有我之私小之是之謂博與溥博如天之博意同故知崇如天禮卑如地約禮卽承幾之實體見之於行者耳此區區博約之說也 復汪子烈 ○自有天地以來太極兩儀五行萬物一氣渾淪可以言有而不可以言無專言無生無滅則其無也謂之空因其有生有息而緣迹於無則其有也謂之虛虛者知之體仁之原也 劉師泉七十壽序 ○盈天地之間一氣也其爲形色一體也一體渾然孰爲之善孰爲之惡自有善惡之說分而後去取之念起去取之念起而後天下之爲學者日從事於刻覈名實之辨軀殼一絲畦徑方丈忘則弗可見之矣 贈余九陽 ○夫理固不在物矣宇宙渾淪無間可破吾渾而合之非物無以發吾心之精謂心之理不在於物不可也理固在於心矣虛靈洞徹無罅可乘吾類而彰之非物又無以見斯理之用謂物之理非吾心之理不可也 斗山

精舍記〇吾心之天本無不正是故有不正之動而無不正之知動而後有善惡而其幾之者皆善也幾而後有善惡而其所以能善於幾而不奪於惡者皆知也也知則人不知則鬼人鬼之分一知而已石橋嚴天泉書院記〇因吾未形方形天然自有之幾審其止而出之勿失者其根本之學由善以爲明者也心與事皆善矣外吾未形方形天然自有之幾審其旨於意見尺度而出之勿失者離根之學行善以爲明者也其事似是而心則非矣是故猶之天體然苟得其明則衆心之燦皆天也苟得其善則萬事之察皆心也不爾將事事而比之隨吾子臣弟友之遇而求合以能至於道斯亦爝火之明耳明善堂記〇赤子之欲未成於意成意故惡未成意故善夫子之所謂習者習於意成於意耳所謂不移者其亦意之不肯移者耳故予斷以爲惡起於意起於外而非起於心起於知也〇宇宙之內渾然粹然而已渾然粹然而猶有所不可入者人耳有人斯有己有己斯有意己與人對意與天下萬物對物感而意發焉各得其正無所著於念而率乎純粹之原者道也蓋格於物而誠焉者也是所謂通吾知於物者也各得其正而猶不免有所著焉不可以化於物者意也蓋誠在意而未格於物者也是所謂以意誠意其意小者也發焉既有

所著著極而轉念焉乘之以貪戾驕泰不恕不仁而不可解者意之蔽也蓋塞於意而無物者也是所謂以意起意者也夫物非真無也知在物而物在焉物與知無不善者是故在致而格之其排決疏瀹而所謂咽喉者沛然矣夫排決疏瀹者水之汚而非水也去其不誠以歸於誠者物之意而非物也故入門之功其要在意其本在知其用力之總會在格物孟子曰人皆有所不忍達之於其所忍充之足以保四海親親敬長達之於天下皆言格也格則意化而仁如惡惡臭如好好色真心內徹而意不足言矣是卽所爲萬物一體者也誠意說答俞仲立

姚江黄梨洲先生著

豫章後學 夏鼎 熊育鑫
熊繩祖 熊育鏞
徐兆瀾 周聯慶
熊榮祖 蕭兆柄
劉秉楨 李真賓 重刊

主政唐一菴先生樞

唐樞字惟中號一菴湖之歸安人嘉靖丙戌進士除刑部主事疏論李福達罷歸講學著書垂四十年先生初舉於鄉入南雍師事甘泉其後慕陽明之學而不及見也故於甘泉之隨處體認天理陽明之致良知兩存而精究之卒標討真心三字爲的夫曰真心者卽虞廷之所謂道心也曰討者學問思辨行之功卽虞廷之所謂精一也隨處體認天理其旨該矣而學者或昧於反身尋討致良知其幾約矣而學者或失於直任靈明此討真心之言不得已而立苟明得真心在我不二不雜王湛兩家之學俱無弊矣然真心卽良知也討卽致也於王學尤近第良知爲自然之體從其自然者而致之則工夫在本體之後猶程子之以誠敬存之也真心蔽於物欲見聞之中從而

討之則工夫在本體之先猶程子之識仁也陽明常教人於靜中搜尋病根蓋爲學者胸中有所藏躲而爲此言以藥之欲令徹底掃淨然後可以致此良知云爾則討真心陽明已言之矣在先生不爲創也

禮元剩語

天地從空中生故生而不有其生其爲物不貳則其生物不測夫太虛者致一之道故曰不貳人亦從空中生非天地所生大哉乾元至哉坤元亦致一之道天地包裹其中空爲萬靈聚所人氣質包裹空藏於心亦爲萬靈聚所屈伸闔闢化機牽擾而其靈未嘗滅牽擾者生於有其生未嘗滅者乃乾元坤元太虛之真生有其生亦生於真生初無相別要之萬靈一真一事靈則萬事靈一也有致一之靈有只靈於一事以分合爲真假以存逐爲空塞空則不塞不塞則萬物皆備故盡萬物而無邊際則空落一念著一物則靈爲一隅所覆是以牽擾之生卽其所在雖未嘗不生而終死於其生乃非所以生生故曰非真生古謂無思無爲不識不知卽真生之無生又謂心之官則思思者聖功之本卽真生之自然生無生者無逐物之生自然生者生虛空之生世人之思患在離虛而逐物迷中起悟則有轉向入

身來○感應之理外悅受而內止這止處乃成始成終元機命之流行而不已也此實不變真體故以不變者爲主則隨應曲當諸假只是我一事孔子謂吾道一以貫之是一所貫滿不是一以貫萬○理氣無彼此無異同無偏全總是太虛影子虛之極則能生故流行而爲氣虛之極則不滯故靈通而爲理不滯則所以爲生生則得於有生所以爲生立有生之機有生負終亹之化然有生之機卽假終亹之化而見氣外別無情理處漢宋諸儒分理氣作二種不知性卽理性亦卽是氣故曰仁者人也形色天性也性中無五德五德所發見處都是性氣亦無二氣五氣只有元氣流行隨在變化這裏有所存主便謂之德各中時措之宜便有五者名目若在五者上覓性則非德矣天地有人如人腹內有心人爲萬物之靈於理氣不容毫髮分別雖禽獸草木誰或出此氣各有偏塞理亦卽此而在蓋理無定體可通處卽是若必以能言能行衣冠禮樂爲理卽是泥於人相不曾推見至理苟泥於人相雖天地亦喚不得作全理風雨露雷山河大地俱不是神物若能超於人物相外則禽獸之化生草木之榮瘁何等聲名文物各擅通處若真論到極全大備天地之道人猶有所憾只有人者天地之心聖人成能知天地之化育中間純駁去處復有

丹頭可據點化有恃也○浩浩太虛無有際住處其間靈通神妙徹宇徹宙亦不見從何處舉起向何處引著人氣質之凝似有住際然神通在心故其氣也無涯其有涯惟有生耳舍其有生而能自主其所爲氣總是浩浩一物乘不間之體而尸本全之化初未嘗毫髮添助亦未嘗毫髮假借界隔塵根妄施好惡遂使靈氣墮於有涯而太虛真機時每流行而不息乃舍此而他求學問之功其荒矣哉○性無有無空實幻從空化迷由無墮幻則隨處妄有迷則隨處滯實性者得於天之生理有無空實之境物而不神舍生而就死○一陰一陽之謂道陰陽是氣道亦即是氣陰陽所以能繼乃善之所在這是命之流行然非命在於善陰陽所以各成乃性之所在這是心之流行然非心著於成性根爲天地萬物之主天地萬物有變性根不變在人則寄舍心中一竅是爲心地此生天生地生人生物元機豈容著得些子纔著些子便是不能繼不能成的病根故以善惡體性即落意見以善惡觀心即落情欲情欲從性外覓心意見從命外覓性皆是緣物而起皆爲有倚之學○自生身以來通髓徹骨都是習心運用俗人有俗人之習學者有學者之習古今有世習四方有土習真與習化機成天作每向自己方便中竊頓凡日用覿記討論只培

溉得此習中間有新得奇悟闊趨峻立總不脫此習上發基方且自認從學術起家誤矣○本性各各具足只被信心擔閣一返即得一主即張一現前即意流千古一對境即智周萬物若不返不主一任觀察天地博通古今口中歷歷意中了了總是傀儡在場上迷中忽悟此意算得如此容易亦被如此錯過則到這裏不覺甘心捨放矣

三一測

陽明勝則德性用陰濁勝則物欲行陽之爲明也陰之爲濁也未始異爲兩物其以互見而察之者也顧其勝不勝以別物欲德性從此則名此從彼則名彼或得乎全或據其偏之不同耳坤之先迷迷於陽也是以謂之陰乾之知始始乎陰也是以謂之陽惟其迷則一切皆迷其後之所得得其所就之偏而已惟其知則一切皆知雖未嘗無所被寓莫非全體之爲用也故轉識成智在致其思焉思之思之鬼神將通之陰識○七情陽也注而緣物陽自外流而內陰滯矣雲行雨施春舒夏假陽注而其虛不損太虛者無所有無所有則無所雜故不損此以逐彼有緣之情儌於無本所謂無本儌於其本之有物聖門立方不治病治受病之源君子之過如日月之食人見人仰猶天之恆燠恆寒陽九百六立見不遠之復不變乎其本則然耳不

然天下之情如水能塞其委流不能保汩汩乎源之不已也七情〇
乾道變化各正性命以其偏者付物而物束於命物無立命之性性
無致命之才氣無造命之具人則異是雖緼搆滓駁愚能明柔能強
故氣不歉於自立其大敝焉於習乃資其明用爲姦資其強用爲暴
蓋不善用性也物氣偏〇氣非虛不生命非性不行性非命不始虛
非性不終天者虛之所在而命之所出也太虛不得不生氣有無相
入空實相含於是盪冲漠而滋消息其爲物無妄則其生生也不匱
故氣與命一物也氣不二於命又何性之二耶橫渠曰合虛與氣有
性之名辭雖析意實相銜不得已之言也善反之則天地之性存反
之云者復其初也能爲反者氣之終不能勝者也不能勝者氣之自
具其美不澌滅也明道曰二之則不是所謂論不論亦不得已之言
也伊川曰形易則性易性非易也氣使之然也濂溪性剛柔善惡中
謂至其中爲性真若五性雜感則善惡分也夫氣質之性之說發於
四先正然而其指有在非致疑性善孔子以性爲相近子思子二知
三行得四先正所同然其近也非所以爲兼也兼則二之矣其三也
畢可以歸一也不能歸則二之矣性無不善合古今而同之有所病
於氣而氣負能反之具則近之者於善之中相近未全墮於惡也有

所別於今而氣負能進之機則三之者乃追責其本末便定其品也蓋論性而及氣質推其用之所至自其感物之動而追原本始性固未嘗儆也故勇不決於力者非才之罪也辨不定於志者非明之短也德不長於事者非理之衰也性一

真談

真心圖說云外一圈元氣之謂也次中一圈人身之謂也最中一圈人心之謂也元氣卽太極也可見者爲天地人受天地之中以生而心具中理天地無不包故居外萬物各得其偏惟至真至精者爲人故居天地之正中維皇降衷無少偏倚退藏於密心之爲心也故居最中夫中無所著無所著則虛虛而生靈靈能通天地包萬物心該天地是故人爲萬物貴得天地之中也人爲萬物靈心具天地之中也人卽天天卽心心無弗有無弗能宰制萬物放諸四海而準與天地參不容僞者也著一物爲塞爲偏爲私爲軀殼之身是謂失其真心〇真心是人實有之心實有之心乃天地生人之根柢亘古今不變不著一物是謂中者天下大本人孰無心只因隨情逐物生心非天地大中之本心不得爲事物之主必尋討精詳辨其真而用之不幫補外求亦不索之元妙無影自然舉念天則擬議以成變化其息

緩於過錯假爲真便一齊倒塌醉生夢死此討之之功所以不可廢也○今三尺童子知事由心作小生初學知道自心傳則認心不真縱而不檢者以爲隨俗任情不礙立身自昧其神明之靈褻天違天淺識者以見聞所習信而爲當然執以運用戾人罔人不力考而深思之何以迸出原生本體○天之生人原是無所不知無所不能人之爲心亦是不學而知不慮而能其所爲知所爲能又却停停當當增不得一些徹古徹今隨愚隨聖無二道無兩心私欲起知能爲物念所蔽於是昏明強弱低昂淺深雜出然原生之知能與既壞之知能總是一知一能原生者全體定而正用由此而發既壞者偏於所便安而用不得其正全體定是謂良知良能偏於所便安是謂識神小有才識神與良知小有才與良能苟不自爲主深加精別則妄與真混○不有命則無以主其生不有氣則無以爲生其爲生心也而主之者其真心也於其生而思所以主之者是討也心無兩心立乎其心之大耳目口鼻四肢百骸從其所令則爲真心以耳目口鼻四肢百骸之所被以生心則心非其心矣○宇宙真光景自古流傳迄今風日雨雷山川草木今猶古也文物聲名衣冠居處今猶古也只一念朕兆乍呈乍滅欻作欻改而不著不察乃其病根故有初發念

本是真機外感乘之而變竟迷故步以至愈感愈離忘其所起亦有隨常應變原無關轄而中靈偶啓秉彝勃然肇不知其所因泯不知其所尼事非降心內非襲外其必賦畀有係於天而梏蔽亦別於人故也天理不架漏過時人心豈牽補度日能一致留神則點而化在當下爲之者已真心卽是良知良知是活機活機性之欲也惟陽能活惟陰能機陽者虛之流行而不滯陰者物之關轄而成運合而發之是爲天靈妄以爲動謂之變詐此處毫釐千里學者不致辨其間總非活潑真體所以一動便涉私利善學者須懲根器所限又念末俗頹習加心於貨利之交嚴決取舍這關隘一透然後隨所舉動容易措手足云命從愛生愛因欲有此亦就所生所化而言正是機之關轄而成運者若追求天命原始則生生化化流行不滯之妙只在真實一念上辨別此一念倘轉動不來永被穢濁牽縛及至生盡化還方信無益其真○心一也曷言乎真之與假也心得其心之體爲真有所因而動則受病而爲假體病則用必不當然而從其中以令五官百骸其爲心則未始不爲心也醫家十二經其一則心包絡又名心主經少陰爲真心經心包絡乃真心之別脈不與真心同經真心爲君火心主爲相火二者其脈雖殊均謂之心君火爲火之全體

相火一時用事之火一時用事雖未嘗離體而有顧未盡其體耳真心不病病者心包絡與三焦相表裏三焦氣之父心包血之母君火不能自盈乏神明之舍凝命而立則三焦之運如度而心包善輔否則火不炎則鬱病由以生此賓主之義而養生繕性當各圖其本也

○或謂性本至虛執心而以討爲務不幾於雜乎曰性立天下之有其有也以其無所著也故謂之虛易有太極書建其有極詩有物有則莫不有歸的故初學至聖人皆不可忘學或又謂道妙萬物泥討而盤桓於心不幾於廢乎曰萬物皆備於我以方寸管攝物理約而精之其道光明不能外也或又謂德以自然爲宗庸心以爲討不幾於擾乎曰討者天功也非有加於人力必因天機之動而別其敝於人者不盡人聰明則天聰明莫能全察其幾已矣

景行館論

性無本然氣質之別天地之性卽在形而後有之中天之所賦元是純粹至善氣質有清濁純駁不同其清與純本然不壞雖濁者駁者而清純之體未嘗全變其未全變處便是本性存焉此是能善反的丹頭 論性

○凡人一言一行外面可見之迹都是糟粕彼我相通之機只在冥冥中不可得見這點意思今人只怪人不應我正不是反

一 珍倣宋版印

己之學直做到與物大同七尺之軀與千人萬人打做得一片纔是心體逼真處一有礙置便是工夫未了當也（論感）○功夫就是本體不容添得一些尋見本體不走作纔是真功夫若以去人欲做存天理工夫便如捕賊保家所謂克己復禮惟其禮故己克所謂閑邪存誠惟其誠故邪閑故存天理是去人欲的下手處荀卿性惡之說不曾教人從惡只要人反轉克治這便矯枉過正不在本體上做工夫却從外邊討取不自信將誰以為據乎（論工夫）○陽明先生教致良知學者昧於致之之義妄詆良知不足倚靠錯認工夫為太容易殊不知人人自知乃實有的心雖被外面見聞牽引實有的心常在這裏這便是良知即此真察而真行之便是致若謂人無實有的心則非所以為人若謂實有的心不足用便是躐等妄想若謂實有的心棄而不用是不尋討之罪也（論教）○聖人有心法無事法人見聖人亦曾指一事褒貶遂不免加情於人所見之地便泥著格套要知聖人先得其心然後因其麤而論之故能脫然毀譽境外纔可馳驟世途雖波濤擾攘中常得透出頭來有本故也（論應事）○易不外象占聖人因人事幾之動而象其理象乃吾心中之象占是心占之擬議以成其變化作易者無中立有學易者動裏索靜畫以立之占以索

之論易○詩之爲經聖人專形容人本等性情學詩之法當想像詩人情性何等氣象務得其天生之本然論詩○春秋是非之書不是賞罰之書聖人不專意褒貶人欲直指人心是非之實以詔於世恐懸空話頭人不解悟故借魯史所載發明某是某非是則天理之正人心之安綱常倫理於是取衷非則人欲之私人心所惡綱常倫理於是滅絕聖學王猷皆不外衆人能知能行之本在察其眞而已論春秋○禮不取儀禮周禮爲經而以禮記者何經主發明義禮禮記是推出所以爲禮之意論禮○書亦是各代故實其以爲經乃二帝三王順時爲治精要處其規模之大節目之詳整然包括宇宙氣象法在則道在論書○天之生人萬理畢備故萬化從出足周所用有耳可聞有目可視有口可言有手可持有足可行豈有不能自養之理只被人自墮落無所用心五官四肢失其職業乃歸咎天命不知此命自我心中渙汗論養

雜著

崔後渠曰道一不可以二求意有不可以無求理之極不可以形氣求曰至一不二眞有歸無極理不外氣翁謂圓徹靈覺神明居之則雖欲二而有所不能岐也翁謂康欽齋作赫赫穆穆同體則意不落

意乃其爲未嘗有也翁謂能通者神所通者理陰陽不測之謂神神理曾有異義乎渠曰虛之所包無窮形之所納有限道與性與理生於虛心與精與神生於形胡爲乎弗異之曰圜中竅外而爲心以其虛也虛而生神生精圓徹靈明之所具乎謂其方盈寸取其所涵不卽其血肉故心無心心之所以爲心命於性性無性性之所以爲性現於心心命於性則淸通而爲神機不容以自滯性現於心則密察而爲精理不能以自昧背性而馳心暴氣之徒也以是小其心可乎楊子折衷序◯天地間只一氣氣得其平之謂虛平昭其序之謂理理當其施之謂道能主其施之謂心能發其昭之謂性五者皆天也明州與王同野談◯人之所以爲人主之以心而本之於性故性是心之所以爲心性之本體自然而無聲無臭者天也性之生生而不容自己者道也故自性也無所有而立天下之有惟無所有是爲無極之眞視不見聽不聞廓然寂然故曰太虛惟立天下之有是謂本然之則絪縕屈伸摩盪兼制日運而不滯故曰氣化溫縣講章◯天者性之本道者性之體心者性之郛廓天命之謂性言其本也率性之謂道言其體也修道而戒懼愼獨言其守郛廓之功也同上◯謂良知有聖愚古今固不敢謂良知下手卽了手亦不敢問有裨補不

曰無對補有造就無作爲有體認不惟自信以致之又須好學以致之蓋良知只是個丹頭真須點化始得紀客談

一菴語錄

性者萬物之一源求盡人物之性纔是盡己性之實○問知行何以合一曰主宰處是知發用處是行知卽乾知大始行卽坤作成物未有離乾以爲坤亦未有離坤以爲乾者獨陽舍坤是落空想像孤陰舍乾則不知而作皆非真乾真坤故以考索記問爲知者遂爲知先而行後其知非允迪之明以襲取強爲爲行者造謂行實而知虛其行非由衷而出兩者如形影除一個不得○儒者之學只在感應能將心性感處研窮事理的當以應之是爲用世後世學問多端不自事物上馳逐遂其利欲之私卽落枯寂以求心性卻將天地生生之機減減分數良知一拈萬到本末具舉致之之功所宜勉力○知最活凝於德則爲真知逐於物則爲識神故工夫在於止○齊治平乃修身之所在心則身之主宰然心太虛不能施力則感應處可以表見是爲意這感應從何來心虛則生靈曰知有物一觸其靈畢照於是因其物感以此靈照而應之則格致之功盡感應實得其理而主宰者是正矣○悟與見毫釐千里悟從全體上呈露見卻透得一路

卽此一路已謂通髓徹骨但非寂然本體與觀會大法所以不能遂通不能行其典禮推原病根畢竟是心不虛認得虛爲悟體乃不落揣摩又或於悟起病以儱侗標認大意於條理處不照顧終墮潦草弅無見解之用故悟亦靠不得學然後知不足是認虛之學方可得眞悟○問理一分殊曰一是理眞眞是一條路無雜二三所以分定不得不殊豈容假借增損若以私智穿鑿不立純體便厚薄高下大小倒置隨在不停當有謂理雖一而分實殊者專重分上將何處作把柄去殊得有謂理則一分則殊者是兩重臨境當感如何互相下手有謂分雖殊而理惟一者專重理上或墮儱侗虛見聖人心體純粹至善所以其幾之動隨處以時出之蓋形見處是分殊主宰處是理一兩者當時同有○問合著本體方是工夫做得工夫方識本體如何曰兩言亦須善體天生人心性有善無惡乃其大概中間見在分量器局又各各不同能進而求之日新深造所以本等體段原無一物可見只從實踐徹悟處便是若不用功本體卽不呈露若踐不實悟不徹雖有涙講虛解本然之體亦漫乎無具故卽人工夫所在這些纔可名本體這些豈得先有本體將工夫去合又先有工夫復去見著一個本體○問不忍不爲達之所忍所爲如何達曰學者實

落下手若待推而達之不幾於勞擾而綴憑之乎善學之法須直截發動真機就事運誠隨事正感豈可因我明處豫先作念推到不明上或因不明處追考原初明的來作樣子此是孟子指點人身真機處處完具只被私欲間隔有能有不能若能處處不爲私欲間隔如明處作爲無有不能爲者非謂必待比擬推廣然後可能○倭患亟會城集議先生曰今日所以久無成功者只少一段事衆問云何曰只有不殺倭子的心便可萬全衆笑其迂曰此却是實理人生作事直須從造化算來今日種種設計都是無頭勾當初啓釁端原因國家德脉不貫通迄今出戰亦須潔淨打疊心地一片不忍生民之意以爲取勝根基纔不破綻若惟以殺爲事乃是倚靠宇宙間戾氣縱一時得勝亦非仁義之師況不可必乎卽如天之雷霆豈脫了大造生生做出來○先生之姪欲爲賈困於無資先生令其訪衆賈能自具本者幾何姪復命曰十無二三先生曰富者藉人以爲賈其求賈也甚於賈者之求資也而賈者每不稱富者之求以無信也子不必憂資憂不能信耳○凡人日用云爲未必無知做出來只是習熟見聞之知非德性之知畢竟爲不知而作從早至晚如作揖喫飯著衣七八都由罔昧舉動若真真肚子裏陶鑄無幾及干涉重務雖或經

心一番却又從聞見之知上打發將平昔與友朋深考力辨的放在一邊如此學問雖萬千也無用○道理平平妥妥可知可行至簡至易中庸其至矣乎只是日用常行中而庸者便爲極至道理人却不肯知不肯行看做天來大海樣深的殊不知這個天則昭然自在乃因驕性起便飛揚而上吝心起便卑墮而下躁心起便縱放而前怠心起便廓落而後侵心起便攘據而右怯心起便委順而左奇心起便索隱行怪巧心起便機械變詐所以中庸不可能若種種心俱泯即是平平妥妥的即是察乎天地○耳目口鼻四肢爲形視聽言動持行爲氣聰明睿知恭重爲神所以運聰明睿知恭重爲魂所以定視聽言動持行爲魄魂屬陽魄屬陰孤陰易敝有陽魂以載陰魄然後能勝於用常人只是魄來載魂非魂之載魄也○道理難以名狀不得已而強名曰太極然而未嘗言理爲太極也亦未嘗言道爲太極也則所謂太極者果何物哉即兩儀四象男女事物之類之謂也真至之理皆著見於日用之間惟在人自悟人之所以能悟者其最靈之爲恃乎以下太極枝辭○氣只有一氣陽氣是也陽息爲陰故陰者陽之所不足也女者男之所不足也惡者善之所不足也惡亞心也謂之失其本心造化凝締之機所以流行宇宙者五行實無後

先多寡之異其各附之以五而後其資始全五非土也即指五行而言之也謂雖分定而不離乎本體也總非截然有此位次皆借是數以明其意耳○太極生生之機無一息不流行無一息不停止流行者造化發育之妙停止者實體常住之真流行而不止息是動而無靜止息而不流行是靜而無動動靜一時俱有合而言之也○問幾爲聖人所有如何又有惡幾曰惡豈有幾如弩然機發便其直如矢自然旁行不得又問如何爲幾分善惡曰此對誠無爲而言謂幾分善惡蓋有善而無惡也以下宋學商求○易一陰一陽之謂道兩一字以言乎等均者也時陽而陽之時陰而陰之不失其太虛之本明道之所在也慾陽伏陰橫於流行而無所主得爲道耶不慾不伏不橫於流行則爲時陽時陰陰陽時則和而無戾是橫渠之所謂道也故氣得其正之謂道不必氣外別尋道道所運化之爲氣不必道上更生氣○問陳龍川論漢唐之治如何曰此是論道體逝者如斯夫意思渠謂天下大物不是本領宏大開廣却擔當不去蓋雖智力欺假一時亦不旋踵而定豈能勉強得三四百年來這誠有協於人心可包裹許多品彙處纔能安於自享中間偏全純駁高下淺深即在三代其遞世傳業猶有不能盡齊者若謂架漏牽補度時日豈維漢

祖唐宗縱到嬴隋操莽固未嘗澌滅龍川不是論人品亦不是論治道乃直指化機流行大塊滿眼皆本相呈露惟其知之便能體惟其體之便是道至其出入大小生熟以分人品賢愚而別治道隆汚則三代漢唐不待智者而後以爲異同也

侍郎蔡白石先生汝楠

蔡汝楠字子木號白石西浙之德清人八歲侍父聽講於甘泉座下輒有解悟年十八舉進士授行人轉南京刑部員外郎守歸德衡州歷江西參政山東按察使江西布政使陞右副都御史巡撫河南召爲戎政兵部侍郎改南京工部卒官先生初汎濫於詞章所至與友朋登臨唱和爲樂衡州始與諸生窮經於石鼓書院而趙大洲來遊又爲之開拓其識見江西以後親證之東廓念菴於是平生所授於甘泉隨處體認天理之學始有著落蓋先生師則甘泉而友則皆陽明之門下也

端居寤語

舉天下講理講學俱不甚謬聖人並無以異人只到實體之際便生出支節有可講者即如敬爲聖學之要內史過亦知敬是德之輿若道如何是敬便有密密工夫一日之中是敬不是敬感應之際有將

迎無將迎都不知覺則只原是認得光影未曾知得真切聖賢終身學問只是知之真體之密耳○從頭學聖人之志道則問禮問官不妨漸學從頭便學問禮問官恐搜索講求別成伎倆○貌言視聽思天之所以與人者恭從明聰睿人之所以體天者若必以爲根塵則天何爲與此垢累以戚人心乎象山先生曰儒者經世釋者出世公私之辨也○言者人之發聲行者人之應迹聲從何處發迹從何處應知得去處下得擬議工夫方能成得變化○知誘物化之後又驁於口耳光影之學承虛接響的然日亡亦是斧斤伐之牛羊又從而牧之纔於人所不見處收攝凝定忽然不及湊泊不倚記誦天理自爾呈露便是日夜生息雨露滋潤也○今人於事變順逆亦每每委之天命只是朦朧不明知不分曉強將此言聊自支撐其中實自搖惑聖人知命直是洞徹源頭賢人却知有義便於命上自能分曉都不是影響說命也○或疑程子取谷神不死之語予舉張橫渠曰太虛無動搖故爲至實然則儒老之辨曰其言雖合其發言之意則殊老氏從自己軀殼中發此意儒者從天地太虛中發此意孟子辨告子闢楊墨卑管晏斥鄉愿只因孟子見聖賢一端的確分明故灼然知異於聖賢之學今聖賢一端正未理會却據前賢見成言語附和

末嚮不如且尋求自己做聖賢一端之正此一端既精異端自不能雜復何難闢之有○學問各有一處老氏一此謙柔心佛氏一此空寂心楊氏一此爲我心墨氏一此兼愛心彭籛一此養生心只是不明乎善不知所止做入他岐而爲二三○天地以生物爲心而不能必物之成花之千葉者不實其最先發者早萎亦天地自然之力量也老子退一著亦識得如此但質之聖學知天地之化與時消息而無容心其間則老子毫釐千里之謬矣故知天理者能善用易○不獨老子有合於易參同陰符時契造化之機其用處便私己程子曰雖公天下之理以私心爲之便是私○問此物聯類之學或有不得而湊泊者則如之何曰正不欲其聯比湊泊也天高地下萬物散殊散殊之中必欲聯比湊泊是雕刻之化矣只流而不息合同而化是謂大同聖人千言萬語天地千變萬化異者必不盡同只要知同歸一致之處○聖賢地位非可想像只聖賢事合下做得洒掃應對可精義入神○文章功名聞見知解皆足羈縻豪傑故銷市井富貴之習心易銷文章功名之習心難銷文章功名之習心易銷聞見知解之習心難聖人精進凡物不能羈絆只是能放下一切好地位都住不得也○老氏以物爲外故有芻狗之喻聖人合內外以成仁本無

憧憧之心實有肫肫之仁何嘗如此○莊子將感應爲託不得已以養自然豈若將感應爲自不能已而任自然故老莊以爲自然者聖人謂之矯強○方今人良知天理之學似說得太易故人往往作口耳知解全無實得聖人發蒙在亨行時中要之良知天理可亨之道也必須童蒙求我初筮方告謂之時中不然非惟無益於人抑且有乖於道○程子曰坐忘便是坐馳所以坐馳者因莊生不知學問其言本出於老子杳冥恍忽之意所謂心齋乃齋其蕩然無主之心非明善之誠知止之定坐而入忘蓋茫然而不自知耳○五福六極氣之不齊也陰陽變化其機莫測聖人之心真知陰陽消長之故謂之知命命不離乎氣也○胡五峯曰居敬所以精義朱子晚年深取其言可見朱子居敬窮理之說未嘗分爲二也孔門以主敬爲求仁五峯又以居敬爲精義要之一敬立而四德備矣○象山先生每令學者戒勝心最切病痛鵝湖之辨勝心又不知不覺發見出來後乃每歎鵝湖之失因思天下學者種種病痛各各自明只從知見得及工夫未懇到處罅縫中不知不覺而發平居既自知發後又能悔何故正當其時忽然發露若用功懇到雖未渾化念頭動處自如紅爐點雪象山勝心之戒及發而復悔學者俱宜細看庶有得力工夫蓋象

山當時想亦如此用功也○古人聲律非止發之詠歌被之管絃虛明之體合乎元聲凡言皆中律言也六經之言雝雝鏘鏘諸子百家則沾滯散亂之音作矣故孟子知言非知言也知心聲也○問樂者心之本體恐懼悲哀相妨累否曰樂者非踴躍歡喜之謂無不樂之謂也肫肫嗃嗃爲懼爲哀皆眞機也初非一朝之患加得分毫何妨累之有若以物欲之憂爲憂威武之懼爲懼及當懼當憂凝滯留著則不特哀懼妨累而肆樂沉湎流而不節亦甚悖馳君子之樂矣○安土敦仁中心安仁也故感發處無非愛人退之博愛謂仁止道其用○古人舉先民詢於芻蕘蓋天下只有一個是更不可增有一個是便有一個非消滅不得芻蕘之言是聖人從而是之聖人之言非矇瞽庶人得而非之若一有勝心則不特芻蕘必增聖人已是之言一有徇心則不特聖人必徇偏智一隅之見自此本然是非之度幾於淩夷而學問家因之多事矣○謝上蔡以覺言仁未爲不是朱子病其說又言敬則自能覺愚意敬卽覺也但敬覺工夫最精上蔡言儒之仁佛之覺則非○人性全而物性偏人心智無涯故反危殆物心智有限故反近自然人要持危而入於自然只在存之而已本體常存私智無自而生私智不生便不害性不害性是養性也神發智

智之鑿處爲知誘人生而靜不容說正感發時常覺得便是主靜路上工夫○天德王道王道無期必期必便是計功謀利尹和靖曰如潦則止如霽則行何期必之有

明儒學案卷四十

姚江黃棃洲先生著

豫章後學　夏鼎　熊育鑫　熊繩祖　熊育鏞　徐兆瀾　周聯慶　熊榮祖　蕭兆柄　劉秉楨　劉真寶　重刊

侍郎許敬菴先生孚遠

許孚遠字孟仲號敬菴湖之德清人嘉靖壬戌進士授南工部主事轉吏部尋調北大計與冢宰楊襄毅博不合移病歸起考功主事高文襄不說出爲廣東僉事降海盜李茂許俊美移閩臬考功王篆修怨復中計典謫鹽運司判官萬曆二年擢南太僕寺丞遷南文選郎中請告補車駕郎中謁江陵問及馬政先生倉卒置對甚詳明江陵深契之欲加大用而王篆自以爲功使親己先生不應出知建昌府給事中鄒南臯薦之遷陝西提學副使擢應天府丞以申救李見羅鐫級歸起廣東僉事轉廣西副使入爲右通政以右僉都御史巡撫福建日本封貢事起先生疏言發兵擊之爲上策禦之爲中策封貢非策也其後朝廷卒用其中策召爲南大理寺卿晉南兵部右侍郎

而罷二十二年七月卒贈南工部尚書先生自少爲諸生時竊慕古聖賢之爲人羞與鄉黨之士相爭逐年二十四薦於鄉退而學於唐一菴之門年二十八釋褐爲進士與四方知學者遊始以反身尋究爲功居家三載困窮艱厄恍忽略有所悟南粵用兵拚舍身命畢盡心力怠墮躁妄之氣煎銷庶幾及過蘭溪徐魯源謂其言動尚有繁處這裏少凝重便與道不相應先生頂門受鍼指水自誓故先生之學以克己爲要其訂正格物謂人有血氣心知便有聲色種種交害雖未至目前而病根尚在是物也故必常在根上著到方寸地灑灑不掛一塵方是格物夫子江漢以濯秋陽以暴此乃格物榜樣先生信良知而惡夫援良知以入佛者嘗規近溪公爲後生標準令二三輕浮之徒恣爲荒唐無忌憚之說以惑亂人聽聞使守正好修之士搖首閉目拒此學而不之信可不思其故耶南都講學先生與楊復所周海門爲主盟周楊皆近溪之門人持論不同海門以無善無惡爲宗先生作九諦以難之言文成宗旨元與聖門不異故云性無不善故知無不良良知即是未發之中此其立論至爲明析無善無惡心之體一語蓋指其未發廓然寂然者而言之祇形容得一靜字合下三言始爲無病今以心意知物俱無善惡可言者非文成之正傳

也時在萬曆二十年前後名公畢集講會甚盛兩家門下互有口語先生亦以是解官矣先生與見羅最善見羅下獄拯之無所不至及見羅戍閩道上仍用督撫威儀先生時爲閩撫出城迓之相見勞苦涕泣已而正色曰公蒙恩得出猶是罪人當貶損思過而鼓吹喧耀此豈待罪之體見羅艴然曰迂闊先生顏色愈和其交友真至如此

原學

天然自有之謂性效性而動之謂學性者萬物之一原學者惟人之能事故曰天地之性人爲貴爲其能學也學然後可以盡性盡己性以盡人物之性則可以贊天地之化育而與天地參而爲三才故學之係於人者大也天聰天明非學不固威儀動止非學不端剛柔善惡之質非學不化仁義禮智信之德非學不完君臣父子夫婦昆弟朋友之倫非學不盡富貴貧賤夷狄患難之遇非學不達學則智不學則愚學則治不學則亂自古聖賢盛德大業未有不由學而成者也故先師孔子特揭學之一言以詔來世而其自名惟曰學而不厭而已性之理無窮故學之道無盡學而不厭孔子之所以爲孔子也然而三代以上道明而學醇三代以下道喪而學雜高之淪於空虛卑之局於器數浸淫於聲利靡濫於詞章嗚呼學其所學而非孔子

之所謂學也其卓然志於孔子之學不爲他道所惑者寥寥數千載之間幾人而已乃其見有偏全言有離合行有至不至擇而取之則又存乎其人焉故學以盡性爲極以孔子爲宗若射之有的發而必中若川之歸海不至不已矣夫然後可以語學學之義大矣哉原學篇一

〇學者既有志於孔子之學則必知夫求端用力之地孔子之學自虞廷精一執中而來其大旨在爲仁其告顏子以克己復禮最爲深切著明者也人心本來具此生理名之曰仁此理不屬血氣不落形骸故直云克己己私一克天理具存視聽言動各有當然之則故云復禮一日克己復禮則無我無人平平蕩蕩萬物一體故曰天下歸仁己最難克仁最難言因循牽繫終身陷溺剛毅深潛一日可至故曰爲仁由己而不由人出此入彼即在身心之間其機至嚴其用至博故曰非禮勿視聽言動此孔門學脈也他如言敬言恕言忠信言閑邪存誠言洗心藏密言格物致知誠意正心無非此理無非此學神而明之存乎其人焉耳矣是故舍仁而不求者昧其本心不可立人道於天地之間不由克己復禮而言仁者道不勝欲公不勝私而徒以聞見湊泊氣魄承當無強至於仁之理知克己者一私不容氣質渾化故功利權謀之說非所可入知復禮者體用俱全萬理

森著故虛無寂滅之教非所可同修此之謂天德達此之謂王道此孔子之學自精一執中而來爲萬世立人極者也學者於斯篤信不惑而行之不惰其庶幾乎可以語學也夫原學篇二○學不貴談說而貴躬行不尙知解而尙體驗易曰默而成之不言而信存乎德行孟子曰君子所性仁義禮智根於心其生色也睟然見於面盎於背施於四體四體不言而喻此其說也是故性定者其言安以舒養深者其容靜以肅內直者其動簡盛德者其心下反之而躁妄輕浮繁擾驕汰生焉蓋理欲消長之機志氣淸濁之辯見於動靜徵於應感如影隨形不可掩也昔者虞舜夔夔齊慄以格其親而好問好察善與人同乃見其精一之學文王在宮在廟雝雝肅肅而無然畔援無然歆羨乃見其敬止之功孔子溫良恭儉讓萃至德於其躬而意必固我至於盡忘乃其學而不厭之實凡古今聖賢所爲師表人倫信今傳後者必以躬修道德而致之斷非聲音笑貌之所能爲也故學者之學務實修而已矣珠藏而淵媚玉韞而山輝德聚於其中而發見於其外有不修修之未有無其驗者也不修而僞爲於外與夫修之未至而欲速助長操上人之心者皆孟子所謂無源之水易盈易涸不可長久矣故曰君子之道闇然而日章小人之道的然而日亡

言忠信行篤敬雖蠻貊之邦行矣言不忠信行不篤敬雖州里行乎哉誠僞虛實判若霄壤其理甚明內辨諸身心外證諸家國學之終身不至不已斯學之道也

論學書

中庸所謂戒愼不覩恐懼不聞只在性體上覺照存養而已但人心道心元不相離善與不善禮與非禮其間不能以髮故閑邪一著乃是聖學喫緊所在學者苟知得善處親切方知得不善處分明譬諸人有至寶於此愛而藏之所以防其損害者是將無所不至又譬諸種植嘉禾無所容其助長之力惟有時加耘耔不爲莨稗所傷而已答孟我疆

○白沙靜中養出端倪敬齋只說存養曷嘗有看見察見兩說牴牾蓋中庸首章言不覩不聞末章言無聲無臭分明天命之性不可覩聞不涉聲臭而夫子告子張曰立則見其參於前在輿則見其倚於衡顏淵自敘如有所立卓爾又却是有所見有所立此兩者要須默識而神明之道之在人非優游散漫者所可入必是凝精聚神念念不忘若有參前倚衡之見及其與道契會處原來聲臭俱無若存知見便非道體答陸以建

○聲色臭味安佚自是天性之所不能無不離乎氣質者也第是數者爲性之欲必其順乎天理之當

然性通極於命而後性不蔽於欲故曰君子不謂性也仁之於父子等事而謂之命者何言君臣父子賓主賢否之際遭遇不齊天道之升降否泰消息盈虛雖聖人有所不能必是以謂之命也然仁義禮智其性在我隨其時勢所值而皆有可以自盡之道命責成於性而後命不違乎天故曰君子不謂命也究而言之命無二性亦無二但人於聲色臭味之欲恆謂之性生於君臣父子所處難易順逆之間多諉之天命故孟子特伸此抑彼使學者知所重輕云爾 答朱用韜

○所謂天則超絶聲臭不涉思慮安排然只在日用動靜之間默識可見此心一違天則便有不安加之於人便有不合惟其當作而作當止而止當語而語當默而默一一不違於天則而後協乎人心之同然知此則性之面目可得而言矣 答沈實卿

○所謂透性與未透性云者不知從何處分別爲是見解虛實耶爲是躬行離合耶爲是身心枯潤耶爲是論說高卑耶易言美在其中而暢於四肢發於事業孟子言根心生色睟面盎背四體不言而喻者此真透性之學若以知解伶俐談說高妙爲透性某方恥之而不敢翁更何以教之 簡羅近溪

○老丈以毋意爲宗使人人皆由毋意之學得無所謂欲速則不達者耶大學欲正其心者先誠其意所謂誠其意者只在毋自欺

而求自慊此下學之功也顏子有不善未嘗不知知之未嘗復行亦誠吾意而已吾儕之學焉可以躐等乎此理纔有悟處便覺鳶飛魚躍觸處流行而不須一毫安排強索之力然到得與自己身心湊泊尚遠孟子曰反身而誠樂莫大焉程子曰識得此理以誠敬存之而已識者默而識之也識得便須存得方爲己有時時默識時時存養真令血氣之私銷鑠殆盡而此理盎然而流行乃是反身而誠與鳶飛魚躍同意不然饒說得活潑潑地亦無益也學者認得容易翻令心中浮泛不得貼實此卽誠與不誠之介不可不察也凡吾儕平日覺有胸次洒落時感應順適時正是誠意端倪要須存養擴充得去若作毋意見解則精神便都散漫矣 與李同野

○吾儕學問見處俱不相遠只是實有諸己爲難能於日用工夫更不踈放真真切切實實平平不容意見盤桓則此理漸有諸己矣此學無內外相人己相打得過處方是德性流行打不過時終屬私己猶爲氣質用事吾輩進修得失涵養淺深亦只驗諸此而已 與萬思嘿

○人事自爲簡省未嘗不可若不得省處卽順以應之洗滌精神洒洒落落無揀擇相更覺平鋪實在操舍存亡昏明迷覺總在心而不在事 與鄧定宇

○自心妙用卽是涓涓之流亦卽是汪洋浩大之海鄙意則謂須有鑒

山濬川掘井九仞而必及泉之功涓流浩海乃其自然不容人力也○昔人學問失之廣遠故儒者反而約之於此心其實要反約又須博學詳說而得之非謂直信此心便可了當是事也與王東崖○知止致知俱出大學首尾血脈原是相因致得良知徹透時卽知是止討得至善分明處卽止是知初非有本體工夫亦非有偏全先後之別古今儒者悟入門路容有不同隨時立教因病制方各有攸當政不必以此病彼也答胡禮仲○格物之說彼謂待有物而後格恐未格時便已離根者此其論似高而實非也若得常在根上著到方寸地洒洒不掛一塵乃是格物真際人有血氣心知便有聲色種種交害雖未至目前而病根常在所以誠意工夫透底是一格物孔子江漢以濯秋陽以暴胸中一毫查滓無存陰邪俱盡故能毋意毋必毋固毋我此非聖人不足以當格物之至與蔡見麓○鄙意格物以爲神明之地必不累於一物而後可以合道格致誠正與戒懼愼獨克復敬恕斷無殊旨與鄧定宇○博文約禮道之散見於人倫庶物之閒者文也其本於吾心天然之則者禮也隨事而學習之謂博隨學而反己之謂約禮卽在於文之內約卽在於博之時博而約之所以爲精也精則一一則中

與胡廬山先生論心性書

閑中披誦明公與李見羅所論心性兩書見我公誠心直道無少迂曲而見羅丈雄才卓見確有主張此皆斯文之所倚賴書中大意公則謂靈覺卽是恆性不可殄滅見羅則謂靈覺是心性非靈覺從古以來知性者少識性者多二公論旨不合只在於此夫心性之難言久矣混而一之則其義不明離而二之則其體難析譬諸燈然心猶火也性則是火之光明又譬諸江河然心猶水也性則是水之濕潤然火有體而光明無體水有質而濕潤無質火有體故有柔猛而光明無柔猛水有質故有清濁而濕潤無清濁火之明水之濕非一非二此心性之喻也夫率性之爲名自天之降衷不雜乎形氣者而言而心之爲名合靈與氣而言之者也性只是一個天命之本體故爲帝則爲明命爲明德爲至善爲中爲仁種種皆性之別名也此未嘗有外於心之靈覺而靈覺似不足以盡之心者至虛而靈天性存焉然而不免有形氣之雜故虞廷別之曰人心道心後儒亦每稱曰真心妄心公心私心其曰道心真心公心則順性而動者也心卽性也其曰人心妄心私心則雜乎形氣而出者也心不可謂之性也君子之學能存其心便能復其性蓋心而歸道是人而還天也卽靈覺卽

天則豈有二耶夫性之在人原來是不識不知亦原來是常明常覺卽寂而照卽照而寂初非有內外先後之可言若以虛寂爲性體而明覺爲心用是判心性爲二物斷知其有不然也見羅兄又謂虞廷之相傳者在中道心人心總皆屬用大學之歸宗者在善心意與知總非指體此等立言俱不免主張太過中固是性之至德舍道心之微更從何處覓中善固是道之止宿離心意與知却從何處明善性無內外心亦無內外體用何從而分乎尊教有云指體而言則不識不知指用而言則常明常覺此語猶似未瑩蓋常明常覺卽是不識不知本然明覺不落識知一有識知卽非明覺有明覺之體斯有明覺之用恐又不得以不識不知爲體而以常明常覺爲用也萬古此心萬古此性理有固然不可增減經傳之中或言性而不言心或言心而不言性或心與性並舉而言究其指歸各有攸當混之則兩字不立析之則本體不二要在學者善自反求知所用力能存其心能復其性而已矣斯道無人我無先後輒因二公所論一究言之惟願高明更賜裁正若尊刻衡齊所辯宋儒物理之說其說頗長姑俟他日面教盡所欲請也

恭定馮少墟先生從吾

馮從吾字仲好號少墟陝之長安人萬歷己丑進士選庶吉士改御史疏請朝講上怒欲杖之以長秋節得免請告歸尋起原官又削籍歸家居講學者十餘年天啓初起大理寺少卿與定熊王之獄擢副都御史時掌院爲鄒南臯先生風期相許立首善書院於京師倡明正學南臯主解悟先生重工夫相爲鹽梅可否而給事朱童蒙郭允厚不說學上疏論之先生言宋不競以禁講之故非以講之故也我二祖表章六經天子經筵講學皇太子出閣講學講學爲令甲周家以農事開國國朝以理學開國也臣子望其君以講學而自己不講是欺也倘皇上問講官曰諸臣望朕以講學不知諸臣亦講學否講官亦何以置對乎先臣王守仁當兵戈倥偬之際不廢講學卒能成功此臣等所以不恤毀譽不恤得失而爲此也遂屢疏乞休又二年郎家拜工部尚書尋遭削奪逆黨王紹徽修怨於先生及爲冢宰使喬應甲撫秦以殺之先生不勝挫辱而卒崇禎改元追復原官謚恭定先生受學於許敬菴故其爲學全要在本原處透徹未發處得力而於日用常行却要事事點檢以求合其本體此與靜而存養動而省察之說無有二也其儒佛之辨以爲佛氏所見之性在知覺運動之靈明處是氣質之性吾儒之所謂性在知覺運動靈明中之恰好

處方是義理之性其論似是而有病夫耳目口體質也視聽言動氣也視聽言動流行而不失其則者性也流行而不能無過不及則氣質之偏也非但不可言性幷不可言氣質也蓋氣質之偏大略從習來非氣質之本然矣先生之意以喜怒哀樂視聽言動爲虛位以道心行之則義理之性在其中以人心行之則氣質之性在其中若真有兩性對峙者反將孟子性善之論墮於人爲一邊先生救世苦心太將氣質說壞耳蓋氣質卽是情才孟子云乃若其情則可以爲善矣若夫爲不善非才之罪也由情才之善而因見性善也若氣質不善便是情才不善情才不善則荀子性惡不可謂非矣

辨學錄

人心至虛衆理咸備丟過理說心便是人心惟危之心卽有知覺是告子知覺運動之覺佛氏圓覺大覺之覺非吾儒先知先覺之覺也覺之一字亦不可不辨知覺的是天理便是道心知覺的是人欲便是人心非槪以知覺爲天理爲道心也若丟過理字說心說知便是異端○吾儒曰喩利之心不可有異端曰喩義之心不可有吾儒曰爲惡之心不可有異端曰爲善之心不可有或詰之曰喩義之心不可有喩利之心可有乎爲善之心不可有爲惡之心可有乎彼則曰

喻義之心且不可有況喻利乎爲善之心且不可有況爲惡乎如此爲言雖中人亦知其非彼又恐人之非之也復倡爲一切總歸於無心之說以爲人之心體本空無利無義無善無惡者其本體也必也無喻利心併無喻義心併無無喻義心無爲惡心併無爲善心併無無爲善心一切總歸於無心方合本體耳說至此雖高明莫知其非矣不知正是發明喻義之心不可有爲善之心不可有處柰何不察而誤信之耶且義原非外性原是善心之本體原是有善無惡的可見必有喻義爲善之心而後爲合本體也今欲一切總歸於無心安在其爲合本體耶況人心易放而難收儘去喻義猶恐喻利儘去爲善猶恐爲惡今欲一切總歸於無心竊恐義無而利未必無善無而惡未必無反爲本體之累不小也又況義利只有兩途人心原無二用出於義卽入於利出於善卽入於惡豈有無義無利無善無惡一切總歸於無心之理乎大抵義原非外特自有其義之心不可有而喻義之心必不可無性原是善特自有其善之心不可有而爲善之心必不可無總是喻之又喻以至於化爲之又爲以至於忘造到上天之載無聲無臭處只好說有喻義之心而至於化有爲善之心而至於忘有喻義爲善之心而無聲臭之可疑亦說不得喻義之心不

可有爲善之心不可有今云云者所謂小人而無忌憚者也○問天命之性無聲無臭原著不得善字曰天命之性就是命之以善何消著故曰性善不然所命者何物孟子道性善正直指天命之初而言耳又問無聲無臭何也曰善曾有聲有臭耶○天命之性如一陽來復造化生意雖未宣洩而凡宇宙間形形色色萬紫千紅無一不胚胎完具於其內故曰天命之謂性此自是實在道理原不落空若曰天命之性渺渺冥冥一切俱無如此不知天命的是個甚麼便於天命二字說不去矣○問人心一概說不得有無此是論工夫若論本體則無善無惡全說不得有矣無心之說蓋指本體也曰不然論工夫心原一概說不得有無還有不可不有者不可不無者若論本體則全說不得無矣故孟子曰無惻隱之心非人也云云曰無曰非何等明白又曰惻隱之心人皆有之至我固有之也曰皆有曰固有又何等明白而曰本體無善無惡異端無心之說專指本體而言誤矣

○問善之善對惡而言也無善之善指繼善之初不對惡而言也惡如彗孛妖氛善如景星卿雲無善之善如太虛惡如木石屑善如金玉屑無善之善如目中不容一屑如何曰吾儒之旨只在善之一字佛氏之旨卻在無善二字近日學者既惑於佛氏無善之說而又不

敢抹殺吾儒善字於是不得已又有無善之善之說耳不知吾儒之所謂善就指太虛本體而言就指目中之不容一屑而言非專指景星慶雲金玉屑而言也善字就是太虛非太虛爲無善之善也乃若其情則可以爲善矣乃所謂善也由可以爲善之善才見得乃所謂善之善兩個善字原只是一個豈有可以爲善之善乃與惡對之善乃所謂善之善乃無善之善之理哉○一有其善便是不善故曰喪厥善一有意爲善便不是爲善故曰雖善亦私至於喪至於私則善於何有如此是其病正在無善也○山下出泉本源原清此性之說也漸流漸遠有清有濁清者勿使之濁濁者復澄之清此學之說也三品之說是徒知漸流漸遠有清有濁未嘗不是而不知山下出泉本源原清澄濁求清非義外也慈湖之說是徒知山下出泉本源原清亦未嘗不是而不知漸流漸遠有清有濁則澄濁求清非揠苗也嗚呼不知本體者疑性之或惡而既以學爲義外知本體者信心之即道而又以學爲揠苗學果何日而明哉○有意爲善有所爲而爲如以爲利之心爲善爲名之心爲善以以善服人之心爲善之類非以安而行之爲無意爲無所爲利而行之勉強而行之爲有意爲有所爲也今人見人孳孳爲善而概曰有意曰有所爲則阻人爲善之

路矣○夫有太極而無思爲有物則而無聲臭乃吾儒正大道理正大議論佛氏丟過太極專講無思無爲丟過物則專講無聲無臭是無思爲而併無太極無聲臭而併無物則有是理乎○知覺運動視聽飲食一切情欲之類原是天生來自然的原無思無爲寂然不動感而遂通何思何慮佛氏窺見這些子遂以此爲真性把吾儒這個理字以爲出於有思有爲出於僞如告子以人性爲仁義莊子以仁義爲殘生傷性之類不是天生來自然的故孟子不得已指點出乍見孺子而怵惕覩親骸而顙泚不忍觳觫之牛不屑嘑蹴之食之類見得這個理字也是天生來自然的無思無爲寂然不動感而遂通何思何慮非以人性爲仁義而殘生傷性也縱是說出多少工夫說思說爲只是教人思這個無思的道理爲這個無爲的道理非義外非揠苗非強世也吾儒宗旨與佛老全不相干後世講學不精誤混爲一以上達歸佛以下學歸儒以頓悟歸佛以漸修歸儒以明心見性歸佛以經世宰物歸儒諸如此類名爲闢佛適以崇佛名爲崇儒適以小儒何也佛氏上達吾儒下學佛氏得上一截少下一截工夫如此是夫子下學儒而上達佛也是佛反出其上可乎修而不悟豈曰真修十五志學七十從心漸也以十五而即知志學非頓乎學而

不厭修也默而識之非悟乎此吾儒頓悟漸修之說也經世宰物而不出於心性安所稱王道先明諸心知所往然後力行以求至非吾儒之言乎今以上以悟以心性歸佛氏以下以修以事物歸吾儒是佛氏居其精而吾儒居其麄也有是理哉不知佛氏之失正在論心論性處與吾儒異不專在舍經世宰物而言心性正在所悟所達處與吾儒異不專在舍漸修而言頓悟舍下學而言上達也○或曰吾道至大二氏之學雖甚高遠總不出吾道之範圍故二氏偏不能兼吾儒吾儒全可以兼二氏曰不然儒佛既混談儒者稍求精便誤入於佛氏闢佛者稍欠精反操戈於吾儒是其貽禍者一儒佛既渾誑儒者摘一二誤佛氏之語以為非毀攻擊之話柄談佛者借一二吾儒精微之語以為惑世誣民之嚆矢是其貽禍者二向使佛自佛儒自儒不混為一豈有是哉且吾道本大何必兼二氏而後見其大若必待兼二氏以為大則又安所稱大耶況吾儒正道也異端邪說也邪固不能兼正正豈可以兼邪若正可以兼邪又惡在其為正耶○吾儒之學以理為宗佛氏之學以了生死為宗如人生則能知覺運動死則血肉之軀還在便不能知覺運動可見人之生死的是血肉之軀這能知覺運動的一點靈明真性原未嘗死所謂本來面目萬

劫不磨者此也悟得這個便是超悟便知無死無生所謂出離生死見性成佛者此也其悟入處不由積累不由聞見不可言說不可思議只在當下一覺一覺便了更有何事雖中間說得千變萬化其實宗旨則是如是與吾儒論心性處全不相干蓋性者心之生理吾儒所謂性亦不由積累不由聞見以理言非專以能知覺運動的這個言故彼所云性乃氣質之性生之謂性之性吾所云性乃義理之性性善之性彼所云一點靈明指人心人欲說與吾儒所云一點靈明所云良知指道心天理說全然不同雖理不離氣而舍理言氣便是人欲天理人欲之辨乃儒佛心性之分此宗旨處不可不辨也○吾儒曰未發目雖無覩而天命眞覩之理已具耳雖無聞而天命眞聞之理已具心雖無知覺而天命眞知眞覺之理已具卽發而皆中卽覩以天下而無不明而所以能明的眞覩之理亦不可得而覩聞以天下而無不聰而所以能聰的眞聞之理亦不可得而聞知覺以天下而無不睿知而所以能睿能知的眞知眞覺之理亦不可得而知不可得而覺故曰上天之載無聲無臭沖漠無朕卽萬象森羅萬象森羅亦沖漠無朕未發不爲無已發不爲有渾然一理種種道理自天命之初已備後來多少工夫多少事業都只是率性之道耳佛氏

覺性本空以為這一點靈明作用的性本來原是空的目惟無覩故能覩耳惟無聞故能聞心惟無知覺故能知覺目雖能覩而所以能覩的真空之性原不可得而覩耳雖能聞而所以能聞的真空之性原不可得而聞心雖能知覺而所以能知能覺的真空之性原不可得而知不可得而覺故曰覺性本空不生不滅若與未發之中相似而不知實有大不同者○或曰性只是一個性那裏又是兩個以義理氣質分儒佛余曰人得天地之理以為生此所謂義理之性也而氣質乃所以載此理豈舍氣質而於別處討義理哉性原只是一個但言義理則該氣質言氣質則遺義理故曰氣質之性君子有弗性焉此闢佛之說也且子既知性只是一個性何不一之於性善之性而獨一之於生之謂性之性耶今欲一之於生之謂性而不一之於性善此三品之說所由起也是子自二之三之以至於倍蓰而無算也性豈有二焉孟子道性善故曰夫道一而已矣此儒者之旨也○吾儒說去欲佛氏却說欲是去不得的吾儒說存理佛氏却說理是不消存的甚且併天理人欲四字都要抹殺中間雖說欲障其實是說理障的客語畢竟要回護這個欲字病痛全在誤認生之謂性一句知覺運動是氣是欲而知覺運動之恰好處是理佛氏原認欲字

爲性不曾論理安得不抹殺理字回護欲字○問仁者人也目能視耳能聽口能言身能動人也即仁也何如曰此惑於佛氏之說也視聽言動是氣不是理如何說是仁視聽言動之自然恰好合禮處才是仁耳目口體爲形視聽言動爲色視聽言動之自然恰好處爲天性理不離氣天性不離形色視聽言動之禮不離耳目口體故曰仁者人也非便以能視能聽能言能動爲仁也若不論禮不禮勿不勿而惟以視聽言動爲仁是直把氣質作義理墮於情欲矣○昔人謂佛氏得吾儒之體只是無用又謂佛學有得於形而上者而但不可以治世不知佛氏所以爲異端者正在不得吾儒之體正在誤認形而下者爲形而上者端猶端倪發端之端異端云者謂其發端處與吾儒異也若不窮究其發端而徒辨別其流弊彼將曰其所以破佛者乃佛書自不以爲然者也○問人心至虛不容一物理在何處安得不說理障曰人心至虛不容一物處就是理異端之所謂理誤指物而言吾儒之所謂理正指不容一物者而言耳○人心之初惟有此理故見孺子入井皆有怵惕惻隱之心此時固容不得一毫殘忍刻薄之念亦容不得一毫納交要譽之念殘忍刻薄納交要譽雖不同同謂之欲故謂心之本體容不得一毫欲則可謂容不得一毫理

則不可蓋人心之初惟有此理豈可說容不得或問如何是理曰即所謂怵惕惻隱之心是也

疑思錄

格物即是講學不可談元說空○自慊二字甚有味見君子而厭然正自小人自家不慊意處安得心廣體胖故曰行有不慊於心則餒矣君子慎獨只是討得自家心上慊意自慊便是意誠便是浩然之氣塞於天地之間○問天命之性曰如孩提知愛是誰命他愛稍長知敬是誰命他敬這都是自然而然的故曰天命又問此率性之道非天命之性也如何是天命之性曰孩提如何便知愛稍長如何便知敬這必有所以知愛敬者在此蓋是父母初生時天已命之矣豈待孩提稍長後才有此愛敬哉知此則知天命之性○外省不疚不過無惡於人內省不疚才能無惡於志無惡於人到底只做成個鄉愿無惡於志才是個真君子○論語一書論工夫不論本體論見在不論源頭蓋欲學者由工夫以悟本體由見在以覓源頭耳中庸則直指本體源頭以泄孔子之秘如論語論夫子之道曰忠恕而已矣而中庸則曰忠恕違道不遠蓋論語之論道指其見在可道者言中庸之論道直指天命率性之初而言也不然忠恕即一貫之道而曰

違道不遠何哉論語論德曰據於德中庸則曰不顯惟德百辟其刑之蓋論語之論德指見在可據者言中庸之論德直合於天載之初而言也不然闇然知幾卽君子之德而曰可與入德何哉如水一也論語指其見在如江河如池沼皆水也中庸則直指山下出泉原泉混混而言矣○大庭廣衆中如一人稱人善一人稱人惡則稱人善者爲君子而稱人惡者爲小人一人稱人善一人和之一人阻之則和者爲君子而阻者爲小人一人稱人惡一人和之一人不答則不答者爲君子而和者爲小人以此觀人百不失一○從心所欲便不踰矩從耳目口體所欲便踰矩矣○孔門以博約立教是論工夫非論本體學者不達遂以聞見擇識爲知故夫子不得已又曰知之爲知之不知爲不知是知也直就人心一點靈明處點破知字此千古聖學之源若聞見擇識不過致知工夫非便以聞見擇識爲知也故曰知之次知其知知其不知是本體擇其善者而從之多見而識之是工夫辟之鏡本明而拂拭所以求明非便以拂拭爲明也以拂拭爲明固不是謂鏡本明不必拂拭亦不是故聖人說出本體正見得功夫原非義外耳○仲尼顏子之樂乃所以樂道非懸空去別有個樂也禪學盛行將此道字掃而去之只懸空以求此樂其弊至於猖

狂自恣而不可救孟子曰理義之說我心猶芻豢之悅我口分明說破道之可樂如此○不得於言勿求於心不得於心勿求於氣是人性皆善而告子強制之使惡也人心之靈莫不有知不得於言不得於心心上自是不安自是過不去自不容不求於心自不容不求於氣此正是眞心不容己處所謂性善所謂良知也如此眞心正當操存而培養之乃反強制之豈不謬哉不得於言要求於心就求於心不得於心要求於氣就求於氣不必去勿此之謂率性故曰無爲其所不爲無欲其所不欲如此而已矣○人心虛靈是非可否一毫瞞昧不過凡該行該止此中自有權衡若肯憑著本心行去使件件慊於心便是集義便是自反而縮此正孟子得統於曾子處○己溺己饑若過於自任不知此一念就是乍見孺子入井怵惕惻隱之一念人人都是有的如不敢承當己溺己饑之心難道亦不敢承當惻隱之心○問心一耳以心求心豈心之外復有心耶兩物對則計校生兩念橫則意見生求之爲言不幾於憧憧往來耶曰不然心非物也以心求心非兩念也能求之心卽是存不能求之心卽是放求之云者不過自有而自照之耳非心之外復有心也洗心正心存心養心皆是此意若以求心爲兩念則心誰去洗誰去存養亦不幾於兩念

耶如此必舍置其心任其憧憧往來而後爲何思何慮矣有是理哉○問操則存似涉於有舍則亡似淪於無其失一也不操不舍之間有妙存焉何如曰不操便是舍不舍便是操勢無兩立豈有不操不舍之理此便是要舍的說話問操似助舍似忘不操不舍之間才是勿忘勿助曰勿忘勿助都是在操字上說有事是操處勿忘勿助是操之妙處○有夭有壽是常事而人多以夭爲變以壽爲常有毀有譽是常事而人多以毀爲變以譽爲常有得有失是常事而人多以失爲變以得爲常以至貧富榮辱皆然常變一也分常變而二之則貳矣故人生終日營營逐逐有多少畔援欣羨處那一件不從二字上生來若能勘得破夭壽乃人生常事何有於毀譽得失貧富榮辱乎便是不貳便是修身以俟之

語錄

日用間富貴貧賤時時是有的如食求飽居求安便是欲富貴心惡惡衣惡食便是惡貧賤心故今人凡念頭起處都是富貴貧賤所在念及於此此心真是一時放下不得問先知後行知行合一曰昔涇野與東廓同遊一寺涇野謂東廓曰不知此寺何以能至此寺東廓曰不至此寺何以能知此寺之妙二公相視而笑可見二說都是不

可執一也○凡人視所當視不視所不當視便是眸子瞭焉神精而明若不視所當視而反視所不當視便是眸子眊焉神散而昏○吾儒事業不外齊治均平若以家道富厚爲齊天下富強爲平此五霸之治平非帝王之治平也惟是入其家見其父慈子孝兄友弟恭夫和婦順方是家齊景象而家之貧富不與焉推而一國必一國興仁興讓而始謂之治又推而天下必人人親親長長而天下始平不在國之富不富兵之強不強也以富強爲治平此千載不破之障○問參前倚衡曰只如此時眼前師友相對大家精神收斂甯一便是參前倚衡真境第恐過此時不能如此時耳○張煇問性有率有不率故聖人修道以立之教曰性無有不率者人皆率性而盡性者寡耳性卽良知良知無人不有率性無時不然孩提而知愛稍長而知敬率性也乍見而惻隱起嘑蹴而羞惡生率性也率則心有所不及思明有所不及用卽率之人不知也人惟見其方然而復不然則以爲此率而彼不率矣然而實非也如小人閒居爲不善夫爲不善可矣如何必於閒居閒居爲不善可矣如何又厭然於見君子不但誤爲處必有羞慚卽故爲處處亦必有遮揜一語窮而舌遁一揖失而面赤一存注之不良而轉睛顧盼之不能隱是誰致之而然也人性本善

則有不善者自無所容自爲之而自惡之人亦何時而不率性哉○聖賢學問全在知性有義理之性有氣質之性如以義理之性爲主源頭一是則無所不是情也是好的故曰乃若其情則可以爲善矣才也是好的故曰若夫爲不善非才之罪也若以氣質之性爲主源頭一差則無所不差情也是不好的爲恣意縱欲之情才也是不好的爲恃才妄作之才今不在性體源頭上辨別而或曰性是善的情是不善的又或曰情是善的才是不善的皆末流之論也○動心忍性之性與性也有命之性是氣質之性人與禽獸同若教他忍教他不動則禽獸不能矣禽獸不能而人能之正吾人有此一點義理之性耳故曰人之所以異於禽獸者幾希○乾以大生坤以廣生天無不覆地無不載此天地之性善也若論氣質則天一屬氣便不免有旱澇地一屬質便不免有肥磽然則天地亦有善不善矣惟不言氣質而言義理則爲物不貳生物不測天地之德孰大於此又何旱澇肥磽之足言也○孟子以情善言性善辟之石中有火擊之乃見則知火在石中雖不擊亦有洪鐘有聲叩之始鳴則知聲在鐘中雖不叩非無知擊之有火叩之有聲則知情知不擊之火不叩之聲則知性矣○問見孺子而怵惕見觳觫而不忍此固以情之自然善者驗

性之善如見美食而思嗜見美色而思好彼亦以情之自然不善者驗性之不善而孟子專言性善何也曰有二人於此一人見孺子而怵惕見觳觫而不忍見美食而不思嗜見美色而不思好一人見美食而思嗜見美色而思好見孺子而不怵惕見觳觫而不不忍則謂性有善有不善則可今以怵惕不忍之人一旦見食色而思嗜之好之以此驗人性之有不善似是不知思嗜思好之人一旦見孺子見觳觫亦未有不怵惕惻隱者以此驗人性之皆善又何疑焉孟子以氣質中之義理斷人性之皆善而告子以氣質中之氣質斷人性之有不善是告子徒知氣質之性而不知義理之性也○問變化氣質就不好一邊說所謂氣質之用小學問之功大就好一邊說不知好一邊便是義理矣如何尙謂之氣質曰此處最微妙如見孺子而怵惕此義理之性也若不識其端而擴充之則怵惕亦氣質耳息夜氣而幾希此義理之性也若不識其機而培養之則幾希亦氣質耳知愛知敬此義理之性也若不乘此天真而加以入孝出弟之功則愛敬亦氣質耳蓋義理之性乘氣質以發露而不由學問之功是靠天而不靠人恐在人之工夫疎併在天之端倪亦不可保也○喜怒哀樂未發之中此千古聖學之原故豫章延平靜中看喜怒哀樂未發

氣象伊洛眞傳也而佞佛者妄肆譏評曰未發是一念不起時也以一念不起之中忽起一看氣象之念便是起念便是發且旣云未發矣氣象在何處旣有氣象矣又何云未發令學者茫然無以應不知如可喜可怒可哀可樂之事一時未感我安得無故起念就此一時喜怒哀樂之念未起故謂之未發耳非一概無念一毫工夫無所用而後謂之未發也試看此未發時氣象何等湛然虛明是湛然虛明正未發之氣象也安得說未發矣而氣象在何處以一念不起之中縱忽起一看氣象之念不謂之發何也謂所起者戒愼恐懼之念而非喜怒哀樂之念也安得說旣有氣象矣又何云未發未發工夫不是面壁絕念求之虛無寂滅之域只凡是在平常無事時預先將性命道理講究體認戒愼不覩恐懼不聞只在性體上做工夫使心常惺惺念常疊疊時時討得湛然虛明氣象便是未發用力處亦便是未發得力處如此有不發發皆中節矣非以一概無念爲未發以靜中看未發氣象爲起念爲發也○未發是一念不起時也若起一用功之念便是發信斯言也則未發時一毫工夫無處用矣未發則功夫無處用已發則工夫又不及用如此將工夫一切抹殺只憑他氣質做去喜怒哀樂如何能中節○目之知視耳之知聽饑渴之知飲

食人與禽獸何異惟是視之能明聽之能聰飲食之能知味人始異於禽獸耳異端言性指人與禽獸同處言吾儒言性指人與禽獸異處言異處只是些子故曰幾希幾希云者危之也○異端言性亦不曾直以目之知視耳之知聽饑渴之知飲食爲性而以目之所以知視耳之所以知聽饑渴之所以知飲食的這個言性吾儒亦不曾直以視之能明聽之能聰飲食之能知味爲性而以視之所以能明聽之所以能聰飲食之所以能知味的這個言性所以能明能聰能知味的這個性體原是無聲無臭不覩不聞的所謂道心所謂至善所謂未發之中此理之根也所以能視能聽能飲食的這個性體亦是無聲無臭不覩不聞的在老氏爲天地根在佛氏爲有物先天地此欲之根也何以爲欲之根曰只推究所以能視聽飲食的源頭而不推究其所以能明能聰該視不該視該聽不該聽的源頭如此則任視聽縱耳縱目適己自便何所不爲故曰此欲之根也○人心一念發動處有善念有惡念有善念亦自有好善之念有惡念亦自有惡惡之念皆一時並起善念與惡念對言好善之念與惡惡之念不對言何也好善之念固善念惡惡之念亦善念總一念也如起一善念即當爲善却又不肯爲是初念是而轉念非也如起一惡念復起一

惡不當爲之念遂不爲是初念非而轉念是也此就平常論意者言也若誠意章卻置過善念惡念兩者對言的只專以好善之念惡惡之念就好念頭一邊說所以意都是該誠的不比平常轉念起念之有互易也至於如惡惡臭如好好色則萬念總歸於一念而其念不棼未念止還其初念而其念不轉無爲其所不爲無欲其所不欲爲其所爲欲其所欲又何不自慊之有如此則心本一而意亦復還於一又何至於支離而去哉○心一也自心之發動處謂之意自心之靈明處謂之知意與知同念並起無等待無先後一念發動有善有惡而自家就知孰是善念孰是惡念一毫不爽可見意有善惡而知純是善○意本自誠心本自正是本體意本自誠卻要還他個誠心本自正卻要還他個正誠意正心是工夫觀意本自誠心本自正可見正心誠意不是以人性爲仁義○意本自誠卻要還他個誠此誠字就念起之後言也若念未起之前不前定乎誠則人性雖善而牿之反覆竊恐一日之間善念少而惡念多久之純是惡念矣又將何以誠之哉故曰靜中養出端倪方有商量處可見古人不惟誠此念於既始有念之後抑且誠此念於未始有念之先○人心道心不容並立如綱常倫理能盡道便是道心不能盡道便是人心喜怒哀樂

中節便是道心不中節便是人心視聽言動合禮便是道心不合禮便是人心極容易辨非以喜怒哀樂視聽言動爲人心以中節合禮爲道心也在人之人心去之惟恐不盡而以喜怒哀樂視聽言動爲人心此數者豈可去乎○大學因虞廷言人心道心恐人無處覓心故說出個意字見此心一念發動才有人與道之異不然一念未起鬼神莫知從何分辨○學問之道全要在本原處透徹未發處得力則發皆中節取之左右自逢其原諸凡事爲自是停當不然縱事事檢點終有不湊泊處此吾儒提綱挈領之學自合如此非謂日用常行一切俱是末節可以任意不必檢點也○先立乎其大不是懸空在心上求正是在喜怒哀樂視聽言動間辨別人心道心精之一之務使道心爲主而人心盡化討得此中湛然虛明此之謂先立乎其大而耳目口體小者自不能奪也○孩提知愛稍長知敬見孺子而惻隱此良知也率性也饑之知食渴之知飲若曰亦良知也亦率性也便說不得矣一邊屬理一邊屬欲兩項朦朧合說則君子以循理爲率性小人亦以縱欲爲率性耳

論學書

率性是本體盡性是工夫率性衆人與聖人同盡性聖人與衆人異

如見孺子入井而怵惕此率性也衆人與聖人同至於擴充以保四海此盡性也聖人便與衆人異矣知愛知敬爲率性達之天下爲盡性不忍觳觫爲率性愛百姓爲盡性皆是也率性無工夫盡性有工夫盡性者卽盡其所率之性由工夫以合本體者也惻隱之心仁之端也惻隱乃率性之道而仁乃天命之性天命之性不可見而於惻隱見其端由其端以窺其體而本體之善可知故曰性善○得其體則其用自然得力但不言用則其體又不可見其諄諄言用者欲人由用以識體耳旣由用以見其體又何用之非體性體原不覩不聞然必不覩不聞之時乃見性體如見孺子入井見牛觳觫此時固有怵惕惻隱之心矣然未見之前豈遂無是心乎未見之前之心不覩不聞正以體言正以天命之性言旣見之後之心有覩有聞便以用言便以率性之道言矣故於不覩不聞之時然後識性體果不落於覩聞也若謂共覩共聞之時而不覩不聞者自在雖已發而根柢者固未發也又何必論時不知不覩不聞之時而共覩共聞者亦自在雖未發而活潑者固常發也又何爲專以不覩不聞爲性體乎未見入井而胸中已涵孺子未見觳觫而眼內已具全牛先天脈理旁皇周浹故曰至善○不覩不聞莫見莫顯原就時言而道卽在其中彼

丢過時而專以不覩不聞爲道體則可覩可聞鳶飛魚躍獨非道體耶若是則工夫專在於寂動處感處可以任意縱有差錯無妨矣○近世學術多岐議論不一起於本體工夫辨之不甚清楚如論本體則天命之性率性之道衆人與聖人同論工夫則至誠盡性其次致曲聖賢與衆人異論本體則人性皆善不借聞見不假思議不費纖毫功力當下便是此天命率性自然而然者也論工夫則不惟其次致曲廢聞見思議功夫不得即至誠盡性亦廢聞見思議功力不能此戒慎恐懼不得不然者也如以不借聞見不假思議不費纖毫功力爲聖人事不知見孺子入井孩提知愛稍長知敬亦借聞見假思議費功力乎可見論本體即無思無爲何思何慮非元語也衆人之所以與聖人同者此也若論工夫則惟精惟一好問好察博文約禮忘食忘憂即聖人且不能廢矧學者哉若不分析本體工夫明白而混然講說曰聖學不借聞見不假思議不費纖毫功力雖講的未嘗不是却誤人不淺矣必講究得清楚明白從此體驗愈體驗愈渾融造到無寂無感無安無勉地位才與自然而然不費纖毫功力之本體合此聖賢相傳之正脈也若論工夫而不合本體則汎然用功必失之支離纏繞論本體而不用工夫則懸空談體必失之捷徑猖狂

其於聖學終隔燕越矣○吾儒之學以至善爲本體以知止爲工夫而曰致知在格物可見必格物而後能知止也格物乃知止以前工夫丟過物格而別求知止之方此異端懸空頓悟之學非吾儒之旨也

善利圖說

或問孔子論人有聖人君子善人有恆之別而孟子獨以善利一念分舜蹠兩途何也曰孔子列爲四等所以示入聖之階基世之學者徒知以舜蹠分究竟不知以善利分舜蹠不知發端之初一念而善便是舜一念而利便是蹠出此入彼間不容髮非舜與蹠之間復有此三條路也君子善人有恆造詣雖殊總之是孳孳爲善大舜路上人孟子以善利分舜蹠自發端之初論也孔子以聖人君子善人有恆分造詣自孳孳爲善之後論也且爲善爲舜則爲人爲利爲蹠則爲禽獸舜蹠之分人與禽獸之分也學者縱可諉之曰我不爲聖亦可諉之曰我不爲人哉或曰學者不幸分辨不早誤置足於蹠利之途將遂甘心已乎曰不然人性皆善雖當戕賊之後而萌蘖尚在養此幾希之萌蘖尚可爲堯舜一時之錯不能限我也或曰學者既在舜路亦可以自恃乎曰不然一念而善是平地而方覆一簣也一念

而自以爲善是爲山而未成一簣也未成一簣總謂之半途而廢耳便是無恆也或曰世之聰明之士非乏也功名文學之士又不少也豈見不及此乎曰舜蹠路頭容易差錯此處不差則聰明用於正路愈聰明愈好而文章功名益成其美此處一差則聰明用於邪路愈聰明愈差而文學功名益濟其惡故不可不愼也

明儒學案卷四十一

姚江黃梨洲先生著

豫章後學　夏鼎　熊育鑫　熊繩祖　熊育鏞　徐兆瀾　周聯慶　熊榮祖　蕭兆柄　劉秉楨　李真實　重刊

文選唐曙臺先生伯元

唐伯元字仁卿號曙臺廣之澄海人萬曆甲戌進士知萬年縣改泰和陞南京戶部主事署郎中事進石經大學謂得之安福舉人鄒德溥陽明從祀孔廟疏言不宜從祀六經無心學之說孔門無心學之教凡言心學者皆後儒之誤守仁言良知新學惑世誣民立於不禪不霸之間習爲多疑多似之行招朋聚黨好爲人師後人效之不爲狗成則從鬼化矣言官劾其詆毀先儒降海州判官移保定推官歷禮部主事尚寶司丞吏部員外文選郎中致仕卒年五十八先生學於呂巾石其言性一天也無不善心則有善不善至於身則去禽獸無幾矣性可順心不可順以其附乎身也身可反心不可反以其通乎性也故反身修德斯爲學之要而其言性之善也又在不容說之

際至於有生而後便是才說性之性不能無惡矣夫不容說之性語
言道斷思維路絶何從而知其善也謂其善者亦不過稍欲別於荀
子耳孟子之所謂性善皆在有生以後惻隱羞惡辭讓是非之心何
一不可說乎以可說者謂不能無惡明已主張夫性惡矣以性爲惡
無怪乎其惡言心學也胡廬山作書辨之耿天臺謂唐君太和治行
爲天下第一卽其發於政便可信其生於心者矣又何必欲識其心
以出政耶慈湖之剖扇訟象山一語而悟本心然慈湖未悟之前其
剖扇訟故未嘗別用一心也唐君以篤修爲學不必強之使悟孟我
疆問於顧涇陽曰唐仁卿何如人也曰君子也我疆曰君子而毀陽
明乎曰朱子以象山爲告子文成以朱子爲楊墨皆甚辭也何但仁
卿涇陽過先生述之先生曰足下不見世之談良知者乎如鬼如蜮
還得爲文成諱否涇陽曰大學言致知文成恐人認識爲知便走入
支離去故就中間點出一良字孟子言良知文成恐人將這個知作
光景玩弄便走入元虛去故就上面點出一致字其意最爲精密至
於如鬼如蜮正良知之賊也奈何歸罪於良知先生曰善假令早聞
足下之言向者論從祀一疏尚合有商量也

醉經堂集解

性天命也惟聖人性其心而心其身小人不知天命之謂性也故性爲心用心爲身用劉子曰人受天地之中以生所謂命也孟子曰妖壽不貳修身以俟之所以立命身心性命解○道無體性無體仁無體誠無體總之以物爲體外物無道無性不仁不誠此吾道與異端之辨道德仁誠解○魯論記夫子之言至矣家語得其十之七荀子劉向大小戴十之五莊列十之三論語解○論語記言嚴謹不敢增減一字惟編次頗雜其義易晦使編次皆如鄉黨一篇則論語可以無解同上○己欲立而立人己欲達而達人己所不欲勿施於人孟子曰苟能充之足以保四海程子曰充擴得去天地變化草木蕃一貫解○維天之命於穆不已天行也逝者如斯夫不舍晝夜聖人之心純亦不已也孟子曰有本者如是程子曰其要只在謹獨川上解○用之則行有是以行見龍也舍之則藏有是以藏潛龍也用而無可行或所行非所用舍而無可藏或所藏非所舍謂其身行藏則可謂其道行藏則不可有是解○春風沂水點之誠也吾斯未信開之誠也狂者志有餘而誠不足聖人欲進其不足而裁其有餘故一歎一悅進之也正所以裁之也惜乎點猶未悟後來解者又從爲之辭聖人之言荒矣與點解○仁者以物爲體安得有己故曰克己仁者

如射反求諸己而已矣故曰由己知由己然後能克己能克己然後能復禮夫學至於禮而止矣克己未足以盡仁猶無私未足以盡道知其解者宋儒惟明道一人克己由己解○有道穀不足恥九百粟不可辭怨欲可以爲難而不可以爲仁聖人雖因憲而發實古今賢者之通患爲其不在中庸也賢哉回也陋巷簞瓢爲其志在擇乎中庸也問恥解○仁者怨乎曰怨己仁者憂乎曰憂道然則如樂何曰怨己故不怨天不尤人在邦無怨在家無怨憂道故不憂貧不憂生以死生爲晝夜視富貴如浮雲孔顏樂解○修己以敬至於安人安百姓皆修己也易有太極至於生兩儀四象八卦皆易也謂敬在修己之中太極在易之中則可謂敬安百姓太極生兩儀則不可修己解○大學中庸貫達經緯之說是也而作書之意又若以易爲經以詩書爲緯蓋惟天地爲大惟學則天故曰大學惟中乃大惟庸乃中故曰中庸易曰大哉乾元君子行此四德者又曰天行健君子以自強不息大學也乾之德莫盡於九二其曰龍德而正中者也庸言之信庸行之謹中庸也此其經也雜引詩書互發其緯也大學中庸解○大學以規模言其緒不可紊中庸以造詣言其功不可略同上○正己而不求於人之謂善正己而物正之謂至善孟子曰行有不得

者皆反求諸己善也其身正而天下歸之至善也程子曰在止於至善反己守約是也則合而言之也至善解○物有本末其本亂而末治者否矣自天子以至於庶人一是皆以修身爲本家語曰察一物而貫乎多理一物而萬物不能亂以身本者也孟子曰天下國家之本在身格物解○自知止而後有定至慮而後能得始條理也知至至之也在止於至善終條理也知終終之也知止能得則近道止至善則道在我知止止至善解○君子時中庸擇中庸依中庸者也小人無忌憚索隱行怪者也賢者之過與不及均而賢者之害尤甚必至罟擭陷阱乃已時中解○中庸其至矣乎是謂至善君子依乎中庸遯世不見知而不悔故止於至善中庸至善解○必有事焉而勿正心之謂儒正心而無所事焉之謂釋易曰終日乾乾行事也程子曰鳶飛魚躍與必有事焉而勿正意同會得時活潑潑地不會得只是弄精神鳶飛魚躍解○道者治人之道也以人治人雖執柯伐柯未足爲擬子思之苦心亦至矣程子謂制行不以己而道猶未盡此之謂也道不遠人解○惟天下至誠能盡其性堯舜性之也其次致曲湯武反之也易曰逆數禮曰曲禮逆而後順曲而後直聖人之教爲中人設張子所謂善反之則天地之性存焉者也發而不中反求

諸己此之謂致曲致曲解○大哉聖人之道三千三百之謂也禮者
性之德也道問學所以崇禮所以尊德性崇禮解○凡一代皆有一
代之大經堯舜授禪禹治水湯武放伐伊尹放太甲周公誅管蔡孔
子作春秋子思述大學中庸孟子距楊墨韓昌黎程明道闢佛老其
經綸一也大經解○未發之中不可求必也格物乎曰知本曰知止
曰明善曰致曲旨同而名異至於反身而誠然後立天下之大本大
本解○不覩不聞卽人所不見獨也戒慎恐懼卽不動而敬不言而
信慎獨也小人閒居爲不善不慎獨也無聲無臭贊獨之善或以爲
贊道誤矣獨解○於乎不顯不顯惟德詩人贊文王至德也始乎慎
獨終乎慎獨學者當儀型文王也儒者旣於不顯爲兩解無怪乎以
慎獨爲漏言不顯解○天與鬼神形而下者也故言天曰無聲無臭
言鬼神曰不見不聞道形而上者也自無聲臭自莫見聞豈待贊乎
必以無聲臭不見聞贊道謂聲臭見聞非道可乎爲此解者欲附於
不生不滅不垢不淨之旨不知反爲所笑天鬼神解○物有本末身
其本也家國天下皆末也未有本亂而末治者物格者知修身爲本
而已非修身也知修身爲本是謂知本是謂知止是謂知所先後是
謂物格知至故務其本則意誠不然皆僞也守其本則心正不然悉

邪也意誠心正卽可以語修身乎未也心雖已正而身未易修故無私而不當理者有之克己而不復禮者有之知及仁守莊以涖而動不以禮者有之定靜且安不慮則不得者有之故格物者近道而已卽慮且得猶難至善故曰好學力行知恥則知所以修身又曰齊明盛服非禮不動所以修身蓋至於禮然後修身之能事畢矣雖然齊家治國平天下豈都無事莫知其子之惡是縱子莫知其苗之碩是貪財未有貪財縱子而能齊家者未有以暴帥人而興仁讓於國者未有嫉彥聖舉不肖蓄聚斂好惡拂人性而能平天下者故節節有次第節節有工夫然皆必自修身始欲修其身者必自格物始物格而身不修者有矣未有不格物而能修身者也格物者知本也修身者立本也知本智也立本仁也仁智合者勇也此合物與修身始終之條理也然則格物如何在家而家在國而國在天下而天下無巨細無精麤將有行將有爲凡有行凡有爲或行而不得或行而不通一一反己省己責己舍己不敢一毫求人責人然後可以求人責人孟子曰萬物皆備於我矣又曰行有不得者皆反求諸己又曰仁者如射反求諸己而已矣是謂格物能知此義然後宇宙在手萬化生身

格物修己解

○夫子述而不作弟子不敢著書夫子沒七十子喪

去聖日遠漸生隱怪子思子憂其失傳始作大學中庸至孟軻氏而異端大起爭喙者多始作孟子三子皆不得已而著書吾道既明無書可著孟子解○孟子一書首尾照應後先互發凡有注解添足畫蛇同上○孟子闢楊墨一言而有餘闢告子屢言而不足告子之害甚於楊墨至後代始大告子解○孟子論三王五伯諸侯大夫則五霸爲二等論堯舜湯武五伯則五伯爲三等性之上反次之假又次之假或成真惡知非有舉戰國諸侯而無之是孟子之所思也五伯解下同○夫子論小人中庸擬於時中君子也孟子論五伯假之擬於性之反之之聖人也果如註解是擬人不於其倫矣○伯者慕道而讓道於道無損異端賊道而當道誣民已甚故鄉原楊墨告子聖賢皆闢之不遺餘力獨於五伯雖小之不勝其大之雖斥之不勝其與之斥以正志與以明伐吾儒之道得王而大得伯而貴○博學詳說與博文同將以說約與約禮異說約者要約之約求會通也約禮者約束之謂能不畔而已博學詳說則禮在其中約禮與人規矩說約在人解悟說約說○好樂與百姓同好貨好色與百姓同即老吾老以及人之老幼吾幼以及人之幼皆不忍人之政也或謂孟子姑以引君乃自卑以求行其言乎外欲無理外情無性性理不明往往

如此好貨好色解○仁人心也本心也不可放也始焉不受嘑蹴之食此之謂本心繼焉而受無禮義之萬鍾此之謂失其本心失其本心者放心也由不爲而達之於其所爲此之謂由乎義路由乎義路者求放心也心學之說謂之求心則可謂之求放心則不可李延平曰仁人心也孟子不是以心名仁羅文莊曰延平之見卓矣二子可謂有功於孟子求放心解○仁義忠信樂善不倦此天爵也既飽以德飽乎仁義所以不願人之膏粱文繡也立大也陸氏以立大爲立心其流之禍於今爲烈彼不仁不義假仁假義小仁小義孰非立心皆可以爲大乎否立大解○大行不加舜禹有天下而不與者也窮居不損顏子簞瓢不改其樂者也程子曰泰山高矣泰山頂上已不屬泰山堯舜事業只是一點浮雲過目非程子不能及此近代陳氏始發其義楊朱二解胥失之矣大行不加解○由仁義行仁者安仁堯舜性之也居仁由義知者利仁湯武反之也性之者不可見得見反之者可矣獨復者不可見得見頻復者可矣孟子曰有意而不至者有矣未有無意而能至者也善夫楊雄氏之記之也性反解○太上忘實忘名其次篤實晦名其次力實生名生名者賢晦名者聖忘名者天夷齊讓國國與名而俱存燕噲讓國國與名而俱喪燕噲非

好名者也若出於好名必擇其可讓者讓之不至有子之之亂固亦名教之所與矣好名之人能讓千乘之國貴名也好名解○以性之欲爲性不知天命之性是世俗之所謂性也以氣質已定之命爲命不知受中以生之命是世俗所謂命也在世俗則可在君子則不可君子者反本窮原盡性至命者也故言性曰善言命曰天去此取彼不謂性命解○惟天生民有欲欲不必無亦不能無爲無欲之說者惑也聖人中焉賢者寡焉寡者擇其中之謂也至於中則一欲不棄一欲不留欲我當欲與人同欲是謂中和位育之道寡欲解○經者學之具也學以明道而易具矣學以理性情化天下而詩具矣學以爲帝者師爲王者佐而書具矣學以修身齊家措之天下而禮具矣學以驗天應人明微維分而春秋具矣其理相通其義各別樂無經非失也有詩在也樂章存而器數猶可考也經解下並同○經聖經也惟聖解聖維經解經羲之畫文之象周公爻辭孔子十翼是也惟賢知聖惟賢知經子思之大學中庸孟子之七篇程伯子之語錄凡所引是也解字者得少而失亦少解意者得不償失今之章句大全是也擬經者勞且僭而無益於發明太元元經是也誣經者淫妖怪誕侮聖逆天已易傳習錄是也○解經以傳不如解經以經合而解

則明析而解則晦故經有一事而前後互發者有一義而彼此互見者盡去其傳注而身體之口擬之不得則姑置之而從他處求之諷詠千過悅然觸類矣○無聖人之志不可解經讀世俗之書不可解經韓子曰非三代兩漢之書不敢觀非聖人之志不敢存可爲讀經之法兩漢近三代若董仲舒楊雄劉向鄭元徐幹皆其傑然者其緒論往往可采也○夫子有言行在孝經非世所傳孝經也考儀禮凡禮有經有記有傳有義今按小戴內則前一段當爲孝經曲禮雜儀當爲記大戴本孝以下四篇與世所傳唐明皇御製序者當爲傳義合之而後孝經可考（孝經解下同）○內則自后王命冢宰至賜而後與之文字宏密精深與十翼相類旣自別於儀禮又自別於六經所以爲夫子之孝經○六經維易無恙漢唐千家傳註多有可攷不得其解當一以經文爲據（易解下同）○解經之法以經不以傳宜合不宜拆凡經皆然而易尤甚今之讀易者未解繫辭先解爻彖未辨枝葉先認根苗是孔子誣周文而周文又誣伏羲氏也此拆之尤舛而自以其傳代經也○易之象辭彖傳爻辭爻傳不妨合爲一卦惟大象當自爲一傳文言又當自爲一傳大象者學易用易也文言豈惟乾坤二卦有之上經八卦九爻下經八卦九爻散在繫辭者皆是也

合之共爲一傳不特文言爲全書而上下繫亦自朗然○易有文錯者如雲行雨施當在時乘六龍之下是也有文不錯而句讀錯者如後得主爲主利是也有字不錯而反以爲錯者蓋言順也當作愼是也○天地日月寒暑晝夜水火男女乾坤之可見者也極而推之凡超形氣者皆乾凡涉形氣者皆坤凡善皆乾凡不善皆坤凡中皆乾凡過不及皆坤乾之亢與无首處卽坤坤之順且正處卽乾易逆坤順乾之書是故逆數 乾坤解 ○易有用之用有不用之用乾元用九與河圖虛中大衍除一意同蓋一三五七九皆乾二四六八十皆坤乾不用一用九用九所以見一也一者天則也五以上始數皆乾六以下終數皆坤天一始水地六終之地二始火天七終之天三始木地八終之地四始金天九終之天五始土地十終之坤用六以大終也大者乾也乾之用處卽坤坤之不用處卽乾用九以奇偶數分乾坤用六以始終數分乾坤故謂之易 九六解 ○初卽下不曰下而曰初舉初以見終也上卽終不曰終而曰上舉上以見下也初以明本末上以別尊卑亦九六之義 初上解 ○乾元資始始我者生我者也坤元資生生我者殺我者也貪生爲凡民甚則夷狄禽獸知始者爲君子合德則聖且神 始生解 ○帝王之治本於道是也而道何本哉

曰本於身可也曰本於中亦可也而解者曰心謂桀紂非心乎帝王之道在執中而身之中以立本而身以表則故曰允執其中曰愼厥身修互見也以心爲中心難中也以心爲身民何則矣開卷之錯不可不愼書解下並同○堯舜皆聖也堯會生知之全舜開學知之始故論道則稱堯舜論學則斷自舜而不及堯顏淵曰舜何人也予何人也孟子曰舜人也我亦人也後有作者文王似堯孔子似舜顏曾思孟皆舜之徒也○詩始二南樂淑女而歸百兩坤道也終雅頌純不顯而躋聖敬乾道也詩解下並同○關雎秉彝好德休休一个臣也地道也臣道也妻道也德在此福亦在此所以爲后妃之德所以爲南風之始所以爲中聲之寄君子得之解慍小人得之阜財人而不爲二南故猶面牆○豳風豳雅豳頌是周家一代元氣宇宙間萬古元氣貴者王忽者亡惟影響○詩贊文王不顯與天載同贊其德也史稱西伯陰行善天下諸侯來朝稱其時也具於穆不已之德又當儉德避難之時所以愈不顯又所以愈不顯與大舜元德同○古之學者學禮而已矣古之觀人者觀禮而已矣三千三百無一非仁故典曰天序禮曰天秩動作威儀之則曰天地之中禮解下並同○恂慄威儀鳶飛魚躍○儀禮中有記有傳有義大小戴記中有經次

其序比其數禮之大略可以槪睹詳具禮編○春秋尊夏尊王尊天尊道扶天綱立地紀所以託天子之權行天子之事春秋解下並同○春秋責己謹嚴待人平恕○左傳中載冀缺劉子二段是三代以前聖人相傳格言失其姓氏如曲禮序首引毋不敬數語非臯契伊周之徒不能道也○養心莫善於誠書之作德日休也聖人教人性非所先魯論之性與天道不可得聞也儒者非之正坐此誤諸子解下並同○表章大學自韓退之始表章中庸自徐偉長始合大學中庸爲子思經緯之書自賈逵始○闢佛老尊孟氏千百年惟一韓子其功在吾道爲漢唐儒者一人○鄭康成朱元晦皆聖門游夏之列而特起百代之後事難而功多鄭師馬青出於藍朱去程門未遠源流各別○孟子之後一人非正叔不能至此然正叔所造竟讓其兄夫然後見獨智之難也張子厚醇正不減正叔而才次之然均之可以弗畔周邵則自爲一家過則陸甚則楊吾不欲論之矣朱子能解正叔而間雜乎周邵其去明道則已遠不可不辨○楊子雲美新論劉靜修渡江賦爲千古不白之疑或曰遜言或曰僞作或曰以秦美新而甚之也渡江時不能違也要之違心焉耳矣詳其語氣大段二子故難語僞雖然凡售僞未有不假眞者僞乎僞乎吾以二子之生

平信之也國朝正儒莫如薛文清高儒莫如陳白沙功儒莫如羅文莊使三子者不生考亭之後得遊明道之門俱未可量

論學書

伏讀抄中解格物有曰通天地萬物而我爲主推此義也可以知本可以格物矣贈友人曰自求見本體之說與而忠信篤敬之功緩遂令正學名實混淆而弄精魂者藉爲口實又曰今人好高只不安分爲斯言也雖聖賢復起不可易矣乃其要歸在明心體其語心體曰此心自善安得有欲而於程子善惡皆天理與惡亦不可不謂之性二言反疑其僞此混心與性而一之蓋近代好高者之言而尊信心學之過也竊嘗讀大易至咸艮二卦而見聖人諱言心讀魯論至子貢贊夫子而見聖人罕言性命惟書有之人心惟危言心也既曰危安得盡善道心惟微言性也既曰微安得無惡故曰操則存舍則亡出入無時莫知其鄉則危之至也曰性相近也曰人之所以異於禽獸者幾希近且幾希則微之至性猶未易言善況心乎然此心性之說也而未及道也心性不可言道可言乎道與心性至孟子言始詳爲告子也今之天下不獨一告子矣惜乎世無孟子也然不可不爲足下一言之蓋聞之言學者惟道道陰陽而已矣言道者惟天天道

陰陽而已矣陽主始陰主生陽多善陰多惡天且不違人猶有憾孰謂善惡非天理乎陽必一陰必二一則純二則雜氤氳蕩焉人物生焉孰謂惡不可謂性乎然則易言繼善孟子言性善者何也其本然也有始而後有生有一而後有二此書所謂維皇降衷程子所謂人生而靜以上不容說者也既始矣焉得不生有一矣焉能無二此書所謂惟天生民有欲程子所謂纔說性便已不是性者也然則學何爲爲善也陽統陰陰助陽則內陽而外陰也故中故善陰敵陽陽陷陰則內陰而外陽也故偏故惡此書所貴精一執中程子譬之水有清濁而人當澄治者也然則惡在其能善也天地間一切覆載而必有以處之以人治人以華治夷以賢治不肖以大賢治小賢天於是爲至教君子一身萬物咸備而必有以處之以己及人以親及疎以貴及賤以多及寡以先知覺後知以大知覺小知以有知覺無知人於是爲法天此書所謂天生聰明時乂程子所謂天理中物有美惡但當察之不可流於一物者也是故惡亦性也是有生之性是才說性之性性之所必有也雖物而無異性必善也是天命之性是不容說之性性之所自來也雖人而難知故孟子曰聲色臭味安佚性也惡可謂無惡也有命焉君子不謂性也烏得不性善也性所同也君

子所獨也學為君子謀不為衆人謀衆人待君子而盡性者也君子者天生之以盡人物之性參天地而立三才者也如何而可不知所自也是以不謂性也是以道性善也言性之精莫如孟子繼孟子者程子也吁亦微矣微故難言雖然性猶形而上者形而上者雖善猶微心則形而下矣形而下者敢槪之以善乎性具於心而心不皆盡性性達諸天而人不能全天天人合心性一必也大聖人乎故曰堯舜性之也其次致曲必反而復故曰湯武反之也復必自身始故又曰湯武身之也又曰不遠之復以修身也性之者不可得矣得見復焉者可矣復焉者不可得矣得見頻復者可矣位祿壽昌孰不榮羨食色利名孰非斧斤斷之不能中焉不易適而好忘動而多悔倏忽晦明毫毛人鬼夫是之謂心明是之謂明其心體答孟吏部叔龍書

○元舊有心身性命解大約謂性一天也無不善心則有善不善至於身則去禽獸無幾矣故自性而心而身所以賢聖自身而心而性所以凡愚是故上智順性其次反身故曰堯舜性之也湯武身之也身之者反之也故又曰湯武反之也反身而誠所以復性夫學為中人而設非為上智而設也學修身而已矣然則心居性與身之間顧不可學歟曰性可順心不可順以其附乎身也身可反心不可反以

其通乎性也性乾而身坤性陽而身陰性形上而身形下獨心居其間好則乾陽怒則坤陰忽然而見形上忽然而墮形下順之不可反之不可如之何可學也危哉心乎判吉凶別人鬼雖大聖猶必防乎其防而敢言心學乎心學者以心爲學也以心爲學是以心爲性也心能具性而不能使心卽性也是故求放心則是求心則非求心則非求於心則是我之所病乎心學者爲其求心也知求心與求於心與求放心之辨則知心學矣夫心學者以心爲學也彼其言曰學也者所以學此心也求也者所以求此心也心果待求必非與我同類心果可學則以禮制心以仁存心之言無乃爲心障歟彼其原始於陸氏誤解仁人心也一語而陸氏之誤則從釋氏本心之誤也足下謂新學誤在知行合一諸解非也諸解之誤皆緣心學之誤會其全書則自見耳然則大學言正心孟子言存心何也曰此向所謂求放心也正心在誠意存心在養性此向所謂求於心也心之正不正存不存從何用力修之身行之事然後爲實踐處而可以竭吾才者也嗚呼此子思格物必以修身爲本孟子立命歸於修身以俟程子謂鳶飛魚躍與必有事焉而勿正心意同寥寥千載得聖人之傳者三子也答顧叔時季時昆仲

○叔時來教曰墨氏談仁而害仁仁無罪

也楊氏談義而害義義無罪也新學談心而害心心無罪也此說似明不知誤正在此也仁義與陰陽合德離之則兩傷然非仁義之罪也至於心焉得無罪人心惟危莫知其鄉此是舜孔名心斷案足下殆未之思耳 附

○程子表章大學有功聖門固矣然格物解誤則是書雖存反增一障可省也亦可無也程子雖以窮理爲解而其心不安是以其說屢變而往往有得之言外故雖可以觀其至而大義隱矣自我明高皇帝諭侍臣謂大學要在修身而古本以修身釋格致然後直接數千載不傳之緒自是儒臣如蔡虛齋林次崖蔣道林羅文恭王布衣及先師呂先生往往能通其義然徒曰解之云爾其學教人之旨不存焉就中破的者無如布衣然不免爲新學所陷觀其以心齋自號自命又烏在其以修身爲本也總之張子厚所謂釋氏以心法起滅天地不免疑冰者無怪其相率而陷於新學也近讀孫淮海講章亦既明乎其解視諸家較備矣乃其緊要歸明心體是本其所本而非大學之本也是解一人而學又一人也嗟夫新學橫正傳息不肖之身又岌岌乎不敢當也當此之時乃有先生者不由師授不由注解默契遺旨先得所同旣揭止修又標性善其於學問源流昭昭乎黑白分而新學不能混矣而元猶以爲先生設科太廣門

徒太感自反自修之實尚寡立人達人之意過多未免以憧憧感人猶難語知止而定也易以咸言感貴其無心以艮言止惟止諸身知止在身則身以內身以外皆無汲汲焉可也彼謂明明德在親民者以其昏昏使人昭昭既以末而爲本謂成己成物並切者方芸己田遽芸人田又未免於本末雜施均之不知本焉耳矣世未有不知本而能誠其意者也天之未喪斯文也既賦先生以明學之獨智而今又置之於孑孑獨處之居納之於夭壽不貳之地刊其華剉其銳使之反初觀復深根固本殆夫子所謂尺蠖屈龍蛇蟄藏身安身將駸駸於德感化神歟不然何其遇之窮至此也

答李中丞見羅書

○大教謂格致誠正總是修身工夫有一無二是也但先生之意猶指格物謂凡物之物而鄙意則指爲身與家國天下之物也雖凡物之物不出身與家國天下而大學所指則專以身對家國天下分本末而凡物不暇言也故曰物有本末又曰其本亂而末治者否矣格此之謂格物知此之謂知止先生所謂萬物皆備一物當幾者是已所謂知修身爲本卽知本卽知止卽知所先後是已而止修揭之說猶二也格致義中所謂物者又不覺其愈遠也蓋知知本之卽知止而不知知本知止之卽物格知至也羅布衣反己之說大與鄙見合而於

先生有功獨其指物亦爲舊說所纏不知本文明甚先生姑就其是者推之可得也嗟夫反己至矣孟子曰行有不得者皆反求諸己必如大舜號泣旻天負罪引慝而後可言夫反己者天必祐之況於人乎況於鬼神乎又答書○維卿之且別也囑曰共致一柬足下其自名以友弟稱無不可曰我與若皆長也亦有說乎曰有長幼有序列在大倫今世不論少長稱人者概兄自稱者概弟此在泛交則可在吾黨則不可尋常口號或無妨隨俗載之書禮則非所爲訓也敝鄉會友此風猶在惟少者得以自弟而長者不得也惟長者曰兄曰某字或曰某字兄即長至二十以上亦止於稱某字先生不及少也至於長者稱少曰某字曰足下或曰賢弟其自署以名或曰僕而已矣其往來柬上則無少長皆得稱友生維卿曰子言是也與顧叔時季時○吾輩在家在鄉在國無往無分分之難盡久矣不求盡我分內而反求多於分外此會講之風所以盛於今日也夫分內之與分外誠僞判然矣舉世去此就彼者何不知本也未有不知本而能誠者未有不誠而能動者然則會講何益於人徒賊誠損己耳答原易○禮有以多爲貴者祀聖尊賢敬老恤孤之類是也禮有以少爲貴者律要逢迎酒席濫觴貨賂公行之類是也禮有舉之莫敢廢者或因

土俗所宜如入鄉問俗是也禮有不近人情而實爲禮之至者如舉國之人皆若狂而夫子以爲一日之澤是也凡此處皆有天則不容以意而輕上下之故凡爲上官者御其所屬有必跪有必揖有必拜有必留茶有必留飯皆禮所生也在賢者固當破格優之卽庸衆者亦不宜有意裁之天下賢者少庸衆者多若待賢者出於例之外待庸衆者不及於例之內不惟庸衆者恚怒愧阻而賢者亦且懼不敢當恐養畜人材之方不如此矣故爲國者必以禮學道者必愛人未有不愛人而能化人者未有不以禮而能愛人者書曰爾無忿疾於頑無求備於一夫少有忿疾求備之心則愛人之心充拓不去矣夫忿世之與憂世忿不能之與矜不能其用心廣狹規模大小何如也願兄之念之也

與維卿書

○先是拜湖北名賢傳之賜時知門下獨契蔣先生道林也蔣先生與先師呂巾石先生幷爲湛門高弟又曾於羅文恭集卽得見所解格物說而喜之及讀門下所爲傳又其行誼純明如此則蔣先生在楚中學者當爲國朝一人又以見湛門諸君子雖其風動不及姚江而篤行過之是亦可以觀二先生然元之置不復論者久矣夫學誠而已矣其分數不同而明亦因之孟氏而後明道誠且明矣伊川橫渠次之朱子又次之江門別傳蓋出濂溪

堯夫之派然無愧於誠者也與其明不足也寧誠則薛文清胡敬齋羅文莊其修朱子之業而有功近代者乎自新學興而學始難言此元之所以有戒也答郭夢菊大參書

○物有本末而身其本也致知而不以修身爲本此致知所以遺格物其去大學遠矣身在是而位亦在是凡思而出位者不素位而願外不正己而求人皆邪思也其以求止遠矣孟子曰行有不得者皆反求諸己又曰殀壽不貳修身以俟之皆思不出位之說皆止之說也不獲其身不見其人未易言也能慮能得氣象故緩理會且自顧知止入定何如耳由反己而修己由修己而忘己則庶幾哉答錢侍御

○足下志遠而興高識端而守介然默守此充其未至何患不及前賢而猶皇皇於會講一節何異走日中而避暑也子曰爲仁由己孟子曰仁者如射李先生常憂學不傳元但憂無可傳者耳與徐客部懋和

○往元初至吉州時曾見廬陵鄉先生張公諱子宏者論吉州人物謂聞之故老兒童公論似求人當於貧中若三羅是已三羅者皆及第也而能貧此言庶幾近之後因登匡山有詩云王匡既仙去遺跡山之阿豈無一代雄千秋名如何貧人貧不死富者空金多吉州今代盛人物在三羅鄙意謂禮失而求諸野張先生之言或有據也乃彼時諸公見此詩多不

滿姑以俟百世可也足下謂必於學中尋人殆未可草草吾道自有正氣世間自有真人足下平心而徐察之自見不當以區區一偏之言爲左券也足下喜釋釋自不妨儒各自成家正不必混而相借耳白沙有言儒與釋不同其無累一也足下蓋有志於是矣而必尋人於講學不但無益於儒恐并其釋者而失之況此邦九邑講學大半就其講者士風如足下所云亦可概覩復可使之轉令感乎必以講學尋人與必以不講學尋人均之有意雖然世必有不講而學不言而信者雖未之見不敢誣天下盡無人也答汪吉州

○大抵一體與過化實未易言近世儒者動稱一體而侈慕過化此不可以欺人止欺己耳楊子雲有言君子忠人況己乎小人欺己況人乎爲今之學未有不欺己者其原生於以本體求道而陋聞見拙踐修耳李卓吾道人名震湖澤之上頗聞其旨主不欺志在救時可爲獨造獨其人似過於方外寡淵默之思露剛狹之象未言化俗先礙保身門下當善成之幸勿益其僻也夫儒與釋不同而吾儒之中庸與釋家之平等一也不審道人亦有味其言否耶道人因焦太史與門下之雅謬意不肖乃不肖亦何敢無以報道人惟轉致爲幸蓋因道人既以自省又恐其反與於今世談學之弊之甚則關係不細耳答劉方伯

○

邇來士大夫上於速化之術一以彌縫世情諂上諛下爲通才爲遠器無論道理何如卽本來稟受偏氣亦消磨殆盡猶然世共賢之而彼亦若自以爲得計者士風至此可爲太息夫理天而氣人然氣亦所以輔理自大賢以下氣不能無偏氣存而理猶有存者故理失而求之氣可也并其氣而喪之且侈然附於非禮之禮如世道何答余司理

端潔楊止菴先生時喬

楊時喬字宜遷號止菴廣信上饒人生時父夢至一夾室有像設揖之像設舉手答曰當以某月日降於公家如期而先生生他日過學宮見夾室一像甚類夢中則易主所遷之故像也登嘉靖乙丑進士第歷禮部主事員外尙寶司丞南尙寶司卿應天府丞右通政太僕寺卿南太常寺卿通政使萬曆癸卯陞吏部右侍郎尋轉左署部事乙巳大計京朝官先生清執不徇奸相給事錢夢皐御史張似渠皆四明注意之私人察疏上四明以兩人之故幷同察者特旨俱留用且切責部院先生累疏求去己酉三月卒官贈尙書諡端潔先生學於呂巾石其大旨以天理爲天下所公共虛靈知覺是一己所獨得故必推極其虛靈覺識之知以貫徹無間於天下公共之物斯爲儒

者之學若單守其虛靈知覺而不窮夫天下公共之理則入於佛氏窠臼矣其與羅整菴之言心性無以異也夫天之生人除虛靈知覺之外更無別物虛靈知覺之自然恰好處便是天理以其己所自有無待假借謂之獨得可也以其人所同具更無差別謂之公共可也乃一以爲公共一以爲獨得析之爲二以待其粘合恐終不能粘合也自其心之主宰則爲理一大德敦化也自其主宰流行於事物之間則爲分殊小德川流也今以理在天地萬物者謂之理一將自心之主宰以其不離形氣謂之分殊無乃反言之乎佛氏唯視理在天地萬物故一切置之度外早知吾心卽理則自不至爲無星之秤無界之尺矣先生欲辨儒釋而視理與佛氏同徒以聞見訓詁與之爭勝豈可得乎陽明於虛靈知覺中辨出天理此正儒釋界限而以禪宗歸之不幾爲佛氏所笑乎陽明固未嘗不窮理第其窮在源頭不向支流摸索耳至於斂目反觀血氣凝聚此是先生以意測之與陽明無與也

文集

聖門以盡性爲教而辨性近習遠上智下愚不移之異其能盡者民受天地之中以生繼善成性理之一也其不能移者智愚上下之間

氣質稟賦不齊形生知發善惡萬類分之殊也是故善反其殊以復乎初繫於習馴而習之則變變而不已則化氣質變化乃人欲消息久之無欲而一斯靜虛動直而天命之性全盡乃今之爲道者祖真覺是性見解爲病禪詮曰析自謂至精至妙藉言致知而文以窮理窮此盡性盡此至命至此儱侗之說高標之爲聖學的傳而冒當乎精一一貫聞者喜其簡徑競相崇尚附和遂置氣質於不復論況能進而求所由變化之功哉諦其行卒任氣質而墮於智慧自便私意自執猶亢然直命曰道呂巾石類稿序

○大學明德新民止於至善其綱格物致知誠意正心修身齊家治國平天下其目繹言之物卽中庸爲物不貳體物不遺之物天下公共之理人所同有者格者貫徹至極無間之謂惟其爲公共同有故格之卽格知爲人虛靈覺識之知一己所獨得人人所同然者致者推究至極不遺之謂惟其一己獨得故致之卽至故曰致知在格物在者明知物之一致格之功相貫亦一也惟其能推極其虛靈覺識之知至於貫徹無間於天下公共之物故曰物格而后知至而后者明心物之一格至之驗相因亦一也惟其知至乃知起於意而后誠意發於心而后正心主乎身而后修則在己者身處乎家者而后齊家近乎國者而后治國盡乎

天下者而后平則在人者此爲舉綱率目由己及人操約該博謂之一貫如物未格知未至乃其資性明敏踐履篤實凡日用所由恆在乎物之中未必知能及亦可謂與知自此以其所知意亦誠心亦正身亦修家亦齊國亦治天下亦平究竟其極如孟子伯夷聖之清柳下惠聖之和特不若時中之大成故曰道體則一人體道則二及其歸則一也近有絕不聞道祇得禪宗指人心血氣虛處爲善靈處爲知識合名善知識以善易良知識易知合名以孟子良知卽不以虛靈中識覺推極貫徹乎物祇斂目反觀血氣凝聚靈處生照卽識覺卽見地卽徹悟卽知至虛中一無所有靈中知識一無所用凡生知學知默識聞知見知一無所爲又見格物二語爲大學首言不可置乃以格去物欲卽物格全此虛靈卽知至凡中庸爲物不貳生物不測體物不遺物之終始不誠無物皆不相蒙悉以外物名之不俟工夫階級謂萬物盡屏心知炯然既得一萬事畢意自誠心自正身自修家自齊國自治天下自平揆其實乃率意卽誠任心卽正從身卽修家國天下由我操縱卽齊治平卽不齊治平亦不必問於虛靈中爲物欲潛滋暗長恣肆妄行皆直任爲道不必潛修禁止一禁止卽遏抑遏抑卽外求以此立門戶聚朋徒標之不過二語曰心知卽道

口講卽學止矣大學定本古本石經三序○易言窮理分析乎理之謂大學致心之知者在格萬物萬理本於一物一理者意相同故舉以爲釋未嘗謂隨萬物而一一窮之今觀傳注未有此語新學惟取人心血氣中虛靈知覺者爲立大爲養端倪爲體認天理黠者又取善知識之說合取大學致知孟子良知二語爲言其功卽反目攝神至心卽知至亦卽物格不必別言致言格乃以大學言格物不可背不得已或指爲格欲爲正事爲至物格知物有本末之物或以明知意心身家國天下之物或以格不生不滅之物又以先王禮樂名物典章法度爲非作聖之功增雜霸藩籬訓詁記誦聞見皆致格中事一切指以爲名爲博爲侈靡而文致之支吾籠罩轉換儱侗難以測識自來不師先王非孔子一見於秦再見於今大學四體文集註序

○道原於天命之謂性性則與形俱形形而有上下形者氣質之謂上者道之謂一理是也以其不可見故謂之上惟上故難知下者器之謂日用萬殊是也卽一理之所散著也以其可見故謂之下惟下故易由合上下言皆心之德故曰道亦器器亦道是故生知者氣質精粹天性湛然默識此道謂之上智中人以上氣質美者於性明可以語上以上使之卽知之中人以下氣質次者於性蔽不可以語上

以下使之卽由之以上下言知者道由者器以道亦器器亦道言則知者固道由者亦道知由之中有學有困而學則蔽徹明開幾駸語上是卽下學而上達者惟終身由不學故不知民斯下之下之將所由者盡悖而去焉民斯愚之故曰惟上知與下愚不移至下愚而其初命於天者仍在所謂不以聖豐不以愚嗇故曰性相近習相遠斯爲孔門立教之法周衰世教微儒行壞迨漢武表章六經儒行以顯唐宋閒嘗有嗣興顧崇信不純權術虛無雜用而虛無特著凡事佛老者爲虛無事孔子者爲儒若鼎立者然未始混淆強同亦首孔子次佛老未始凌駕獨宗師孔子者自稱吾儒宗佛老者自稱吾元吾釋未始援假遮飾爲名斯皆昭然易見者數千年來忽有爲心學者於佛氏嘗卽心而見其血氣凝定虛靈生慧洞徹無際者名之曰善知識自稱上乘遂據之爲孔門所語上而蔑視下學之教爲外求又得孟子良知兩字偶同遂立爲語柄以論學終日言之不外乎人各有知知本自良數言又以心卽理而不交於事物專在於腔子之內一斂耳目聚精神於此卽謂之致一涉於理交於事物謂屬於見聞而非本來之良卽謂之不知致知者今以佛氏之說混淆強同又凌駕獨高援假遮飾以爲名其實非孔門所謂知非孔門所謂知則自

謂有知而實不可語知也乃其立教亦欲人自謂有知不必窮經讀書問學假聞見以遮迷其良則是舉世皆上達而無下學民皆可使知而無復有使由者是爲陽宗孔子實與之悖而陰用佛老襲以權術實與之一矣且孔門未嘗以知爲道以知爲道惟佛氏觀孔子曰知之曰知道知德知止知天孟子曰知愛知敬凡言知卽指心凡言道言德言止言天言愛敬卽指理是故知者知此道道卽理孟子曰覺後儒曰悟亦覺悟此道析言之知卽大學之謂致知覺悟者豁然貫通卽大學之謂物格合言之知覺悟乃明此道而相因之名其實一也故曰孔門未嘗以知爲道乃佛氏卽心而見其血氣凝定虛靈生慧洞徹無際者析言之虛靈之謂知生慧之謂覺洞徹無際之謂悟合言之知覺悟者乃斂耳目聚精神間所見腔子內一段瑩然光景之名其實亦一也觀其以是卽理而不交於事物故曰以知爲道惟佛氏孟子曰告子未嘗知義以其外之竊亦曰今之學者未嘗知道以其外之況孟子言良者自然之謂以其不待思慮而自然知愛敬仁義之道也佛氏言善者神通自在不可思議無上至妙之謂也今不以良爲自然而以爲神通又獨挈良知遺良能則外行夫知既與孔孟言良者異又外行則行亦異知行並異是別爲一端則又不

肯以別爲一端自居而曰知行合一凡物惟二乃合今以本一者而曰合是欲一之而反二之也又諱言佛嘗闢乎佛闢之惟以其外人倫不耕食自私自利爲言此在釋氏誠爲外跡與其在人倫者小異而其所論道者大同今獨據其大同而故闢其小異安可因其小而信其大哉卽佛者聞之亦惟以其呵祖罵佛故智反不之校耳顧此猶前時爲然今則不惟不諱不闢且直以佛氏之說爲孔子之說又以佛在孔子之上倡言自恣棄行不顧其人在孔門必揮而斥之乃其傳聞者不察其真遂以爲真聖學說者列而進之與先儒並令天下後世謂當世理學其人若此深可懼也孔子像碑

◯心性者儒佛老皆言之先生首以思孟宋儒周程張邵所闡明詳發之其大旨以虛靈知覺之謂心者主於形而囿於形我所有也天命之性者太極一本萬物一原敬軒薛子謂天下公共之理汪子謂天也理也天下之公共者是也氣質之性者二氣五行剛柔萬殊汪子謂牿於形體乃有我之私者是也性具於心心生乎形形之謂氣質而亦謂之性者謂其有則俱有非二言之惟變化其有我之私至公而無我天性復初氣質不累乃性曰天性而不復以氣質並言也此謂之儒宗佛自達摩單傳直指人心見性成佛此卽禪宗似儒非儒故闡之曰佛

家從頭都不識則不識性所從出之天卽謂之命曰只認知覺便做性則不識心所具之理卽謂之性佛氏以心無理又無蔽不得不以理爲障障一去而方寸中空空蕩蕩若無星之秤無界之尺事至不能揆不得不以事爲障以理爲障故不言窮理以事爲障故不言敬事而惟此虛靈知覺在腔子內者炯然灑然無念無著其工夫則止觀空悟爲一一悟便是卽爲了當自此隨意見所起不分真妄皆本來面目執爲欛柄直竪而往操縱作用無不自由上天下地惟我獨貴矣先生以孔門下學而上達爲教人成法而曰涵養須用敬進學則在致知者申之曰主敬以立其本窮理以致其知本立而知益明知進而本益固自此辨明教立學者所得明也近歲有嘗讀其書既因養生契禪悅見此心知覺之妙遂自稱悟揭之爲艮曰道在此不在行六經不在載籍妙道自己而發先聖先儒弗及傳註皆差因取精一博約一貫忠恕格致克復中和盡心知性知天諸訓一認爲己所有欲以易天下見其惟傳註是從不詆之則己說不伸乃詆所闡教法爲末務主敬爲綴格物窮理爲支離爲義外爲俗學鄙傳註爲訓詁章句非讀書爲遠人爲道於是併經書原文各據胸臆立解不宗本旨其漸不至於背經棄傳絕蔑聖言不止薛子曰程朱大有功

於萬世又曰後人於朱子之書不能遍觀盡識或輒逞己見妄有疵議或勦拾成說寓以新名衒新奇而掠著述之功多見其不知量也朱晦翁碑

○來教以天命之性爲虛靈不昧譬則日月之貞明氣質因依假借迷復不常譬則浮雲之聚散雲聚而日月昏雲散而日月炳於日月貞明之體未始有所損益者竊以天氣地質具而後生人固聖愚賢不肖所同稟特其中有清濁純漓之異耳所貴學者澄濁求清去漓還純乃所謂變化之功爾孟子形色天性惟聖人踐形厥旨深矣苟以氣質爲浮雲則是謂其祇有濁漓而不謂其有清純然則生知安行之聖學知利行之賢其有外於天地氣質而生而人性上有二物矣抑別有一種氣質而非吾之所謂氣質者又不然是天命自天命氣質自氣質而道之形上形下截然可分爲二至於指天命之性爲性靈不昧此近世諸儒同以爲然似同於佛氏昭昭靈靈見上乘之說與聖門所指性與天道中庸以來性命皆殊塗異能非愚生所知與呂巾石

○今學者只以講便爲學以學便爲道以道便爲心故曰心學今言格物者以心即知以知即物一斂視却聽便爲心正心正便爲知致知致便爲物格物格便爲道爲學其詞儱侗不分空寂難辨遂使聖門曰心曰道曰學曰正心致知格物揑爲一團

其流之弊令人空寂枯槁祇成一個頑然之物謹覩來諭謂統會斯道者心以心體道斯善學矣又謂知非空知必有一事事卽是物知中有物物見於知雖有知物二字之名實爲一齊俱到之妙可謂辨析至精與舒繼峯

文定王順渠先生道

王道字純甫號順渠山東之武城人正德辛未進士選庶吉士山東盜起欲奉祖母避地江南疏改應天教授召爲吏部主事歷考功文選郎中大學士方獻夫薦其學行純正可任宮僚擢春坊左諭德引疾辭歸嘉靖十二年起南京祭酒明年回籍二十五年起南太常寺卿尋陞南戶部右侍郎改禮部掌國子監事又改吏部而卒贈禮部尚書謚文定先生所論理氣心性無不諦當又論人物之別皆不錮於先儒之成說其識見之高明可知但以孟子執情爲性不足以服諸子孟子指出惻隱羞惡辭讓是非是卽性也舍情何從見性情與性不可離猶理氣之合一也情者一氣之流行也流行而必惻隱羞惡辭讓是非之善無殘忍刻薄之夾帶是性也故易曰利貞者性情也先生言情之善原從性之善而來但情之善可還而性之善不可還不知情之還還於外物耳當其無物之時而發之何嘗不仍是惻

隱羞惡辭讓是非之心乎其不遷也明矣今必欲於四端之前求其不可知不容說者以爲性無乃復錮於成說乎先生初學於陽明陽明以心學語之故先生從事心體遠有端緒其後因衆說之淆亂遂疑而不信所疑者大端有二謂致知之說局於方寸學問思辨之功一切棄却夫陽明之所以致知者由學問思辨以致之其萬死一生皆學問思辨也先生既知心體之大而以事心者爲局心其亦自相矛盾乎謂良知是情之動於本然之體已落第二義夫陽明之所謂良知不曰未發之中乎以念頭起處辨其善惡者此在門弟子之失而以加之陽明不受也先生又從學甘泉其學亦非師門之旨今姑附於甘泉之下

順渠先生文錄

或問道曰一陰一陽之謂道理氣之別何居曰奚別之有哉盈天地間本一氣而已矣方其混淪而未判也名之曰太極迨夫醞釀既久升降始分動而發用者謂之陽靜而收斂者謂之陰流行往來而不已即謂之道因道之脈絡分明而不紊也則謂之理數者名雖不同本一氣而已矣（天道說）○理氣不雜不離之說非歟曰非也黑白相入曰雜彼己相判曰離二也氣之脈絡分明而不紊者曰理其爲物

不二也雜與離不可得而言矣同上○人物之生孰形之曰氣爲之形孰性之曰氣爲之性曰氣爲之性也理何居耶曰理卽氣也而以爲有二乎哉天地之氣一陰一陽而已陰陽之形而上者謂之道而人物受之以正其性陰陽之形而下者謂之器而人物分之以範其形道不離於器而性卽具於形本一氣而已矣豈外此更有所謂理而與氣爲偶者耶然則人物之別何如曰陰陽也者運而造化者也運則不齊不齊則通塞偏正生焉通而正者造人塞而偏者造物人性皆善而有知愚賢不肖之不同何也曰天地之氣絪緼停滀流行推盪大而一世之否泰小而一歲之災祥上而日月之薄蝕下而山川之崩竭皆生於運之不齊也況人於天地間以有涯之形囿有涯之氣而其資生資始之時或適感天地偏陰偏陽與夫陰陽之乖戾者則其既生之後通者有時而或塞正者有時而或偏偏有輕重塞有厚薄而知愚賢不肖之等分矣性說○自南宋崇尚道學之後其學未嘗不行於上也而卒不能取善治之效未嘗不傳於下也而卒不見成命世之才由今觀之想望慶曆嘉祐之盛韓范富歐之風邈乎不可覩矣況等而上之乎道學○性善之善不與惡對與惡對者情之善也孟子執情以爲性故雖竭力道性善終不足以服諸子之

口子由闢之是矣但欠源頭一句分明耳蓋情之善原從性之善而來但情之善可遷而性之善不可遷情之善有對而性之善無對今槪以爲無是無非是以惡爲亦出於性矣殊欠分曉性善之說○爲仁之本是仁之本也孟子以事親從兄爲仁義之實意正如此本者根也實亦根也孝弟爲仁之本○朱子論性千言萬語只是一意大抵謂人與物所稟之理一般但人之氣清能推而物之氣濁不能推耳敢以一言難之麟鳳龜龍謂之四靈其氣之清明視世之常人何如然常人於四端五典雖不能全而亦不至盡廢四物雖靈曷嘗見有彷佛於人者哉就此處觀之可見人與物之情合下不同矣故孟子闢告子以牛犬之性與人不同正於此處看得明白耳性學○聖人所示學問思辨之功皆是發明此心以恢復其廣大高明之本體所謂如切如磋也而世儒乃欲以此窮盡天下之理不知理者吾心之準則孟子所謂權度心爲甚者此也心體苟明則權度精切而天下之長短輕重應之而有餘矣豈待求之於外哉爲學○所謂物者指外物而言卽樂記感於物而動性之欲也所謂格者以扞禦爲義主溫公之說格物○孟子後千載無眞儒宋儒有是言余每讀之戚然姑就漢一代言之董賈兼文學政事之科蕭曹丙魏皆有政事之

才遠在季路冉有之上而丙又入德行而不優至於孔明則兼四科而有之矣黃叔度不言而化如愚之流輩也管幼安龍德而隱居於遼東一年成邑陳太邱荀令君郭有道徐孺子皆德行科人冉閔之次也其諸表表難以悉數三國人才尤盛至晉及唐代不乏人今一舉而空之曰無真儒嗚呼悠悠千載向誰晤語批林國輔講餘答問

○宋自慶曆以前英賢彙出當時治體風俗人才皆純龐渾厚於時程朱未生也亦曷嘗如長夜直待程朱出而後明哉○孟子曰聖人先得我心之同然者謂理也義也是義理皆在於心矣皆在於心而有二名體用之謂也今曰在物爲理處物爲義則是用由內出而體全在外具矣不知體既在外用何自出哉謂之義外之見也亦宜二條同上○天理平鋪於人情物理之間舜之所以爲聖不過明於庶物察於人倫而已所貴乎學問之功正要在日用應酬人物處觀其會通動中肯綮如庖丁解牛洞無凝滯然後爲德少有扞格齟齬即是學力未至便當反己研求務要推勘到底使在我者無毫髮之不盡而後委外之通塞於所遇焉答魏莊渠○陽明先生致知之說大略與孟子察識擴充四端之意相似而實不同孟子見得道理平實廣大如論愛牛便到制民常產論好色好勇好貨便到古公公劉文

武之事句句都是事實所以氣象寬裕意味深長陽明先生所見固存省之一法然便欲執此以盡蓋爲學工夫大易所謂學問辨中庸所謂學問思辨論語所謂博文約禮好古敏求學詩學禮一切棄却而曰爲學之道豈求之心而已是幾於執一而廢百矣答朱守中○若論道之本體天大無外心大亦無外天地之用皆我之用渾然一理何所分別吾心體會盡天下之理亦只是全復吾心之所固有而已故曰盡其心者知其性也知其性則知天矣知性知天却只在盡心焉得之則心體之大可想而知矣今乃欲以方寸之微念慮之動局而言之不幾於不知心乎不知心而能盡心不盡心而能知性知天而曰聖人之學吾未之信也同上

次陽明詠良知

若把良知當仲尼太清却被片雲迷良知止是情之動未動前頭尙屬疑○獨知還是有知時莫認獨知卽正知尋到無知無物處本來面目却爲誰○本來面目却爲誰絕四宣尼定自知學子欲尋絕四處不先格物更何爲○孟子良知卽四端乃情之發動處其以孩提言正赤子之心而程子以爲已發而未遠於中者也陽明指此以爲聖人之本體落第二義矣○格扞格之義禦之於外也物物交物之

物凡外物皆是也格物卽孔子所謂克己孟子所謂寡欲周子所謂無欲也格物以致知猶刮垢以磨光也物格知至則垢盡而明見矣

明儒學案卷四十二

明儒學案卷四十三

姚江黃棃洲先生著

豫章後學　夏　鼎　熊育鑫　熊繩祖　熊育鏞　徐兆瀾　周聯慶　熊榮祖　蕭兆柄　劉秉楨　李真實　重刊

諸儒學案上

諸儒學案者或無所師承得之於遺經者或朋友夾持之力不令放倒而又不可系之朋友之下者或當時有所興起而後之學者無待者俱列於此上卷則國初爲多宋人規範猶在中卷則皆驟聞陽明之學而駭之有此辨難愈足以發明陽明之學所謂他山之石可以攻玉也下卷多同時之人半歸忠義所以證明此學也否則爲僞而已

文正方正學先生孝孺

瓊山趙考古先生謙

學正曹月川先生端

督學黃南山先生潤玉

文毅羅一峯先生倫
文懿章楓山先生懋
郎中莊定山先生杲
侍郎張東白先生元禎
方伯陳克菴先生選
布衣陳剩夫先生真晟
方伯張古城先生吉
方伯周翠渠先生瑛
司成蔡虛齋先生清
太常潘南山先生府
參政羅東川先生僑

姚江黃棃洲先生著

豫章後學
夏鼎 熊育鑫
熊繩祖 熊育鏞
徐兆瀾 周聯慶
熊榮祖 蕭兆柄
劉秉楨 李真實 重刊

文正方正學先生孝孺

方孝孺字希直台之寧海人自幼精敏絕倫八歲而讀書十五而學文輒爲父友所稱二十游京師從學於太史宋濂濂以爲游吾門者多矣未有若方生者也濂返金華先生復從之先後凡六歲盡傳其學兩應召命授漢中教授蜀獻王聘爲世子師獻王甚賢之名其讀書之堂曰正學建文帝召爲翰林博士進侍讀學士帝有疑問不時宣召君臣之間同於師友金川失守先生斬衰哭不絕聲文皇召之不至使其門人廖鏞往先生曰汝讀幾年書還不識個是字於是繫獄時當世文章共推先生爲第一故姚廣孝嘗囑文皇曰孝孺必不降不可殺之殺之天下讀書種子絕矣文皇既慚德此舉欲令先生草詔以塞天下之人心先生以周公之說窮之文皇亦降志乞草先

生怒罵不已磔之聚寶門外年四十六坐死者凡八百四十七人崇禎末謚文正先生直以聖賢自任一切世俗之事皆不關懷朋友以文辭相問者必告之以道謂文不足爲也入道之路莫切於公私義利之辨念慮之興當靜以察之舍此不治是猶縱盜於家其餘無可爲力矣其言周子之主靜主於仁義中正則未有不靜非強制其本心如木石然而不能應物也故聖人未嘗不動謂聖功始於小學作幼儀二十首謂化民必自正家始作宗儀九篇謂王治尙德而緩刑作深慮論十篇謂道體事而無不在列雜誡以自警持守之嚴剛大之氣與紫陽眞相伯仲固爲有明之學祖也先生之學雖出自景濂氏然得之家庭者居多其父克勤嘗尋討鄉先達授受源委寢食爲之幾廢者也故景濂氏出入於二氏先生以叛道者莫過於二氏而釋氏尤甚不憚放言驅斥一時僧徒俱恨之庸人之論先生者有二以先生得君而無救於其亡夫分封太過七國之反漢高祖釀之成祖之天下高皇帝授之一成一敗成祖之智勇十倍吳王濞此不可以成敗而舉咎王室也況先生未嘗當國惠宗徒以經史見契耳又以先生激烈已甚致十族之酷夫成祖天性刻薄先生爲天下屬望不得其草則怨毒倒行何所不至不關先生之甚不甚也不觀先生

耳外其受禍如先生者寧皆己甚之所至乎此但可委之無妄之運數而蔡虛齋曰如遜志者蓋千載一人也天地幸生斯人而乃不終祐之使斯人得竟爲人世用天地果有知乎哉痛言及此使人直有追憾天地之心也乃知先正固自有定論也

雜誡

人孰爲重身爲重身孰爲大學爲大天命之全天爵之貴備乎心身不亦重乎不學則淪乎物學則可以守身可以治民可以立教學不亦大乎學者聖人所以助乎天也天設其倫非學莫能敦人有恆紀非學莫能序故賢者由學以明不賢者廢學以昏大匠成室材木盈前程度去取沛然不亂者繩墨素定也君子臨事而不眩制變而不擾者非學安能定其心哉學者君子之繩墨也治天下如一室發於心見於事出而不匱繁而不紊不學者其猶盲乎手揣足行物至而莫之應○治人之身不若治其心使人畏威不若使人畏義治身則畏威治心則畏義畏義者於不善不禁而不能爲畏威者禁之而不敢爲不敢與不能何啻陵谷○養身莫先於飲食養心莫要於禮樂人未嘗一日舍飲食何獨禮樂而棄之尊所賤卑所貴失莫甚焉○古之仕者及物今之仕者適己及物而仕樂也適己而棄民恥也與

其貴而恥孰若賤而樂故君子難仕○古之治具五政也教也禮也樂也刑罰也今亡其四而存其末欲治功之逮古其能乎哉不復古之道而望古之治猶陶瓦而望其成鼎也○三代之化民也周而神後世之禁民也嚴而拙不知其拙也而以古爲迂孰迂也哉○化於未萌之謂神止於未爲之謂明禁於已著之謂察亂而後制之謂瞽秦漢之治其瞽也與不師古而瞽之師孰謂之非瞽也○古禮之亡也人不知事親之道今喪禮朝夕奠之儀其事生之常禮乎孔子曰至於犬馬皆能有養不敬何以別乎噫行者鮮矣○爲子孫者欲其慤不欲其淳欲其循循然不欲其頷頷然循循者善之徒頷頷者惡之符○一年之勞爲數十年之利十年之勞爲數百年之利者君子爲之君子之爲利利人小人之爲利利己○待人而知者非自得也待物而貴者非至貴也○不怍於心合乎天足乎己及乎人而無容心焉惟君子哉○君子有四貴學貴要慮貴遠信貴篤行貴果○好義如飲食畏利如蛇虺居官如居家愛民如愛身者其惟貞惠公乎釋書而爲治而政無不習也去位而野處而色未嘗異也是以不以才自名而才者莫能及不以道自任而君子推焉世俗之學豈足以窺之乎○學術之微四蠹害之也文姦言摭近事窺伺時勢趨便投

隙以貴富爲志此謂利祿之蠹耳剽口衒詭色淫辭非聖賢而自立果敢大言以高人而不顧理之是非是謂務名之蠹鉤摭成說務合上古毀訾先儒以謂莫我及也更爲異義以惑學者是謂訓詁之蠹不知道德之旨雕飾綴緝以爲新奇鉗齒刺舌以爲簡古於世無所加益是謂文辭之蠹四者交作而聖人之學亡矣必也本諸身見諸政教可以成物者其惟聖人之學乎去聖道而不循而惟蠹之歸甚哉其惑也○爲政有三曰知體稽古審時缺一焉非政也何謂知體自大臣至胥吏皆有體違之則爲罔先王之治法詳矣不稽其得失而肆行之則爲野時相遠也事相懸也不審其當而惟古之拘則爲固惟豪傑之士智周乎人情才達乎事爲故行而不罔不野不固○定天下之爭者其惟井田乎弭天下之暴者其惟比閭族黨之法乎有恆分而知恆道奚由亂○貧國有四而凶荒不與焉聚斂之臣貴則國貧勳戚任子則國貧上好征伐則國貧賄賂行於下則國貧○富國有四而理財不與焉政平刑簡也民樂地闢也上下相親也昭儉而尚德也此富國之本也○國不患乎無積而患無政家不患乎不富而患無禮政以節民民和則親上而國用足矣禮以正倫倫序得則衆志一家合爲一而不富者未之有也○學古而不違當世之

事鄙朴之士也通乎事變而不本於道術權詐之士也鄙朴者不足用權詐者不可用而善悅人及其失也朴愈於詐聞以權詐亡國矣未聞鄙朴者之僨事也故君子尚朴而不尚華與其詐也寧朴○仕之道三誠以相君正以持身仁以恤民而不以利祿撓乎中一存乎利祿則凡所爲者皆徇乎人徇人者失其天失天而得人愈貴而猶賤也○柔仁者有後剛暴者難繼仁者陽之屬天之道也生之類也暴者陰之屬地之道也殺之類也好生者祥好殺者殃天行也○爲家以正倫理別內外爲本以尊祖睦族爲先以勉學修身爲教以樹藝畜牧爲常守以節儉行以慈讓足己而濟人習禮而畏法亦可以寡過矣○禮本於人情以制人情泥則拘越則肆折衷焉斯可已古之庶人祭不及祖漢以下及三世非越也人情所不能已也古過於薄今過於厚則從於厚今過於薄不若古之美則惟古是從禮近於厚雖非古猶古也○三年之喪自中出者也非強乎人也因其心之不安莞簟也故枕凷寢苫因其心之不甘於肥厚也故啜粟飲水因其心之不忍於佚樂也故居外次不聞樂豈制於禮而不爲哉情之不能止也今世之能喪者寡矣飲食居處如平時談笑容服無所更變古之戮民與欲正天下之俗非始諸此夫安始○君子事親以誠

緣情以禮知其無益而僞爲之非誠也惑異教而冀冥福者非僞乎聖賢所不言而不合乎道者非禮也化乎異端而奉其教者豈禮也哉事不由禮者夷也夷者夷之死不祔乎祖音彝○孝子之愛親無所不至也生欲其壽凡可以養生者皆盡心焉死欲其傳凡可以昭揚後世者復不敢忽焉養有不及謂之死其親沒而不傳道謂之物其親斯二者罪也物之尤罪也是以孝子修德修行以令聞加乎祖考守職立功以顯號遺乎祖考稱其善屬諸人而薦譽之俾久而不忘遠而有光今之人不然豐於無用之費而嗇於顯親之禮以妄自誑而不以學自勉不孝莫大焉○國之本臣是也家之本子孫是也忠信禮讓根於性化於習欲其子孫之善而不知教自棄其家也○士不可以不知命人之所志無窮而所得有涯者命也使智而可得富貴則孔孟南面矣使德而可以致福遠禍則羑里匡人之厄無從至矣使君子必爲人所尊則賢者無不遇矣命不與人謀也久矣安之故常有餘違之故常不足○處俗而不忤者其和乎其弊也流而無立持身而不撓者其介乎其弊也厲而多過介以植其內和以應乎外斯庶矣乎○非義之利腊毒可喜之事藏悔易悅之人難近萬全之舉多怨君子知其然功苟可成不沮於怨也人果不可近不受

其悅也事之適意必思其艱利之可取先慮其患故名立而身完也○儒者之學其至聖人也其用王道也周公沒而其用不行世主視儒也藝之而已矣嗚呼孰謂文王周公而不若商君乎○人或可以不食也而不可以不學也不食則死死則已不學而生則入於禽獸而不知也與其禽獸也寧死○尙鬼之國多病好利之國多貧禍不可避也利不可求也有心於避禍者禍之所趨嗜利無厭者害必從之故君子信道而安命○人之不幸莫過於自足恆若不足故足自以爲足故不足甕盎易盈以其狹而拒也江海之深以其虛而受也虛己者進德之基○政之弊也使天下尙法學之弊也使學者尙文國無善政世無聖賢二者害之也何尤乎人○愛其子而不教猶爲不愛也教而不以善猶爲不教也有善言而不能行雖善無益也故語人以善者非難聞善而不懈者爲難○金玉犀貝非產於一國而聚於一家者以好而集也人誠好善善出天下皆將爲吾用奚必盡出於己哉智而自用不若聞善而服之懿也才而自爲不若任賢之速也

瓊山趙考古先生謙

趙謙字撝謙初名古則餘姚人也秦王廷美之後降爲農家就外傅

於崇山寺達旦忘寐年十七八東遊受業天台鄭四表之門四表學於張以忠以忠學於王伯武伯武胡雲峯之高第弟子也洪武十二年徵修正韻已別用爲中都國子典簿然以其說授之門人宋燧者多採入於正韻在中都又以同官不合而罷歸築考古臺讀書其上謂六經子史歷代闡發有人惟音韻之學世久不明乃著聲音文字通一百卷六書本義十二卷二十二年召爲瓊山教諭瓊海之人皆知向化稱爲海南夫子二十八年十一月一日卒於廣城年四十五先生清苦自立雖盛暑祁寒躡蹻走百餘里往來問學嘗雪夜與門人柴廣敬劇談既乏酒飲又無火炙映雪危坐以爲清供其著述甚多而爲學之要則在造化經綸一圖謂其門人王仲迪曰寡欲以養其心觀止以明其理調息以養其氣讀書以驗其誠聖賢之域不難到又讀武王戒書而惕然有感以往古之聖猶儆戒若是之至後世眇末小子其敢事事不求之心哉既以古篆隨物而書又銘其所用器物之未有銘者以見道之無乎不在也其時方希直氏亦補註戒書以爲其言之善者與詩書要義何以異焉蓋從來學聖之的以主敬爲第一義先生固與希直善其講之必有素矣盧陵解縉嘗銘先生之墓謂其力學主敬信不誣也今大紳文集既失此文而先生著

述亦多散逸萬曆間焦弱侯所表章者僅先生字學之書某幸得此於其後人故載之於右

造化經綸圖

周子曰無極而太極太極動而生陽乾道成矣靜而生陰坤道成矣陽變陰合五行順布四時行焉一皆自然之天也邵子心爲太極蓋造化之一氣卽聖人之一心造化之氣本於發生而聖人之心亦將以濟世矣故不免由靜以之動自無而入有使萬物得以遂其身安其業然人不見其迹者以造化之氣與聖人之心雖動而不離靜雖有而不舍無彼萬物與萬民齊見役說戰勞於其間而不自覺故曰帝出乎震成乎艮帝者豈非造化之氣與聖人之心乎夫三聖巍巍繼天立極相與傳授獨辨此心欲學聖賢者舍此心將何所用力哉蓋人有情有性而心則統性情者也性者仁義禮智是也情者喜怒哀樂是也心得其養則以性御情而五常百行由此而正心失其養則以情蕩性而五常百行由此而隳此心之所主顧不重乎學者誠能時時省察念念不忘而使道心常爲之主人心每聽命焉則寂然不動之時當與造化同其體及感而遂通自然與造化同其用斯其所以爲三極之道三極者三才各一太極也洪武甲戌秋七月既望

餘姚趙謙謹識

（仁）愛理得之於天具之於心（元）

（孝）存則承顏養志愛敬不忘沒則慎終追遠繼志述事慎行其身不敢以遺體行殆將爲善思貽父母令名必果將爲不善思貽父母羞辱必不果

（公）老老幼幼舉斯加彼物我不分窮達一視克伐怨欲不行意必固我不立

（恕）己所不欲勿施於人不以所長者病人不以所能者愧人不念舊惡

（慈）少者懷之不獨子其子

（愛）矜孤恤貧隨力濟物

（寬）納汚藏疾犯而不校

（厚）德必報怨不讎故舊不遺篤序姻親成人美掩人過

（不）（仁）

（險）設機穽包禍心陷人不義中人凶禍

（忍）害物傷人幸災樂禍

（忌）聞人才美而媢疾見人富貴而熱中凡以勝己爲不滿者皆忌也

刻 督責太苛自忍中來掊克無艾自貪中來念怨不忘敗人之善成人之惡

薄 喜聞人過好言人短忘恩負德得新棄舊輕訾毀好攻訐

克 多尙人不遜善事功欲自己出議論專好己勝

躁 不耐激觸不能容忍自褊中來

私 立物我分町畦凡事只求自利

褊 氣宇狹隘不能容物

暴 任情恣橫挾勢憑陵

義 宜理得之於天具之於心 **利**

直 志氣不屈不撓詞色不佞不諛

弟 敬兄友弟恭老尙年

正 任理而行不爲阿比安命守分不肯苟求凡出處語默進退屈伸剛柔寬嚴好惡取舍從違避就貴審其宜而不失

順 愛人不親反其仁治人不治反其智禮人不答反其敬行有不得者皆反求諸己

剛 乾健篤實不爲物撓富貴貧賤不淫不移威武不能屈

介 確然有守不爲俗變

(廉)見得思義分無求多
(勇)見善必爲知過必改
(不)(義)
(貪)貨殖玩物貪名逐祿不務自守動輒有求
(吝)不濟人之財當予者不予但有矜忍戀惜之意不教人以善所有
則隱蔽惟恐他人知之
(憂)患貧畏禍昔人謂禍患之來只有一個處置若過於憂是無義無
命也
(佞)脅肩諂笑巧言飾語擎跽曲拳凡冀以逢迎投合人意向者皆是
(欲)耳於聲目於色口於味鼻於臭四肢於安佚
(懦)柔而無立隨俗浮沈自守不堅屈於威勢
(偏)不求中正好惡任情
(鄙)計瑣屑甘猥賤 自吝中來
(悖)執己自是違衆從欲
(比)不顧是非徇情黨物
(怨)不安義命不務反躬一切歸咎於天人
(禮)恭理 得之於天具之於心 (亨)

(敬)正名辨分敬老崇賢居處恭執事敬內則攝思慮去知故凝然主一而無適外則正衣冠尊瞻視儼然莊重而不慢

(謹)不侈然自放不軒然自得言不輕發事不輕舉不出位而思不怨天不尤人不居下訕上務隱惡揚善避嫌疑審去就不訐以為直不徼以為知

(讓)辭尊居卑推多取少慮以下人善則稱人

(謙)有若無實若虛以能問於不能以多問於寡

(無禮)

(驕)挾富貴以自恣恃才美以為高常有欲自表意見便有伐在其中常有陵壓人意便有傲在其中

(侈)大室廬華衣服盛車馬美飲食麗器用越制度不安分

(誕)無而為有虛而為盈約而為泰

(亂)氣象兀突難親

(簡)接物不委曲與人無恩義

(敖)簡賢德侮老成自處放肆待物輕率

(智)別理得之於天具之於心

(貞)

(窮理)博覽以致廣大窮究以盡精微凡大而天地之理微而事物之故

明而禮樂之文幽而鬼神之情狀近而人物賢否邪正之分遠而古今興衰治亂之迹無一不當致知疑事每質知之爲知之不知爲不知

(待人)不逆詐不億不信又當先覺不可受人之欺見賢思齊見不賢而內自省親賢人遠小人

(知人)識別邪正愛而知其惡憎而知其善

(處事)別是非辨可否審利害計始終義以爲質禮以行之遜以出之信以成之

(知言)真僞忠佞貴於辨察

(知命)貧富貴賤付於自然

(明)不讀非僻之書不爲非禮之視

(聰)不受浸潤之譖樂聞讜直之言

(無智)

(昏)於事不審是非可否於人不識誠僞善惡遠賢人交小人

(淺)以小小得喪爲利害以小小毀譽爲榮辱以小小逆順爲恩怨

(固)拘方泥曲執滯不通

(陋)安於卑陋不務廣覽博取以長見識

(滿)器識褊狹不能自屈矜驕傲世侮慢才德

(巧)好穿鑿徼以爲智

(邪)溺於亂色觀非僻之書視非禮之物

(郗)諱聞過喜諛佞惡正直

(輕)事不詳審而妄爲言不詳審而妄發

(浮)不敦篤

(信)

(游)真實無妄

(盡)言顧行行顧言

(儘)循物無違

(誠)爲人謀而忠與人有終始體道無虛僞

(不信)

(詐)虛言罔人匿行炫燿

(欺)食言僞言大言行事不確實爲人不親切有失自蓋藏

(矯)心迹不相副沾沾以求名

(譎)多機關挾術數務詭隨易反覆

已上諸條原在圖內今另書於外以便觀者

考古續戒書

有攸爲罔稽乎得失有攸行罔覺乎凶吉惟爾德之至神惟爾道之至一凡民有疑惟爾質 著銘

德惟一動則吉行靡中動乃凶神之敬之伊泰筮之庸 著格銘

馨爾德容以塞蕆斯革 香鼎

山爾立匪岌岌邇余習 筆架

昏明之異爾用爾棄永昭爾之德子夜無寐 書燈

窈而深藏乃密廓有容隨所出 書院

正其心艮其背畏無聞慎無視允守茲哲可企 室銘

大哉聖謨於爾儲奠之學之匪他圖 書廚

抒厥衷善則紀秉有恆敬視此 笏銘

安毋忘危樂毋忘悲毋曰無知天監於茲毋自欺 榻銘

齋爾宿慎爾獨毋安爾寢縱爾欲 枕銘

錦爛如災厥軀綈疏温安以存 衾銘

簞食豆羹莫之與爭羞珍食玉其或顛覆 鼎銘

戒爾盈盈易傾守爾中中有容 水注

爾之則符心德長短不齊惟所適 度銘

毋苟入毋苟出括汝口時無失 囊銘

待時而動隨時而靜動靜惟其時孰執其柄 扇銘

利若鈍剛而巽惟所致曷有困 錐銘

上無諂下無瀆慎所與乃無辱 名刺

諧爾鳴宣乃情永協韶之成毋爲鄭之聲 琴銘

溫而潤惟爾德之蘊端而方惟爾德之臧虛而質是以容斯實 硯匣

黑所致白亦緇欲有所染其慎之 墨銘

榘而敦質而文紀厥善余所遵 圖書

方而式廉而直履榘循常契余德 戒方

藏厥機勿妄開彼其不齊爾乃裁 書剪

不偏倚惟爾德之宜正直如矢隨所之 筆式

仰彼則重俯此則輕俯仰咸匪經惟執厥中乃爾程 權銘

或歉或盈罔攸式裒多益寡爾作極 量銘

安爾奏蓄爾質的然於外寧藏於密 笥銘

坦而夷無欹無危習於茲敬而勿馳 簡版

疑所決庸而淺永丹厥心毋爲紫奪 朱盒

晨而興謹斯櫛毋以養望爲爾逸 櫛銘

勿爲所染而自緇日新又新當自治墨池

毋苟汙難復去點子

匪欲其華匪逞其奢欲觀古像致厥家畫义

彼有所染庸爾革彼而不瑩庸爾澤革如澤如爾之德研贏

夫惟靜動罔不正夫惟重無怠無縱靜兮重兮敬德日躋壓石

懸爾形著厥名永綱紀吾聖經書籤

執斯匕毋忘秉耒饘粥於是以療余餒匕銘

操斯柄亂斯正髓銘

纍寸成尺如彼積德巾銘

觀爾和豫範我規矩趨行抑揚於是度佩銘

山削爾形惟亂風是屏毋蔽厥明屏風

視彼壺庶乎屢空視茲矢庶乎直躬心端體正遐不中壺矢

用則張舍則藏用張舍藏諒比陰陽蓋銘

毋曰內可闚乎外毋曰外不見其內緊內外無二惟明德之大簾銘

柔而平方而正是藉是凭以彰我名印蓐

子爾形燭聖經學欲緝熙遵爾高明燭檠

去茲塵如垢去身如惡去心其日新尾拂

折旋中矩處彼得所印範

齒易雪心難潔痛刮礲厲工毋歇牙刷

太剛則缺太銳則折和爾剛銳以解余結鑴銘

明儒學案卷四十三

姚江黃黎洲先生著

豫章後學　夏鼎　熊育鑫
熊繩祖　熊育鏞
徐兆瀾　周聯慶
熊榮祖　蕭兆柄
劉秉楨　李真實　重刊

學正曹月川先生端

曹端字正夫號月川河南之澠池人自幼不妄言動年十七讀五經皆遍師事宜陽馬子才太原彭宗古遠有端緒永樂戊子舉於鄉明年登乙榜第一授山西霍州學正歷九年丁憂廬墓壬寅起補蒲州洪熙乙巳考績兩學諸生皆上章請復任霍州上遂許之又歷十年宣德甲寅六月朔之明日卒於霍州年五十九初先生得元人謝應芳辨惑編心悅而好之故於輪迴禍福巫覡風水時日世俗通行之說毅然不爲所動父敬祖爲善於鄉而勤行佛老之善以爲善先生朝夕以聖賢崇正闢邪之論諷於左右父亦感悟樂聞先生條其人倫日用之事可見之施行者爲夜行燭一書言人處流俗中如夜行視此則燭引之於前矣里中有齋醮力不能止則上書鄉先生請勿

赴又上書邑令請毀淫祠令以屬之先生毀者百餘惟存夏禹雷公二廟四時祈報則設社穀壇邢端修五嶽廟先生言其非禮同僚肅拜梓潼神先生以爲諂僚曰斯文宗主也先生曰梓潼主斯文孔子更主何事門人有赴漢壽亭社會者先生慇痛以折之諸生有喪則命知禮者相之有欲用浮屠者先生曰浮屠之教拯其父母出於地獄是不以親爲君子而爲積惡有罪之小人也其待親不亦刻薄乎其人曰舉世皆然否則姍笑隨之先生曰一鄉溺於流俗是不讀書的人子讀儒書明儒禮不以違禮爲非而以違俗爲非仍然是不讀書人也每有修造不擇時日或以太歲土旺爲言先生明其謬妄時人從而化之霍州樵者拾金釵以還其主人以爲異樵曰第不欲愧曹郡博耳高文質往觀劇中途而返曰此行豈可使曹先生知也先生以力行爲主守之甚確一事不容假借然非徒事於外者蓋立基於敬體驗於無欲其言事事都於心上做工夫是入孔門之大路誠哉所謂有本之學也其辨太極朱子謂理之乘氣猶人之乘馬馬之一出一入而人亦與之一出一入若然則人爲死人而不足以爲萬物之靈理爲死理而不足以爲萬物之原今使活人騎馬則其出入行止疾徐一由乎人馭之如何爾活理亦然先生之辨雖爲明晰然

詳以理馭氣仍爲二之氣必待馭於理則氣爲死物抑知理氣之名由人而造自其浮沈升降者而言則謂之氣自其浮沈升降不失其則者而言則謂之理蓋一物而兩名非兩物而一體也薛文清有日光飛鳥之喻一時之言理氣者大略相同耳

語錄

人之所以可與天地參爲三才者惟在此心非是軀殼中一塊血氣心者神也神無方所視聽言動一切感應皆是○事事都於心上做工夫是入孔門底大路看此語便見先生之學○事心之學須在萌上著力所謂萌卽易之幾學庸之獨也○學欲至乎聖人之道須從太極上立根脚與學聖之事主於一心參看○天地間凡有形象聲氣方所者皆不甚大惟理則無形象之可見無聲氣之可聞無方所之可指而實充塞天地貫徹古今大孰加焉故周子言無極而太極○做人須向志士勇士不忘上參取若識得此意便得此心則自無入不自得○人要爲聖賢須是猛起如服瞑眩之藥以黜深痼之疾真是不可悠悠○學者須要置身在法度之中一毫不可放肆故曰禮樂不可斯須去身先生爲學嚴密如此○吾輩做事件件不離一敬字自無大差失○一誠足以消萬僞一敬足以敵千邪所謂先立

乎其大者莫切於此○非禮勿視則心自靜○學者須要識得靜字分曉不是不動便是靜不妄動方是靜故曰無欲而靜到此地位靜固靜也動亦靜也○天理存亡只在一息之間○生死路頭惟在順理與從欲○能眞知其義理之味之無窮則窮達自不足以動念○聖人之心一天地生物之心天地之心無一物不欲其生聖人之心無一人不欲其善○聖人之所以爲聖人只是這憂勤惕厲的心須臾毫忽不敢自逸理無定在惟勤則常存心本活物惟勤則不死常人不能憂勤惕厲故人欲肆而天理亡身雖存而心已死豈不大可哀哉○人之爲學須是務實乃能有進若這裏工夫欠了分毫定是要透過那裏不得○學聖希賢惟在至誠則五常百行皆自然無不備也○無欲便覺自在○人只爲有欲此心便千頭萬緒做事便有始無終小事尚不能成況可學聖人耶○受道者以虛心爲本有所挾則私意先橫於中而不能入矣○人能於天命順而不咈受而不拒便是處死生富貴之要○直者生之道循理而行雖命之所遭有不齊而莫非生道○得一善逞一善得一能逞一能是謂道聽塗說○今人輕易言語是他此心不在奔馳四出了學者當自謹言語以操存此心○修身見於世蓋實之不可掩者非君子願乎其外而欲

以自見也○人性本善而感動處有中節不中節之分其中節者爲善不中節者爲惡知學則知中節而動無不善○道無形體可見而聖人一身渾然此道故無形體之道皆於聖人身上形見出來人皆有之第日用不知不自作主宰耳非道遠人也○爲仁之功用力特在勿與不勿之間而已自是而反則爲天理自是而流則爲人欲自是克念則爲聖自是罔念則爲狂特毫忽之間學者不可不謹○孔顏之樂者仁也非是樂這仁仁中自有其樂耳且孔子安仁而樂在其中顏子不違仁而不改其樂安仁者天然自有之仁而樂在其中者天然自有之樂也不違仁者守之之仁而不改其樂者守之之樂也語曰仁者不憂不憂非樂而何周程朱子不直說破欲學者自得之○人能恭敬則心便開明○學到不怨不尤處胸中多少洒落明瑩真如光風霽月無一點私累○六經四書聖人之糟粕也始當靠之以尋道終當棄之以尋真道真我所固有者先生此言欲毋專泥書冊耳○古人文人自是文人詩人自是詩人儒者自是儒者今人欲兼之是以不能工也賢輩文無求奇詩無求巧以奇巧而爲詩文則必穿鑿謬妄而有不得其實者多矣不若平實簡淡爲可尚也○人心本自虛靈知覺但事物纔觸即動而應初無蹤跡可尋捉處

太極圖說述解序略云孔子而後論太極者皆以氣言老子道生一而後乃生二莊子師之曰道在太極之先曰一曰太極皆指作天地人三者氣形已具而混淪未判之名道爲一之母在太極之先而不知道卽太極太極卽道以通行而言則曰道以極致而言則曰極以不雜而言則曰一夫豈有二耶列子混淪之云漢志含三爲一之說所指皆同微周子啓千載不傳之祕則孰知太極之爲理而非氣也哉且理語不能顯默不能隱固非圖之可形說之可狀只心會之何如耳二程得周子之圖之說而終身不以示人非祕之無可傳之人也是後有增周說首句曰自無極而爲太極則亦老莊之流有謂太極上不當加無極二字者則又不知周子理不離乎陰陽不雜乎陰陽之旨矣亦惟朱子克究厥旨遂尊以爲經而註解之真至當歸一之說也至於語錄或出講究未定之前或出應答倉卒之際百得之中不無一失非朱子之成書也近世儒者多不之講間有講焉非舍朱說而用他說則信語錄而疑註解所謂棄良玉而取頑石掇碎鐵而擲成器良可惜也○太極圖說辨戾文略云周子謂太極動而生陽靜而生陰則陰陽之生由乎太極之動靜而朱子之解極明備矣其曰有太極則一動一靜而兩儀分有陰陽則一變一合而五行具

亦不異焉又覩語錄却謂太極不自會動靜乘陰陽之動靜而動靜耳遂謂理之乘氣猶人之乘馬馬之一出一入而人亦與之一出一入以喻氣之一動一靜而理亦與之一動一靜若然則人爲死人而不足以爲萬物之靈理爲死理而不足以爲萬物之原理何足尙而人何足貴哉今使活人騎馬則其出入行止疾徐一由乎人馭之如何爾活理亦然不之察者信此則疑彼矣信彼則疑此矣經年累歲無所折衷故爲辨戾以告夫同志君子

明儒學案卷四十四

姚江黃梨洲先生著

豫章後學　夏鼎　熊育鑫
熊緯祖　熊育鏞
徐兆瀾　周聯慶
熊榮祖　蕭兆柄
劉秉楨　李真實　重刊

僉憲黃南山先生潤玉

黃潤玉字孟清號南山浙之鄞縣人幼而端方不拾遺金郡守行鄉飲酒禮先生觀之歸而書之於冊習禮者不能過也詔徙江南富民實北京其父當行先生年十三請代父往有司少之對曰父去日益老兒去日益長有司不能奪而從之至則築室城外賣菜以爲生作勞之餘讀書不輟有富翁招之同寓先生謝不往或問之曰渠有一女當避嫌也尋舉京闈鄉試授江西訓導用薦召爲交趾道御史出按湖廣劾藩臬郡縣之不職者至百有二十人風采凜然景泰初改廣西提學僉事時寇起軍興先生核軍中所掠子女歸者萬餘口副使李立故入死罪且數百人亦辨而出之南丹衛在萬山中歲苦瘴癘先生奏徙平原戍卒因之更生丁憂起復移湖廣與巡撫李實不

合左遷含山知縣致仕成化丁酉五月卒年八十九先生之學以知行爲兩輪嘗曰學聖人一分便是一分好人又曰明理務在讀書制行要當謹獨蓋守先儒之矩矱而不失者也其所友爲李文毅時勉薛文清瑄故操行亦相似

海涵萬象錄

天只氣地只質天地之生萬物如人身生毛髮任其氣化自然也而人獨有心中一竅氣寓得理而靈故曰心神然太虛中亦有一團氣靈如人心者則曰天神○汴爲天下之中不如金陵江夏漕運之易集也○道有體用體卽理用卽事人得是理於心曰德服是事於身曰行何謂德知仁聖義中和是也何謂行孝友睦婣任恤是也○道無元妙只在日用間著實循理而行○在天爲理與天常存在人爲性氣散則亡○告子若曰生理之謂性便不起人爭端天地間只是生氣中有此生理在人亦然故名曰性而總謂之仁是仁卽係天地生物之心又只是生生之理又曰氣質之性卽告子生之謂也故張子曰君子弗性也○有一人之命有一家之命有一國之命若長平坑卒一國之命也氣數也○居處恭執事敬與人忠則心自不放○心之量宇宙間事皆能推其理而知但天下形勢古今制度必須考

視而知難意度也○程張所謂心皆指其虛靈之氣而言氣本寓理爲性理從氣發爲情而心能主宰者亦氣也○天地間生生不息爲仁此天理流行也人心只天理流行便是仁私欲間斷便是不仁○孔門所教所學皆於用處發明而體在其中蓋理是道之體事是道之用孝弟見於日用只從仁上發出來仁是孝弟之理孝弟是仁之用學者騖於高遠不盡孝弟之事只是去探高妙論心論性却全不識道○教學者於自己體認性情發見處便能知道○古者士農工商各一其業子孫世守而民志定今也農工商之貪黠者皆奔競仕途而謀吏胥出身往往恣其貪黠卒獲仕途以終其身所以濫溢銓曹汙蠹民社者多此途也爲今之計莫若自民間俊秀取入庠校者三年大比約計藩臬郡縣司吏額分上中下取士之中式者上等命爲藩臬閫司之吏中等爲各郡吏下等爲縣司吏三年考滿送禮部會試亦依上法取送在京衙門歷役三年都試出身則使儒法兼通寄之民社而去貪黠之風矣○大學之道問學之宏規論語之言踐履之實理孟子七篇擴充之全功中庸一書感化之大義○大學一書六經之名例也中庸一書六經之淵源也○窮理者道之體斯明盡性者道之體斯行至命者道之原斯達故邵子曰非道而何

經書補註

格物格字當訓合格之格凡物之要者莫切乎身心物之大者莫過乎家國天下人之所學莫非身心家國天下之事然事物莫不有理而萬物皆備於我則物理具於吾心學者以吾心之理格合事物之理是曰格物若訓爲至則爲物至而後知至不成文義也大學此說已在新建伯之前○告曾子以道言一理貫萬事理卽體事卽用告子貢以學言一心貫萬理心者氣之靈理者心之德以下論語○一曰克己復禮以一日成功之大綱言四勿以日日用功之節目言譬之一好地方有寇生發日日要當克勝他及至一日盡克勝了而復卻好地方則天下皆知其地方好了朱子補傳一旦豁然貫通卽此一日義同○天理寓於人曰性猶源泉入於川曰流然理無不善而人之氣稟有清濁泉無不潔而川之泥質有沙淤故人之始生氣之清濁未甚見及其長而習於善則清者愈清習於惡則濁者愈濁如川之始達泥之澄渾未甚分及其遠也積於沙者則澄者愈澄汨於泥者則渾者愈渾矣故性近習遠○浩氣是心窩中一點虛靈之氣所以具衆理而應萬事者人能事事合宜則心無愧怍而天理純全斯可識浩然之氣象也仰不愧於天俯不怍於人此浩氣塞於天地

之間也義者人心之裁制氣之主也卽所謂志帥也道者事理之當然氣之行也卽所謂道路也以下孟子○萬物皆備於我物理具於吾心也以吾心之理處物合宜卽義也此之謂體用○堯典以親九族卽齊家也止謂本宗九世上至高下至元自三而五自五而九上殺下殺旁殺而人道竭矣豈有外姓謂之族乎故爾雅別外姻曰母黨妻黨書○天生烝民有物有則言天之生人有是事則有是理如視必明聽必聰色必溫貌必恭言必忠而有卽必也民之秉彝好是懿德言人之有己行此常事故思此常理如視思明聽思聰色思溫貌思恭言思忠而好卽思也蓋事者道之用理者道之體故孔子曰爲此詩者其知道乎詩○古者諸侯之別子之子孫嫡派爲大宗其庶子爲小宗若小宗絕不爲立後惟大宗絕則以支子立後蓋大宗是尊者之統不可絕也今制大宗絕立後小宗絕不立後奈庶民不知朝廷之制凡庶子絕皆令過繼只是爭取財產爾儀禮下同○古者吉服殺縫向外以便體後王致飾殺縫向內爲吉服以外削外緝者爲凶服○苴東茅也所以代神置於神席几東祭時佐食取黍稷祝取鱓祭於苴而祭畢棄之卽老氏所云芻狗也今朱子家禮乃束茅置沙於饌食前酹酒似與古禮命祝祭酒意同○周公祭泰山召

公爲尸今之神有土木偶之遺像皆古人立尸之遺意歟

文毅羅一峯先生倫

羅倫字彝正學者稱一峯先生吉之永豐人舉成化丙戌進士對策大廷引程正公語人主一日之間接賢士大夫之時多親宦官宮妾之時少執政欲節其下句先生不從奏名第一授翰林修撰會李文達奪情先生詣其私第告以不可待之數日始上疏歷陳起復之非爲君者當以先王之禮教其臣爲臣者當據先王之禮事其君疏奏遂落職提舉泉州市舶司明年召還復修撰改南京尋以疾辭歸隱於金牛山注意經學周易多修傳註間補己意禮記彙集儒先之見而分章記禮則先生獨裁春秋則不取襃貶凡例之說以爲春秋緣人以立法因時以措宜猶化工焉因物而賦物也以凡例求春秋者猶以畫筆摹化工其能肖乎戊戌九月二十四日卒年四十八正德十六年贈左諭德諡文毅先生剛介絕俗生平不作和同之語不爲輭巽之行其論太剛則折則引蘇氏之言曰士患不能剛爾折不折天也太剛乎何尤爲是言者鄙夫患失者也家貧日中不能舉火而對客談學不倦高守贈以綈袍遇道殣輒解以瘞之嘗欲倣古置義田以贍族人邑令助之堂食之錢先生曰食以堂名退食於公之需

也執事且不可取何所用與謝而弗受凍餒幾於死亡而一無足以動於中若先生庶幾可謂之無欲矣先生與白沙稱石交白沙超悟神知先生守宋人之途轍學非白沙之學也而皭然塵垢之外所見專而所守固耳章楓山稱先生方可謂之正君善俗如我輩只修政立事而已其推重如此

要語

子路論爲國而其言不讓夫子哂之況直居其位而不讓乎登降作止飲食不辭焉人皆以爲非也榮以爵而不辭焉人不以爲非也非其小而不非其大何也○治己必先治心心者舟之柁也欲正其舟而不正其柁可乎○伯恭居喪授徒子靜極以爲非今日使子靜在恐亦不敢以爲非也○居喪須避嫌疑不可自信而已古人之受汙者多以此人或以是汙之亦無路分說也○進善無足處有足便小了臧否人物此是一件不好勾當稱善雖是美事然必見得透恐爲僞人所罔○所以爲聖賢不必刪述定作如孔子折衷羣聖以垂憲萬世也不過求之吾心致敬於動靜語默衣服飲食五倫日用以至辭受取舍仕止久速無不合乎聖賢已行之成法而已○君子視人猶己以義處己不以義處人非君子之道也○流俗雖不美而天下

未嘗無正人天下未嘗無正論此固人心之所以不死而天道之所以扶持斯世者也○君子之學持靜之本以存其虛防動之流以守其一虛則內有主而不出一則外有防而不入則物不交於我矣物不交於我則我之所以爲我者非人也天也○或曰剛折而柔存此非知剛者也天不剛乎地不柔乎地有陷而天未嘗墜不剛者存而柔者墮乎山止也水流也山剛而水柔不剛者存而柔者去乎齒之折者剛之無本者也髮附於頭顚頭顚存而毛髮去者何也○誠曷終乎士可入誠不可得而息也入士斯已矣誠曷不息也所謂生也守之以死死則終誠不可得而息也○所見專則所守固○與其以一善成名寧學聖人而未至

文懿章楓山先生懋

章懋字德懋金華蘭谿人成化丙戌會試第一選庶吉士授編修與同官黃仲昭莊㫤諫上元煙火杖闕下謫知臨武歷南大理評事福建按察司僉事考績赴吏部乞休冢宰尹文曰不罷軟不貪酷不老疾何名而退先生曰古人正色立朝某罷軟多矣古人一介不取視民如傷某貪酷多矣年雖未艾鬚鬢早白亦可謂老疾矣遂致仕林居二十年弟子日進講學楓木菴中學者因曰楓山先生宏治中起

爲南京祭酒會父喪力辭廷議必欲其出添設司業虛位以待之終制就官六館之士人人自以爲得師正德初致仕轉南京太常禮部侍郎皆不起嘉靖初以南京禮部尚書致仕是歲辛巳除夕卒年八十六贈太子太保諡文懿其學墨守宋儒本之自得非有傳授故表裏洞徹望之龐樸即之和厚聽其言開心見誠初若不甚深切久之燭照數計無不驗也以方之涑水雖功業不及其誠實則無間然矣金華自何王金許以後先生承風而接之其門人如黃傅張大輪陸震唐龍應璋董遵凌瀚程文德章拯皆不失其傳云

遺事

諸子皆親農事邑令來見諸子輟耕跪迎先生官祭酒其子往省道逢巡檢笞之知而請罪先生笑曰吾子垢衣敝履宜爾不識又何罪焉○太宰唐漁石出入徒步人以爲言漁石曰楓山先師致政歸祇是步行自後朴菴拯竹澗潘希曾兩侍郎俱守此禮吾安敢違耶○楓山祖居渡瀆距城十五里當事至蘭谿者必出城訪之至則一飯雞黍數豆力不能辦多假借於族人其後還居城中小樓二間卑甚先生宴坐其間每作文時繞行室中其冠往往觸梁塾角先生不知也○先生田祇二十畝而家人十口歲須米三十六石所入不足當

其半則以麥屑充之○宅後爲天福山一日勾人者過其門其人奔入取道至山而去手力疑爲先生家匿之先生卽令其遍索不得手力亦從後門去先生與夫人略不動色○每歲宴其門人二次清明冬至祭祀之餕也兩人共一席有不至者先生自專一席若門人續至專席已罄則夫人自出益之朴菴先生之姪也其質朴略相似先生聞其歸家尙有贏俸卽爲不樂朴菴亦有慚色

語要

人形天地之氣性天地之理須與天地之體同其廣大天地之用同其周流方可謂之人○學者須大其心胸蓋心大則萬物皆通必有窮理工夫心纔會大又須心小心小則萬理畢晰必有涵養工夫心纔會小不至狂妄矣○或勸以著述曰經自程朱後不必再註只遵聞行知於其門人語錄芟繁去蕪可也○桃符曰正要鬼神司屋漏何須荼壘衞門庭○每講伯夷叔齊餓首陽之下民到於今稱之之語便自警拔○格君心收人才固民心然後庶事可舉○惟唐虞三代皆聖人致中和而參贊下此一泰一否爲氣運所推盪耳○窮理自進退辭受之節分明不苟始○居敬於專一上見功○應璋問學先生曰勉齋眞實心地刻苦工夫八字盡之矣

原學

人生而靜之謂性得乎性而無累於欲焉之謂學學在於人而於性未嘗加不學在於人而於性未嘗損學有純正偏駁而於性未嘗雜性本不學而能者也而必假於學性之動於欲也學以求完夫性者也而顧戕夫性學之失其原也蓋人之性也卽天之命也於穆不顯命之本體而四時五行萬化出焉至靜無感性之本體而四端五常百行具焉本體藏於寂妙用通於感運之於心爲思慮發之於身爲貌言視聽施之於家爲父子昆弟措之於國與天下爲君臣上下禮樂刑政以性爲有內也何性非物也以性爲有外也何物非性也得乎性之體則意可誠心可正身可修家可齊國治而天下平也據此之謂德履此之謂道學此之謂學勉之爲賢安之爲聖堯曰執中明其體之無所偏耳舜曰精一明其體之無所雜耳孔子曰仁子思曰誠孟子曰盡心聖學相傳千古一脈一性盡而天下無餘事天下無餘學也佛老之教行於世久矣後之儒者非不倡言以排之而卒不能勝之者學之不明性之未盡也老氏以無名爲天地之始無欲觀人心之妙無爲爲聖人之治而佛家者流則又生其心於無所住四大不有五蘊皆空其道以性爲心之體吾惟修吾心鍊吾性而已明

吾心見吾性而已不必屑屑於其外也是以其學陷於自私自利之偏至以天地萬物爲芻狗爲幻化棄人倫遺物理不可以治天下國家焉今之學則又異於是矣心性之教不明而功利之私遂淪浹而不可解傳訓詁以爲名誇記誦以爲博侈辭章以爲靡相矜以智相軋以勢相爭以利相高以技能相取以聲譽身心性命竟不知爲何物間有覺其謬妄卓然自奮欲以行能功實表見於世則又致飾於外無得於內莫不以爲吾可以修身也可以齊家也可以治國平天下也又莫不以爲吾不學佛老之夢幻人世遺棄倫理也然要其所爲不過爲假仁襲義之事終不足以勝其功利之心其去聖學也遠矣猶幸生於今之世毋使佛老見之也使佛老生今世而見吾人所爲其不竊笑者幾希是求免於佛老之不我闢不可得也暇闢佛老乎哉所幸真性之在人心未嘗一息泯沒而聖學昭然如日中天敏求之精察之篤行之一切氣稟物欲俱不能累必求真靜之體以立吾心之極懲忿懲此也窒慾窒此也改過改此也遷善遷此也不爲佛老之虛無不爲俗學之卑瑣斯爲聖學也已若曰是性也吾有自然之體也不能戒懼謹獨以求必得而欲以虛悟入則意見之障終非自得縱使談說得盡亦與訓詁記誦詞章功利者等爾而何以爲

學也

郎中莊定山先生昶

莊昶字孔暘號定山江浦人也成化丙戌進士選庶吉士授翰林檢討與同官章楓山黃味軒諫鰲山杖闕下謫判桂陽改南京行人司副遭喪服闋不起垂二十年宏治甲寅特旨起用先是瓊山丘濬嫉先生不仕嘗曰率天下士夫背朝廷者昶也彼不讀祖訓乎蓋祖訓有不仕之刑也至是濬爲大學士先生不得已入京長揖冢宰遂補原官明年陞南京吏部郎中尋病遷延不愈又明年告歸丁巳考察尙書倪岳以老疾中之士林爲之駭然己未九月二十九日卒年六十三先生以無言自得爲宗受用於浴沂之趣山峙川流之妙鳶飛魚躍之機略見源頭打成一片而於所謂文理密察者竟不加功蓋功未入細而受用太早慈湖之後流傳多是此種學問其時雖與白沙相合而白沙一本萬殊之間煞是仔細故白沙言定山人品甚高恨不曾與我問學遂不深講不知其後問林緝熙何以告之其不甚契可知矣即如出處一節業已二十年不出乃爲瓊臺利害所怵不能自遂其志先生殊不喜孤峯峭壁之人自處於寬厚遲鈍不知此處却用得孤峯峭壁著也白沙云定山事可怪恐是久病昏了出處

平生大分顧令兒女輩得專制其可否耶霍渭厓謂先生起時瓊臺已薨是誣瓊臺也按先生以甲寅七月出門九月入京朝見瓊臺在乙卯二月卒官安得謂起時已卒哉況是時徐宜興言定山亦是出色人瓊臺語人我不識所謂定山也則其疾之至矣安得謂誣哉先生形容道理多見之詩白沙所謂百鍊不如莊定山是也唐人白樂天喜談禪其見之詩者以禪言禪無不可厭先生之談道多在風雲月露傍花隨柳之間而氣象躍如加於樂天一等錢牧齋反謂其多用道語入詩是不知定山其自謂知白沙亦未必也

語要

聖人之道貴無言而不貴有言言則影響形迹而無言則真靜圓融若憒也而真見若冥也而真趣若虛寂也而真樂彼以天得而此以天與極其自得之真而出乎意象之外是以聖人不貴有言○吾之此身受形父母既有此形則有此理使吾身有一理不盡吾於父母之形爲徒受矣○浙人余中之過溪雲以皇極經世之學授余讀其書至三天說所謂推以某甲之年月必得某甲之時日而後富壽必先以某甲之年月而後貧賤以至水陸舟車之所產東西南北之所居精麤巨細之事無不皆然而至所謂福善禍淫略無一二余雖口

唯其義而心實不敢以爲學也○聖賢之學惟以存心爲本心存故一一故能通通則瑩然澄徹廣大光明而羣妄自然退聽言動一循乎禮好惡用舍各中乎節○屈原長於騷董賈長於策楊雄韓愈長於文穆伯長李挺之邵堯夫長於數遷固永叔君實長於史皆諸儒也朱子以聖賢之學有功於性命道德至凡四書五經綱目以及天文地志律呂歷數之學又皆與張敬夫呂東萊蔡季通者講明訂正無一不至所謂集諸儒之大成此也豈濂溪二程子之大感哉○六經莫大於易而易有陰陽也方其無言也易具於心渾然無爲及其有言則孰爲陰孰爲陽而陰陽之授受皆傳之紙上而易始散矣易非散也紙上而易自散也四書莫精於中庸中庸言性道教也方其無言也中庸具於心噩然無名及其有名則孰爲性孰爲道孰爲教而性道教之授受皆得之口耳而中庸始亂矣中庸非亂也口耳而中庸自亂也詩書禮樂春秋論孟莫不皆然○心非靜則無所斂主乎靜者斂此心而不放也心非敬則無所持居乎敬者持此心而不亂也理非窮則無所考窮乎理者考此心而不失也○往年白沙先生過余定山論及心學先生不以余言爲謬亦不以余言爲是而謂余曰此吾緝熙林光之在清湖者之所得也而子亦有是哉世之好

事詆陳爲禪者見夫無言之說謂無者無而無然無無極而太極靜無而動有者吾儒亦不能無無也但吾之所謂無者未嘗不有而不滯於有禪之所謂無者未嘗有有而實滯於無禪與吾相似而實不同矣○道無不在一大渾淪者散在萬物散在萬物者俱可打成一片而衆人則不知也○楊墨之害甚於申韓佛老之害過於楊墨科舉之學其害甚於楊墨佛老爲我兼愛虛無寂滅蓋足闢矣至於富貴利達患得患失謀之終身而不知反者則又楊墨佛老之所無也屬聯比對點綴紛華某題立某新說某題立某程文皮膚口耳媚合有司五經四書擇題而出變風變雅學詩者不知喪弔哭祭學禮者不知崩薨葬卒學春秋者不知嗚呼此何學也富貴而已利達而已覬覦剽竊而已朱子謂廬山周宜幹有言朝廷若要恢復中原須罷三十年科舉始得蓋已深惡之矣○天地萬物總吾一體牕草不除皆吾生意元會運世皆我古今伏羲周孔顏曾思孟皆吾人物易書詩禮春秋皆吾六經帝力何有太平無象皆吾化育○天之生聖賢將爲世道計也或裁成以制其過或輔相以補其不足孔子之於六經朱子之於傳註喚醒聾瞶所以引其不及者至矣今世降風移學者執於見聞入耳出口至於沒溺而論胥之者非制其過可乎

侍郎張東白先生元禎

張元禎字廷祥，別號東白，南昌人。少爲神童，以閩多書，父攜之入閩，使縱觀焉。登天順庚辰進士第，入翰林爲庶吉士。故事教習唐詩、晉字、韓歐文，而先生不好也，日取濂、洛、關、閩之書讀之。授編修。成化初，疏請行三年喪，又言治道本原在講學、聽治、用人、厚俗，與當國不合，移病歸家，居二十年，益潛心理學。宏治初，召修憲宗實錄，進左贊善，上疏勸行王道，陞南京侍講學士，終養。九年，召修大明會典，進翰林學士，侍經筵。上注甚，特遷阜座以聽其講。丁憂，喪畢，改太常卿，掌詹事府，以爲治化根源，莫切於太極圖說、西銘、定性書、敬齋箴，宜將此書進講。上因索觀之，曰：「天生斯人以開朕也。」武宗即位，進吏部右侍郎，未及上而卒，正德元年十二月晦也。先生既得君，嘗以前言往行非時封進，不知者以爲私言也。孝宗晏駕，爲人指摘，先生亦不辯。先生卓然以斯道自任，一稟前人成法，其言是心也，即天理也，已先發陽明心即理也之蘊。又言寂必有感而遂通者在，不隨寂而泯；感必有寂然不動者存，不隨感而紛，已先發陽明未發時驚天動地，已發時寂天寞地之蘊。則於此時言學心理爲二，動靜交致者，別出一頭地矣。

斯道在天地不患踐之弗力所患知之弗真○蕭宜翀蚤遊聘君之門友克貞公甫居仁諸子不飭廉隅於泥坐蛇行不詭冠服於呂紹象佩不縱浮談於太極○此道自程朱後所寄不過語言文字循習既久只形諸文字而言語殊不之及形諸文字纔能執筆即於性命之奧帝王之略極力描寫不以為異若言語間有及之聽者雖面相隆重退輒號笑之曰此道學又或公排擯之曰此偽學士風一至於是然實由言語者所談非所見所見非所履故也○吾人致力於大本須灼見外教同中有大不同處此理在天地間如今造版籍糧冊相似有總有撒徒知囫圇一大塊而不知辨析於毫釐略窺影響便爾叫噪不復致詳致謹反謂得人所未得之真樂鄙禮法為土苴嗤簡策為糟粕卒至顛瞀老死大抵實有此者氣象自別語言動靜何莫非此若不養得深厚皆是徒然此本不蹺蹊不差異不高遠不麄率不放肆彼言動之蹺蹊差異或務為高遠麄率放肆者則其人之能有此與否可知已○天地所以相播相盪相軋相磨晝夜不息者其心無他惟在生物而已雖其雷霆之震擊霜雪之凋殘亦所以破其頑而禁其戚非心乎殺之也人即天理所生之物也如花木之接

水泉之續然實皆得是生物之心以爲心者也茍非得是心則是身無以生矣是心也卽天理也天理之在此心日用之間本無不流通但以旣有此身則不能無耳目口鼻耳目口鼻旣不能無無由是誘之以聲色之紛華臭味之甘美得之不得而喜怒哀樂之發遂不能無私焉身旣有私則此心或爲之蔽而天理漸以泯矣○寂必有感而遂通者在不隨寂而泯感必有寂然不動者存不隨感而紛

布政陳克菴先生選

陳選字士賢號克菴台之臨海人天順庚辰試禮部丘文莊得其文曰古君子也寘第一及相見而貌不揚文莊曰吾聞荀卿云賢聖無相將無是乎授監察御史羅一峯論奪情被謫先生抗疏直之出按江西藩臬以素服入見先生曰非也人臣覲君服視其品秩於御史何居不事風裁而貪墨望風解綬已督學南畿一以德行爲主試卷列諸生姓名不爲彌封曰吾且不自信何以信於人邪每按部就止學宮諸生分房誦讀入夜燈火熒然先生以兩燭前導周行學舍課其勤惰士風爲之一變成化初改中州提學倖奄汪直巡視郡國都御史以下咸匍匐趨拜先生獨長揖直怒曰爾何官敢爾先生曰提學愈怒曰提學豈大於都御史耶先生曰提學宗主斯文爲士子表

率不可與都御史比直既懾其氣岸又諸生集門外知不可犯改容謝曰先生無公務相關自後不必來先生徐步而出轉按察使歸奔母喪喪畢除廣東布政使肇慶大水先生上災傷狀不待報輒發粟賑之市舶奄韋眷橫甚番禺知縣高瑤發其贓鉅萬都御史宋文不敢詰先生移文獎瑤眷深憾之番人貿貨詭稱貢使發其僞逐之外使將市狻猊入貢又上疏止之皆眷之所不利者也眷乃誣先生黨比屬官上怒遣刑部員外郎李行會巡按御史徐同愛共鞫兩人欲文致之謂吏張褧者先生所黜必恨先生使之爲證褧曰死卽死耳不敢以私恨陷正人也爰書入詔錦衣官逮問士民數萬人夾舟而哭至南昌疾作卒於石亭寺年五十八友人張元禎殮以疏絺或咎其薄元禎曰公平生清苦殮以時服公志也張褧乃上言臣本小吏以詿誤觸法爲選罷黜實臣自取眷妄意臣必恨選以厚賄啗臣令扶同陷選臣雖胥徒安敢欺昧心術顚倒是非眷知臣不可利誘嗾行等逮臣於理彌日拷掠身無完膚臣甘罪籲天終無異口行等乃依傍眷語以欺天聽選剛不受辱旬日而殂君門萬里孰諒其寃臣以罪人擯斥田野百無所圖敢冒死鼎鑊者誠痛忠廉之士銜屈抑之寃長讒佞之奸爲聖明之累也奏入不報第以他事罷眷鎭守正

德中追贈光祿寺卿謚恭愍先生嘗以易教授生徒晚而居官論易專主傳義一無異同以克己求仁爲進修之要故自號克菴讀書不資爲文辭手錄格言爲力行之助每上疏必屏居齋沐引使者於庭再拜而遣子劉子曰由張東白之事觀之非平日安貧守道之意徹乎表裏安能使朋友信之如是由張槩之事觀之非在官賞罰黜陟出乎至公安能使黜吏化之如是吾有以見先生存誠之學矣

明儒學案卷四十五

明儒學案卷四十六

姚江黃梨洲先生著

豫章後學 夏鼎 熊育鑫 熊繩祖 熊育鏞 徐兆瀾 周聯慶 熊榮祖 蕭兆柄 劉秉楨 李真賓 重刊

布衣陳剩夫先生真晟

陳真晟字剩夫初字晦夫其後以布衣自號福之鎮海衛人年十七八即能自拔於俗入長泰山中從進士唐泰治舉子業業成薦於有司至福州聞防察過嚴無待士禮乃辭歸自是不復以科舉為事務為聖賢踐履之學初讀中庸做存養省察工夫覺無頭緒繼讀大學始知為學次第以朱子所謂敬者乃大學之基本也乃求其所以為敬見程子以主一釋敬以無適釋一始於敬字見得親切乃實下工夫推尋此心之動靜而務主於一靜而主於一則靜有所養而妄念不復作矣動而主於一則動有所持而外誘不能奪矣嘗語人曰大學誠意章為鐵門關難過主一二字乃其玉鑰匙也蓋意有善惡若發於善而一以守之則其所謂惡退而聽命矣又嘗語人曰人於此

學若真知之則行在其中矣蓋以知之真則處善安循理樂其行甚順然而氣質有偏勝嗜欲有偏重二者用事其順而易者反逆而難矣此聖門論學以博學審問愼思明辨之後又加以篤行也天順三年用伊川故事詣闕上程朱正學纂要其書首採程氏學制次採朱氏論說補正學工夫次作二圖一著聖人心與天同運次著學者心法天之運次乃言立明師補正學輔皇儲隆教本數事以終上文圖說書未上先上疏乞召見而陳其說不報及書上奉旨禮部看了來說署部事侍郎鄒幹寢其事繼而家居讀提學頒行勅諭教條有合於程朱教法喜曰此學校正教也然科舉不定正考雖有正教不行也因採勅諭中要語參以程氏學制呂氏鄉約朱氏貢舉私議作正教正考會通定考德爲六等考文爲三等以告當路當路亦不省凡先生學有所得者至是皆無所遇聞臨川吳聘君名欲往質之乃貨其家具得五金兄子從行謂之曰死則瘞我於道題曰閩布衣陳某墓足矣行至南昌張東白止之宿扣其所學大加稱許曰禎敢僭謂自程朱以來惟先生得其真吳許二子不足多也如聘君者不可見亦不必見耳遂還鎭海先生生於鎭海遷於龍岩晚定居於漳之玉淵成化十年卒年六十有四先生學無師承獨得於遺經之中自以

僻處海濱出而訪求當世學者百尺竿頭豈無進步奈何東白以得真一言遂爲金梲康齋白沙終成欠事然先生之學於康齋似近於白沙差遠而白沙言闡其學術專一教人靜坐此尋向上人也戢山劉先生曰一者誠也主一敬也主一卽愼獨之說誠由敬入也剩夫恐人不識愼獨義故以主一二字代之此老學有本領故立言諦當如此是故東白得真之言亦定論也

心學圖

其一爲天地聖人之圖

大書一心字以上一點規而大之中虛曰太極太極左曰靜右曰動太極前倒書一復字靜作黑十六點動作白十六點蓋太極生兩儀也十六點之外每點各作十點如旋螺彎而向左十點之外又各作十六黑白點共三十二點大於前之三百二十點也每一大點包二卦蓋自二而四自四而八自八而十六自十六而三十二自三十二而六十四卽邵子先天圖也坤復在下書冬至乾姤在上書夏至升訟爲義曰立秋咸遯曰秋分否謙爲正曰立冬明夷無妄爲仁曰立春臨同人曰春分履泰爲中曰立夏蓋兼太極而一之也

其一爲君子法天之圖

大書一心字其上一點規而大之視前圖差小中虛曰敬敬左曰靜右曰動前一字向上曰復靜之左中分其圈而爲黑黑外爲白白外復爲黑動之右中分其圈而爲白白外爲黑黑外復爲白卽太極圖之陰陽動靜也然白黑皆互圓相入與太極稍異上曰乾下曰坤左曰坎右曰離坎之左曰靜主動離之右曰動主靜乾之上書聖要四說曰主一無適曰整齊嚴肅曰常惺惺法曰其心收斂不容一物蓋採朱子之說亦合先天太極爲一者也右圖二一著天心動靜之本然是性之原也一著君子法天之當然是性之復也聖人亦天心之自然者也君子豈可以不學乎然復性之說經傳詳矣而未有如此後一圖義之要而盡者也惟君子知之又能主敬以體之以盡其法天之功效也而有序焉蓋始則主敬使一動一靜互爲其根卽致知誠意之事是始學之要也固不外此一圈終則敬立而動靜相根明通公溥卽知至意誠之事是聖功之成也亦不外此一圈而自始至終則皆不離乎敬焉如是則法天之功至與前一大圈同一渾然燦然而無間矣一敬之功用如此豈不大哉三代學校之所以教者惟此而已此豈後世記誦俗

學之所能與耶自伏羲畫卦示精之後卽復卦堯以是欽傳之舜舜以是恭傳之禹禹以是精一傳之湯湯以是日躋傳之文緝熙武戒周公待旦孔子孔子傳之顏心齋曾一貫思尊德性孟求放心及孟氏沒而遂失其傳者此也寥寥千餘載至周程張朱氏出然後此學大明及朱氏沒而復晦者只由宋元學校雖皆用程朱之書而取士又仍隋唐科舉是以士視此心學爲無用故多不求遂又多失其真傳焉

學校考德等第式

上上等　卽能主敬窮理修己者

上中等　卽能求以主敬窮理修己者

中上等　性行端潔　居家孝弟　廉恥禮遜　見善必行　聞過必改

中中等　通明學業　曉達治道

下上等　能習經書

下中等　惟記誦舊文務口耳之學

考文等第式

上等　考德名在下之中則考文雖上亦降如此則王拱辰

夏竦不魁矣
中等　考德名在上之中中之上考文雖中亦取
下等　考德名在上之上則考文雖下必取如此則程正叔
不報罷矣
考德名在中之中下之上者則專考其文然亦不得
魁選如此則王佐不狀元矣

答書

所論欲搜剔聖賢微言緒論而紬繹之以庶幾深乎道殆是也蓋紬繹亦窮理之事大學之要莫先於窮理豈不信然然以程朱之學揆之要必先求其所以能紬繹之者以爲之本然後可也若無其本則雖欲勉強以紬繹之亦不可得也蓋義理之聚於物猶蠶絲之聚於繭至精深微密者也今欲紬繹之於繭爲易蓋引其緒以出於外者也於物理爲難實遊其心以入於內者也故苟非先養其心使有剛銳精明純一之氣則安能入其微步其精以詰其極隨其表裏精粗之處無不到而脫然盡得其妙於吾胸中乎妙有不盡得則雖曰紬繹猶未紬繹也如一物有十分道理已繹到八九分則一二分繹不得此一二分正其所謂精妙者也精妙者既不能繹則其所繹者八

九分皆其麄者耳得其麄昧其精雖謂之全未紬繹亦可也且但一物不能繹則物物皆不能繹譬如印板但印出一張糊模則張張皆糊模心麄之病何以異此苟如此而欲望深於道殆難矣矧道不惟精深實且廣大蓋合衆精深而爲一廣大者也故既不能析之極其精則必不能合之盡其大所謂物有未格則知有未至者此也然所以合之者又須此心先有廣大之量然後能也故先儒曰入道莫如敬未有能致知而不在敬者又曰涵養須用敬進學在致知所謂敬者豈非涵養此心使動而窮夫理則有剛銳精明純一之氣靜而合夫理又有高明廣大之量者乎凡此皆有真實工夫做到至處所謂聖學也程朱之學入道有門進道有階升堂觀奧皆有明轍惟此最爲要法誠不可不先講而力求者也答周公載○夫學一也豈有道俗之分所以分者在乎心而已矣故志乎義則道心也志乎利則俗心也以道心而爲俗學則俗學卽道學以利心而爲道學則道學卽俗學只在義利之間而已矣惟在朝廷則不然朝廷風化攸繫故以道學鼓天下則天下皆道學而義風盛以俗學鼓天下則天下皆俗學而利習熾此程朱所以皆欲朝廷革俗習而崇義方有以也若君子自學苟立志有定則無不可者也何俗爲同上○今之學者皆言

居敬多只是泛泛焉若存若亡而無主一無適之確則是未嘗居程子之敬也皆言窮理亦只是泛泛焉務多讀書而無卽事窮理之精則是未嘗窮程子之理也答何椒丘○蔡九峯之學未得爲醇只觀其自序乃以窮神知化與獨立物表者並言亦可見矣若物之表果有一個獨立者則是莊列之玄虛康節謂老子得易之體正亦同此是皆於體用一原顯微無間之旨見得不透徹故也同上○世人言執古貴乎通今執古而不通今猶執一也此言不然夫所謂古者卽先王之制著於禮經者是也所謂今者何禮也豈非流俗之弊習於性成者乎姑以喪禮言之古者以不飮酒食肉爲禮今人必以飮酒食肉爲禮知執古則不能以通今通今則非所謂執古豈一人眞有兩個口其一則執古又其一則通今乎抑只是一個口但遇酒食則通今及醉飽之後則執古斯謂可貴乎執古辨

布政張古城先生吉

張吉字克修別號古城江西餘干人成化辛丑進士授工部主事以劾左道李孜省妖僧繼曉謫判廣東以詩書變其俗士官陶氏遣子從學卽能以禮自處歷肇慶同知梧州知府轉廣西按察副使備兵府江搜賊勦平之正德初進正使轉布政使歷山東廣西忤逆瑾降

兩浙鹽運使瑾誅更河南廣西參政至貴州左布政使以疾歸十三年九月卒年六十八初從鄉先生學見諸生躭擇經傳以資捷徑謂士當兼治五經今業一經而所遺如此豈聖人之言亦當有去取耶遂屏絶人事窮諸經及宋儒之書久之見其大意歎曰道在是矣語學者曰不讀五經遇事便覺窒礙先生在嶺外訪白沙問學白沙以詩示之滄溟幾萬里山泉未盈尺到海觀會同乾坤誰眼碧先生不契也終以象山爲禪作陸學訂疑蓋居業錄之餘論也

方伯周翠渠先生瑛

周瑛字梁石別號翠渠福之莆田人成化己丑進士授廣德知州歷南京禮部郎中知撫州鎮遠至四川右布政使先生以民惑鬼神著祠山雜辨又以緩葬溺女著教民雜錄又著經世管鑰律呂管鑰字書管鑰固以博爲事也蚤年卽有求道之志與白沙醫閭爲友與醫閭詩云黃門儸客歸遼左少室山人憶嶺南我亦塵埃難久住木蘭溪上浣青衫然先生以居敬窮理爲鵠白沙之學有所不契寓書李大厓以辯之曰聖人靜有以立天下之大本動有以行天下之達道求諸萬殊而後一本可得蓋始學之要以收放心爲先務收放心居敬是也居敬則心存聰明睿智皆由此出然後可以窮理所謂窮理

者非謂靜守此心而理自見也蓋亦推之以及其至焉耳積累既多自然融會貫通而於一本者自得之矣一本如穀種雖自塊然而根苗花實皆聚於此又如鷄卵雖自渾然而羽毛嘴距皆具於此及其發見於行事在聖人體用一貫在學者未免差誤蓋在己者有所拘蔽故所發不無偏重之殊在外者有所搖奪故所施不無遷就之意然而既復本源則於處善亦安循理亦樂至於患難事變雖以死易生亦甘心爲之此聖學之大略也今乃塊然靜坐求畢體用之學是釋氏之虛空也

司成蔡虛齋先生清

蔡清字介夫號虛齋福之晉江人孱脆骨立而警悟絶人總髮盡屈其師裹糧數百里從三山林玭學易得其肯綮成化丁酉鄉書第一又三年登進士第授禮部主事王端毅爲冢宰改吏部丁母憂服除還禮部轉南京文選司郎中以終養歸起爲江西提學副使爲寧庶人所不喜終不肯輕屈疏乞致仕逆瑾亂政倣蔡京召龜山故事起南京祭酒而先生已卒正德三年十二月也年五十六先生平生精力盡用之易四書蒙引繭絲牛毛不足喻其細也蓋從訓詁而窺見大體其言曰反覆體驗止是虛而已蓋居常一念及靜字猶覺有待

於掃去煩囂之意唯念個虛字則自覺安便目前縱有許多勞擾而裏面條路元自分明無用多費力而亦自不至懈惰也觀於此言知不爲訓詁支離所域矣其易說不與本義同者如卜筮不專在龜筮取卜相筮占決疑爲徵又辨七占古法皆佳論也羅整菴曰蔡介夫中庸蒙引論鬼神數段極精其一生做窮理工夫且能力行所學蓋儒林中之傑出者先生極重白沙而以新學小生自處讀其終養疏謂鈔讀之餘揭蓬一視惟北有斗其光爛然可仰而不可近也其敬信可謂至矣而論象山則猶謂未免偏安之業恐亦未能真知白沙也傳其學者有同邑陳琛同安林希元其釋經書至今人奉之如金科玉律此猶無與於學問之事者也

語要

四肢百體身之膚殼也愚惡者所均有也心術言行身之精也思齊賢者所致力也於此而不致其力焉是無身也所存者膚殼焉而已矣多言何爲○人之真常見於飲食言語之末因仍造次之間故君子慎獨除邪之根也不然畢露矣○虛而一盡矣○最要靜愈靜愈靈○天地所以長久者以其氣運於內而不洩耳故仁者靜而壽天下事斷非浮躁者所能完也○分陰不惜學力不充當事臨疑口耳

無所歸手足無所措前輩云臯夔稷契何書可讀蓋此數公者雖未嘗讀書亦未嘗不窮理也窮理力行以致用學之爲道何以加此吾嘗見有胸富萬卷筆下如流而實於其身不得幾字受用者則學其可不擇術哉使臯契生今世吾知其自不能已於讀書但讀之得其術耳○每讀書時輒有欲取而用之之心則亦何必多爲也然既有是心則又自不容不多矣○天地人物欛柄皆在靜上○心當靜極天機見氣到完時鬼力隨○凡能爲百姓立久大之利者類非作色於旦夕者所能也○靜之一字更須於動中驗之動而不失其靜乃爲得力反覆體驗又止是虛而已蓋居嘗一念及靜字猶覺有待於掃去煩囂之意唯念個虛字則自覺便安目前縱有許多勞擾而裏面條路元自分明無用多費力而亦自不至懈惰也且靜亦須虛方是靜本色不然形靜而心騖於外或入於禪者何限○人心本是萬理之府惟虛則無障礙學問工夫大抵只是要去其障礙而已此言吾未能盡行之但彷彿似有一二時襲得此光景者或非意之來應之若頗閒暇至寤寐之際亦覺有甜趣故吾妄意虛之一字就是聖賢成終成始之道○某今乞終養者心有所不安也凡心之所不安便是天理之所不許不若聽命於理圖得心安之爲利也昔人所謂

樂志云者疑亦文過之辭耳愚意但自身處置得是卽是爲親也○
來書以有道二字相稱爲之駭懼或有誤以此二字加某者雖其人
甚的某謝書亦不敢以此復之先正嘗謂願士大夫有此名節不願
士大夫立此門戶今褒名飾字以相爲重便是標門標戶矣○心固
主思然思之太迫促亦反爲逆其心天之本然而不免迷墜瞀亂於
眼前矣○天下未有無根之木無源之水未有無祖宗父母之人人
身不能頃刻而離乎祖宗父母人心不可頃刻而忘乎祖宗父母心
而忘乎祖宗父母是木之斷其根水之絕其源者也縱不旦夕死滅
亦禽獸中之頑賊者矣天下未有忘祖宗父母而能趨生路者也未
有不忘祖宗父母而肯置其身不善者也○宋理學大明至朱子與
陸子俱祖孔孟而其門戶乃不盡同先生之學則出自慈湖而宗陸
氏者也其議論有曰毫分縷析較便宜若個便宜總不知總是自家
家裏事十分明白十分疑此先生之學也正所謂德性工夫居多者
也其論詩曰詩成正是不因題看取風人發興時語到口頭無可奈
未須搜攪苦吟詩則先生之詩可知其高矣其論文曰不爲世態酣
濡不受古人繩束卷舒出沒如朝霏暮雲使筆下有自然風味則先
生之文可知其高矣蓋其在萬山中玩心高明有日是以其言論概

以六經爲吾心註脚每有引而不發之意軒然霄漢之上俯視萬有無一足嬰其懷者此可見陸學未盡符於大中至正之矩使當日得究其用恐於開物成務之實終必有疎處苟其疎也則其所自受用亦恐其不覺而近於佛老噫千聖相傳家法類皆自博至約而一敬以成其終始陸學固不可謂不主敬者而稍墜於徑約既失之徑約則其心宜不周於細微而其弊容可遏乎自古高明之士往往有此在孔門則曾點之徒是已集中屢屢以夫子欲無言爲說因子貢之多言愚以爲安知非發於子貢多學而識之之後學將有得之日乎故嘗謂自其次致曲以下無仰鑽瞻忽之勞則卓爾之見或非真無隨事精察力行之功則一貫之命必不泛及夫道也者平平正正使高明者不得以獨騖其下者可以企及然後爲中庸而可以主張乎皇極詎容一毫有我於其間哉此正統所以獨歸朱子而陸氏所就猶未免爲偏安之業也讀蜀阜存藁私記

省身法

風光月霽其心胸海闊天高其器宇鳳毛麟趾其威儀玉振金聲其辭語○勸君莫著半點私終無人不知勸君莫用半點術終無人不識君不見巍巍溫公律身嚴與人忠赤心質神明素行孚狡童○聖

賢雖無心占便宜終則盡天下便宜事都歸聖賢做了彼凡計較目前便宜者究竟都不得便宜矣噫向使王莽而肯爲周公曹操而肯爲文王亦孰得而禦之然惡木在先除根彼其素所畜者危矣噫○德之威人也重矣哉誠之鑑物也豫矣哉是皆不勞而得者也故君子貴知務○必使小人不忍以其所爲而疑我之爲之也乃爲信於人○毋徒嘐嘐然曰古之人古之人也只似爾七八尺之身卽此目前一啓齒一踩足皆道所存○程先生每教人靜坐李先生亦教人靜坐以驗夫喜怒哀樂之未發時氣象爲何如此法可以養心可以養氣可以照萬物而處之可得其宜實得造化之機○培夜氣引旦氣善用其氣造化在我而已矣○莫虛勞著步莫虛放出聲久之自閑適蕩蕩復平平○宇宙之間三不朽身心之外悉皆虛言出於爾爾忘之乎爾今年幾何矣○程子曰君子之志所慮豈止在一身直慮及天下千萬世小人之慮一朝之忿曾不遑恤其身噫清不肖親嘗爲小人之事矣程子斯言可念也○樂莫樂於日休憂莫憂於多求古之人雖疾雷破山而不震雖貨以萬乘而不酬惟胸中一點堂堂者常有以砥柱於中流○胡五峯云知人之道驗之以事而觀其辭氣從人反躬者鮮不爲君子任己蓋非者鮮不爲小人噫爾尙敬

爾心術慎爾行事而和厚爾辭氣檢點之功有一之未至將不逃人於明目之一照而爲遠近之所嗤議而況人心有神雖非明者亦未易欺○器量要宏識見要精趣味要清○服食常溫一體皆春心氣常順百病自遯○周子之機超凡之梯張子之豫作聖之據程朱之敬立身之命敬以立身實地斯存豫以作聖吾計始定幾以超凡一躍入關名三實一靜虛動直○山居不欠薪舟行不欠水更有便於是人心不欠理吁嗟人心兮不欠理我欲仁斯仁至惜也早不知滋味逮血氣之力衰而義理之念回兮年將暮矣不及今而畜三年之艾兮七年之病竟何時而起矣○戒爾重其言言欲亮而貞出於我不重則人之聽之也輕惟古之聖賢兮率然隻語達天聲垂之後世而爲經○善言者自簡善應者自定君不見鐘不扣則不鳴水不止則不瑩○長注念於遠大而實地則在乎目前夫惟能踐實地於目前是以垂聲光於綿綿而可以上報乎君親師與夫先聖先賢○有道德者必不多言有信義者必不多言有才謀者必不多言惟見夫細人狂人佞人乃多言耳夫未有多言而不妄者也○澄其心於淵瑩之天奉其身於光明之地言則無一字之遺而亦無一字之贅動則如萬鈞之弩一發便中其機會此蓋古之人也○以篤實信天下

以大節竦天下以器量包天下以學識周天下以規模駕天下以實才猷實事業副天下嗚呼豈不真烈烈然大丈夫哉○若是真學問文章須見於威儀之際與夫日用之常若是真道德性命須見於治家之法與夫當官之政不然徒皇皇於多故而在身無受用之實在心無洒落之趣真是博學之小人而詞章之兒豎爾危哉○格天之功興於衽席溺身之悔誤於詞章○若能做好人仇家不得嗔不能做好人朱均無至親

太常潘南山先生府

潘府號南山浙之上虞人弘治辛丑進士累官至提學副使終養不出後以薦陞太僕寺少卿改太常寺致仕嘉靖五年六月癸酉卒先生性至孝嘗疏請行三年之喪又上聖學淵源中興治要諸疏故事四品有祭無葬上以其孝行特給之戢山先師議以先生配享尹和靖按先生正當文成講學之時當有往來問難而今不可攷見矣

南山素言

人得天地正氣以生直養之曰正學順行之曰正道養之弗直行之弗順者邪也○君子誦聖人之言愛之如父母敬之如后王○好人譽己而忌稱人之善惡人毀己而樂道人之惡民俗斯下矣○古之

言也心之聲今之言也口之聲古之文也言之文今之文也文之文
今之心亦果有異於古之心乎○飲食男女入道之門也故君子謹
微○務禮義以養心者積久而身潤務甘旨以養口者過則疾病生
焉○聖人之道盈天地皆是也學者反諸身而求之可見矣吾身一
天道也○薦賢惟恐後論功惟恐先古之道也○耽淫樂者必耽色
好善人者必好學邪正各以類動也○天下之人凡孔子所不與者
皆異端也鄙夫佞人鄉愿是也○伊川之學而有魏公之量荊公之
時亦可以舉禮樂矣○明道善處荊公伊川不善處蘇公亦可以觀
二子矣○范仲淹司馬光李綱胡寅文天祥此五人者三代以下豪
傑之才也充其識量皆可以與諸葛亮並立矣○治家亦欲嚴嚴然
後和和然後久○邵堯夫蔡元定皆有廣易自得氣象蓋務精義之
學故爾○冠婚喪祭家法之本也○好聞過不若好改過○俗吏聖
門蠹家之賊也腐儒聖門敗家之子也○經筵得真儒人主無非心
朝廷得賢相人主無過舉○君子與時進退故終身無咎○心內也
言動衣冠外也內外交正然後謂之君子○君子處事過緩則怠過
速則疎其損一也○聖人吾不得見矣吾見六經矣因語以求其心
聖人亦可見矣○無實之名禍之門也無名之實福之基也○居官

之本有三薄奉養廉之本也遠聲色勤之本也去讒私明之本也○民生不可一日無穀帛尤不可斯須無禮義○學者有繼聖之心四夫有顯君之志皆分內事耳○學然後知過學之篤然後能改過○古者文以載道宋景濂得其華方正學得其大○五經皆史也易之史奧書之史實詩之史婉禮之史詳春秋之史嚴其義則一而已○士而樂放佚者漸與無忌憚近矣

參政羅東川先生僑

羅僑字惟升別號東川豫之吉水人從學於張東白登弘治己未進士第授新會知縣表白沙言行令邑人誦法之除大理評事時逆瑾擅政劉大夏論戍先生上言非勸大臣之道免官歸瑾誅復官又以病歸文成起兵討宸濠請先生居守吉安事平擢知台州府禮布衣張尺問民疾苦治行第一陞廣東左參政上疏乞骸骨嘉靖甲午九月卒先生所學是靜存動察切實工夫未必有自得處但砥礪頗密不失儒先軌範在東白之門可謂克家矣

潛心語錄

凡細微曲折之不能謹惰慢放逸之不能除只是心生養不熟持敬工夫尚欠耳○每於暗室中靜坐久亦自生明觸目光輝豈有此心

靜久而不生明者乎○人心有明暗何也明者是原來天理暗者是
後來私欲○用心專一便是敬○平日有矜持之工夫則隨寓有安
舒之氣象○欲求道者必於心上理會欲求心者必於性情上理會
欲求性情者必於事物上理會心正則性情正性情正則事物當而
近道矣○欲看動時無差須在靜時無欠欲看行時無差須在知處
無欠學者工夫不過謹於性情心術念慮之微喜怒憂懼愛惡嗜慾
視聽言動衣冠寢興食息辭受取予出處進退窮達患難死生之際
涵養於平時察識於方動審決於臨事則無適非道而效驗隨之矣
○身在此心卽在此事在此心卽在此精神專一莫非天理流行卽
敬也愈嚴愈密是之謂篤恭事如是心亦如是表如是裏亦如是純
粹真實莫非天理周匝卽誠也積中布外是之謂王道然敬則誠矣
誠則敬矣○心不能無感未發時寂然爲靜然不妄動亦是靜感而
遂通爲動動而內照深沈存神默運於其間亦是靜○所得多在靜
中動時所得皆受用乎靜中也而動靜一矣所行多出所知行處有
得皆受用乎所知也而知行一矣當知動中有靜靜中有動動靜互
見不可截然分先後未發是靜已發是動然靜已涵動之機到已發
必以靜爲之根所存主處便是靜所發見處便是動動中有靜也故

曰聖人定之以中正仁義而主靜立人極焉○凡事循理卽是敬天
蓋天卽理也○凡一言一動一語一默一出一處一取一與皆須有
當然之則

明儒學案卷四十六

姚江黃棃洲先生著

豫章後學 夏鼎 熊育鑫 熊繩祖 熊育鏞 徐兆瀾 周聯慶 熊榮祖 蕭兆柄 劉秉楨 李真實 重刊

文莊羅整菴先生欽順

羅欽順字允升號整菴吉之泰和人宏治壬子鄉試第一明年進士及第授翰林編修擢南京國子司業時章楓山先生爲祭酒皆正己率物太學一時之盛奉親歸家因疏乞終養逆瑾怒奪職爲民瑾誅復職由南京太常少卿陞南京禮部右侍郎改吏部右侍郎嘉靖初轉左侍郎拜南京禮部尚書改入禮部丁父憂服闋起原官未至改吏部具疏固辭於是得旨致仕丁未四月二十四日卒年八十有三詔賜祭葬贈太子太保謚文莊先生家居每平旦正衣冠升學古樓羣從入敘揖畢危坐觀書雖獨處無惰容食恆二簋居無臺榭燕集無聲樂林希元曰先生自發身詞林以至八座其行己居官如精金美玉無得致疵先生自敘爲學云昔官京師逢一老僧漫問何由成

佛渠亦漫舉禪語爲答佛在庭前柏樹子意其必有所謂爲之精思達旦攬衣將起則怳然而悟不覺流汗通體既而得證道歌讀之若合符節自以爲至奇至妙天下之理莫或加焉後官南雍聖賢之書未嘗一日去手潛玩久之漸覺就實始知前所見者乃此心虛靈之妙而非性之理也自此研磨體認積數十年用心甚苦年垂六十始了然有見乎心性之真而確乎有以自信蓋先生之論理氣最爲精確謂通天地亘古今無非一氣而已氣本一也而一動一靜一往一來一闔一闢一升一降循環無已積微而著由著復微爲四時之温涼寒暑爲萬物之生長收藏爲斯民之日用彝倫爲人事之成敗得失千條萬緒紛紜膠轕而卒不克亂莫知其所以然而然是卽所謂理也初非別有一物依於氣而立附於氣以行也或者因易有太極一言乃疑陰陽之變易類有一物主宰乎其間者是不然矣斯言也卽朱子所謂理與氣是二物理弱氣強諸論可以不辯而自明矣第先生之論心性頗與其論理氣自相矛盾夫在天爲氣者在人爲心在天爲理者在人爲性理氣如是則心性亦如是決無異同人受天之氣以生祇有一心而已而一動一靜喜怒哀樂循環無已當惻隱處自惻隱當羞惡處自羞惡當恭敬處自恭敬當是非處自是非千

頭萬緒轇轕紛紜歷然不能昧者是卽所謂性也初非別有一物立於心之先附於心之中也先生以爲天性正於受生之初明覺發於既生之後明覺是心而非性信如斯言則性體也心用也性是人生以上靜也心是感物而動動也性是天地萬物之理公也心是一己所有私也明明先立一性以爲此心之主與理能生氣之說無異於先生理氣之論無乃大悖乎豈理氣是理氣心性是心性二者分天人遂不可相通乎雖然心性之難明不自先生始也夫心祇有動靜而已寂然不動感而遂通動靜之謂也情貫於動靜性亦貫於動靜故喜怒哀樂不論已發未發皆情也其中和則性也今以喜怒哀樂未發之中爲性已發之和爲情勢不得不先性而後心矣性先心後不得不有罅隙可尋矣惻隱羞惡辭讓是非心也仁義禮智指此心之卽性也非先有仁義禮智之性而後發之爲惻隱羞惡辭讓是非之心也觀此知李見羅道性編亦一偏之論凡人見孺子入井而怵惕嘑蹴而不屑此性之見於動者也卽當其靜而性之爲怵惕不屑者未嘗不在也凡動靜者皆心之所爲也是故性者心之性舍明覺自然自有條理之心而別求所謂性亦猶舍屈伸往來之氣而別求所謂理矣朱子雖言心統性情畢竟以未發屬之性已發屬之心卽

以言心性者言理氣故理氣不能合一先生之言理氣不同於朱子而言心性則於朱子同故不能自一其說耳先生以釋氏有見於明覺自然謂之知心不識所謂天地萬物之理謂之不知性羲以爲釋氏親親仁民愛物無有差等是無惻隱之心也取與不辨而行乞布施是無羞惡之心也天上天下唯我獨尊是無辭讓之心也無善無惡是無是非之心也其不知性者由於不知心爾然則其所知者亦心之光影而非實也高景逸先生曰先生於禪學尤極探討發其所以不同之故自唐以來排斥佛氏未有若是之明且悉者嗚呼先生之功偉矣

困知記

此理之在心目間由本而之末萬象紛紜而不亂自末而歸本一真湛寂而無餘惟其無餘是以至約乃知聖經所謂道心惟微者其本體誠如是也○孔子教人莫非存心養性之事然未嘗明言之也孟子則明言之矣夫心者人之神明性者人之生理理之所在謂之心心之所有謂之性不可混而爲一也虞書曰人心惟危道心惟微論語曰從心所欲不踰矩又曰其心三月不違仁孟子曰君子所性仁義禮智根於心此心性之辨也二者初不相離而實不容相混精之

又精乃見其真其或認心以爲性差毫釐而謬千里矣○繫辭曰無有遠近幽深遂知來物非天下之至精其孰能與於此通其變遂成天地之文極其數遂定天下之象非天下之至變其孰能與於此寂然不動感而遂通天下之故非天下之至神其孰能與於此夫易聖人之所以極深而研幾也易道則然卽天道也其在人也容有二乎是故至精者性也至變者情也至神者心也所貴乎存心者固將極其深研其幾以無失乎性情之正也若徒有見乎至神者遂以爲道在是矣而深之不能極幾之不能研顧欲通天下之志成天下之務有是理哉○道心寂然不動者也至精之體不可見故微人心感而遂通者也至變之用不可測故危○道心性也人心情也心一也而兩言之者動靜之分體用之别也凡靜以制動則吉動而迷復則凶惟精所以審其幾也惟一所以存其誠也允執厥中從心所欲不踰矩也聖神之能事也釋氏之明心見性與吾儒之盡心知性相似而實不同蓋虛靈知覺心之妙也精微純一性之真也釋氏之學大抵有見於心無見於性故其爲教始則欲人盡離諸相而求其所謂空空卽虛也既則欲其卽相卽空而契其所謂覺覺卽知也覺性既得則空相洞徹神用無方神卽靈也凡釋氏之言性窮其本末要不出

此三者然此三者皆心之妙而豈性之謂哉使據其所見之及復能
向上尋之帝降之衷亦庶乎其可識矣○盈天地之間者惟萬物人
固萬物中一物耳乾道變化各正性命人猶物也我猶人也其理容
有二哉然形質既具則其分不能不殊分殊故各私其身理一故皆
備於我夫人心虛靈之體本無不該惟其蔽於有我之私是以明於
近而暗於遠見其小而遺其大凡其所遺所暗皆不誠之本也然則
知有未至欲意之誠其可得乎故大學之教必始於格物所以開其
蔽也格物之訓如程子九條往往互相發明譬如千蹊萬徑皆可以
適國但得一道而入則可以推類而通其餘而今之學者動以不能
盡格天下之物爲疑是豈嘗一日實用其功徒自誣耳○此理之在
天下由一以之萬初非安排之力會萬而歸一豈容牽合之私是故
察之於身宜莫先於性情卽有見焉推之於物而不通非至理也察
之於物固無分於鳥獸草木卽有見焉反之於心而不合非至理也
必灼然有見乎一致之妙了無彼此之殊而其分之殊者自森然其
不可亂斯爲格致之極功○格物之格是通徹無間之意蓋工夫至
到則通徹無間物卽我我卽物渾然一致○自夫子贊易始以窮理
爲言理果何物也哉蓋通天地亘古今無非一氣而已氣本一也而

一動一靜一往一來一闔一闢一升一降循環無已積微而著由著復微爲四時之温涼寒暑爲萬物之生長收藏爲斯民之日用彝倫爲人事之成敗得失千條萬緒紛紜膠轕而卒不克亂有莫知其所以然而然是卽所謂理也初非別有一物依於氣而立附於氣以行也或者因易有太極一言乃疑陰陽之變易類有一物主宰乎其間者是不然夫易乃兩儀四象八卦之總名太極則衆理之總名也云易有太極明萬殊之原於一本也因而推其生生之序明一本之散爲萬殊也斯固自然之機不宰之宰夫豈可以形迹求哉斯義也惟程伯子言之最精叔子與朱子似乎小有未合今其說具在必求所以歸於至一斯可矣程伯子嘗歷舉繫辭形而上者謂之道形而下者謂之器立天之道曰陰與陽立地之道曰柔與剛立人之道曰仁與義一陰一陽之謂道數語乃從而申之曰陰陽亦形而下者也而曰道者惟此語截得上下最分明元來只此是道要在人默而識之也學者誠以此言精思潛玩久久自當有見所謂叔子小有未合者劉元成記其語有云所以陰陽者道又云所以闔闢者道竊詳所以二字固指言形而上者然未免微有二物之嫌以伯子元來只此是道觀之自見渾然之妙似不須更著所以字也所謂朱子小有未合

者蓋其言有云理與氣決是二物又云氣強理弱又云若無此氣則此理如何頓放似此類頗多惟答何國材一書有云一陰一陽往來不息卽是道之全體此語最爲截直深有合於程伯子之言然不多見不知以何者爲定論也○竊以性命之妙無出理一分殊四字蓋一物之生受氣之初其理惟一成形之後其分則殊其分之殊莫非自然之理其理之一常在分殊之中此所以爲性命之妙也語其一故人皆可以爲堯舜語其殊故上智與下愚不移聖人復起其必有取於吾言矣○請以從古以來凡言性者明之若有恆性理之一也克綏厥猷則分之殊者隱然寓乎其間成之者性理之一也仁者知者百姓也分之殊也天命之謂性理之一也率性之謂道分之殊也性善理之一也而其言未及乎分殊有性善有性不善分之殊也而其言未及乎理一程張本思孟以言性旣專主乎理復推氣質之說則分之殊者誠亦盡之但曰天命之性固已就氣質而言之矣曰氣質之性性非天命之謂乎一性而兩名且以氣質與天命對言語終未瑩朱子猶恐人之視爲二物也乃曰氣質之性卽太極全體墮在氣質之中夫旣以墮言理氣不容無罅縫矣惟以理一分殊蔽之自無往而不通所謂天下無性外之物豈不亶其然乎○天人一理而

其分不同人生而靜此理固在於人分則屬乎天也感物而動此理固出乎天分則屬乎人矣君子必慎其獨以此夫○天命之謂性自其受氣之初言也率性之謂道自其成形之後言也蓋形質既成人則率其人之性而爲人之道物則率其物之性而爲物之道鈞是人也而道又不盡同仁者見之則謂之仁知者見之則謂之知百姓則日用而不知分之殊也於此可見所云君子之道鮮者蓋君子之道乃中節之和天下之達道也必從事於修道之教然後君子之道可得而性以全戒懼慎獨所以修道也○喜怒哀樂之未發謂之中子思此言所以開示後學最爲深切蓋天命之性無形象可覩無方體可求學者猝難理會故卽喜怒哀樂以明之夫喜怒哀樂人人所有而易見者但不知其所謂中不知其爲天下之大本故特指以示人使知性命卽此而在也上文戒慎恐懼卽所以存養乎此然知之未至則所養不能無差或陷於釋氏之空寂矣故李延平教人須於靜中體認大本未發時氣象分明卽處事應物自然中節李之此指蓋得之羅豫章羅得之楊龜山楊乃程門高第其傳固有自來矣程伯子嘗言學者先須識仁識得此理以誠敬存之而已叔子亦言勿忘勿助長卽是養氣之法如不識怎生養有物始言養無物又養個甚

由是觀之則未發之中安可無體認工夫雖叔子嘗言存養於未發之時則可求中於未發之前則不可此殆一時答問之語未必其終身之定論也且以爲既思卽是已發語亦傷重思乃動靜之交與發於外者不同推尋體認要不出方寸間耳伯子嘗言天理二字是自家體貼出來又云中者天下之大本天地之間停停當當直上直下之正理出則不是若非其潛心體貼何以見得如此分明學者於未發之中誠有體認工夫灼見其直上直下真如一物之在吾目斯可謂之知性也矣亹亹焉戒懼以終之庶無負子思子所以垂教之深意乎○存養是學者終身事但知既至與知未至時意味迥然不同知未至時存養非十分用意不可安排把捉靜定爲難往往久而易厭知既至時存養卽不須大段著力從容涵泳之中生意油然自有不可遏者其味深且長矣然爲學之初非有平日存養之功心官不曠則知亦無由而至朱子所謂誠明兩進者以此省察是將動時更加之意卽大學所謂安而慮者然安而能慮乃知止后事故所得者深若尋常致察其所得者終未可同日而語大抵存養是思主省察乃輔佐也○理一也必因感而後形感則兩也不有兩卽無一然天地間無適而非感應是故無適而非理○神化者天地之妙用也天

地間非陰陽不化非太極不神然遂以太極爲神以陰陽爲化則不可夫化乃陰陽之所爲而陰陽非化也神乃太極之所爲而太極非神也爲之爲言所謂莫之爲而爲者也張子云一故神兩故化蓋化言其運行者也神言其存主者也化雖兩而其行也常一神本一而兩之中無弗在焉合而言之則爲神分而言之則爲化故言化則神在其中矣言神則化在其中矣言陰陽則太極在其中矣言太極則陰陽在其中矣一而二二而一者也學者於此須認教體用分明其或差之毫釐鮮不流於釋氏之歸矣○唐宋諸名臣多尙禪學學之至者亦儘得受用蓋其生質既美心地復得此虛靜兼有稽古之功則其運用酬酢雖不中不遠矣且凡爲此學者皆不隱其名不諱其實初無害其爲忠信也故其學雖誤其人往往有足稱焉後世乃有儒其名而禪其實諱其實而侈其名者吾不知其反之於心果何如也○樂記人生而靜天之性也感於物而動性之欲也一段義理精粹要非聖人不能言象山從而疑之過矣彼蓋專以欲爲惡也夫人之有欲固出於天蓋有必然而不容已且有當然而不可易者於其所不容已者而皆合乎當然之則夫安往而非善乎惟其恣情縱欲而不知反斯爲惡耳先儒多以去人欲遏人欲爲言蓋所以防其流

者不得不嚴但語意似乎偏重夫欲與喜怒哀樂皆性之所有者喜怒哀樂又可去乎象山又言天亦有善有惡如日月蝕惡星之類是固然矣然日月之蝕彗孛之變未有不旋復其常者玆不謂之天理而何故人道所貴在乎不遠而復奈何滔滔者天下皆是也是則循其本而言之天人曷常不一究其末也亦安得而不二哉○太極圖說無極之真二五之精妙合而凝三語愚不能無疑凡物必兩而後可以言合太極與陰陽果二物乎其爲物也果二則方其未合之先各安在耶朱子終身認理氣爲二物其源蓋出於此○正蒙云聚亦吾體散亦吾體知死之不亡者可與言性矣又云游氣紛擾合而成質者生人物之萬殊其陰陽兩端循環不已者立天地之大義夫人物則有生有死天地則萬古如一氣聚而生形而爲有有此物卽有此理氣散而死終歸於無無此物卽無此理安得所謂死而不亡者耶若夫天地之運萬古如一又何死生存亡之有譬之一樹人物乃其花葉天地其根幹也花謝葉枯則脫落而飄零矣其根幹之生意固自若也而飄零者復何交涉謂之不亡可乎故朱子謂張子此言其流乃是個大輪迴由其迫切以求之是以不覺其誤如此○謝上蔡有言心之窮物有盡而天者無盡如之何包之此言不知爲何而

發夫人心之體卽天之體本來一物無用包也但其主於我者謂之心耳心之窮物有盡由窮之而未至耳物格則無盡矣無盡卽無不盡夫是之謂盡心心盡則與天爲一矣如其爲物果二又豈人之智力之所能包哉○昔官京師逢一老僧漫問如何成佛渠亦漫舉禪語爲答云佛在庭前柏樹子愚意其必有所謂爲之精思達旦攬衣將起則恍然而悟不覺流汗通體既而得證道歌讀之如合符節自以爲至奇至妙天下之理莫或加焉後官南雍則聖賢之書未嘗一日去手潛玩久之漸覺就實始知前所見者乃此心虛靈之妙而非性之理也自此研磨體認日復一日積數十年用心甚苦年垂六十始了然有見乎心性之真而確乎有以自信朱陸之學於是乎僅能辨之艮亦鈍矣蓋嘗徧閱象山之書大抵皆明心之說其自謂所學因讀孟子而自得之時有議之者云除了先立乎其大者一句全無伎倆某亦以爲誠然然愚觀孟子之言與象山之學自別於此而不能辨非惟不識象山亦不識孟子矣孟子云耳目之官不思而蔽於物物交物則引之而已矣心之官則思思則得之不思則不得也此天之所以與我者先立乎其大者則其小者不能奪也一段言語甚是分明所貴乎先立其大者何以其能思也能思者心所思而得者

性之理也是則孟子喫緊爲人處不出乎思之一言故他日又云仁義禮智非由外鑠我也我固有之也弗思耳矣而象山之教學者顧以爲此心但存則此理自明當惻隱處自惻隱當羞惡處自羞惡當辭遜處自辭遜是非在前自能辨之又云當寬裕溫柔自寬裕溫柔當發強剛毅自發強剛毅若然則無所用乎思矣非孟子先立乎其大者之本旨也夫不思而得乃聖人分上事所謂生而知之者而豈學者之所及哉苟學而不思此理終無由而得凡其當如此自如此者雖或有出於靈覺之妙而輕重長短類皆無所取中非過焉斯不及矣遂乃執靈覺以爲至道謂非禪學而何蓋心性至爲難明象山之誤正在於此故其發明心要動輒數十百言而言及於性者絕少間因學者有問不得已而言之只是枝梧籠罩過並無實落良由所見不的是誠不得於言也嘗考其言有云心即理也然則性果何物耶又云在天者爲性在人者爲心然則性果不在人耶既不知性之爲性舍靈覺即無以爲道矣謂之禪學夫復何疑或者見象山所與王順伯書未必不以爲禪學非其所取殊不知象山陽避其名而陰用其實也何以明之蓋書中但言兩家之教所從起者不同初未嘗顯言其道之有異豈非以儒佛無二道惟其主於經世則遂爲公爲

義爲儒者之學乎所謂陰用其實者此也或者又見象山亦嘗言致思亦嘗言格物亦嘗言窮理未必不以爲無背於聖門之訓殊不知言雖是而所指則非如云格物致知者格此物致此知也窮理者窮此理也思則得之得此者也先立乎其大者立此者也皆本之經傳然以立者此也一語證之則凡所謂此者皆指心而言也聖經之所謂格物窮理果指心乎故其廣引博證無非以曲成其明心之說求之聖賢本旨竟乖戾而不合也或猶不以爲然請復實之以事有楊簡者象山之高第弟子也嘗發本心之問遂於象山言下忽省此心之清明忽省此心之無始末忽省此心之無所不通有詹阜民者從遊象山安坐瞑目用力操存如此者半月一日下樓忽覺此心已復澄瑩象山目逆而視之曰此理已顯也蓋惟禪家有此機軸試觀孔曾思孟之相授受曾有一言似此否乎其證佐之分明脈路之端的雖有善辨殆不能爲之出脫矣蓋二子者之所見卽愚往年所見之光景愚是以能知其誤而究言之不敢爲含糊兩可之詞也嗟夫象山以英邁絕人之資遇高明正直之友使能虛心易氣舍短取長以求歸於至當卽其所至何可當也顧乃眩於光景之奇特而忽於義理之精微向道雖勤而朔南莫辨至於沒齒曾莫知其所以生者不

亦可哀也夫○程子曰聖賢千言萬語只是欲人將已放之心約之
使反復入身來自能尋向上去下學而上達也席文同嗚寃錄提綱
有云孟子之言程子得之程子之後陸子得之然所引程子之言只
到復入身來而止最緊要是自能尋向上去下學而上達二語却裁
去不用果何說耶似此之見非惟無以直象山之寃正恐不免寃屈
程子也○程子言性卽理也象山言心卽理也至當歸一精義無二
此是則彼非彼是則此非安可不明辨之吾夫子贊易言性屢矣曰
乾道變化各正性命曰成之者性曰聖人作易以順性命之理曰窮
理盡性以至於命但詳味此數言性卽理也明矣於心亦屢言之曰
聖人以此洗心曰易其心而後語曰能說諸心夫心而曰洗曰易曰
說洗心而曰以此試詳味此數語謂心卽理也其可通乎且孟子嘗
言理義之悅我心猶芻豢之悅我口尤爲明白易見故學而不取證
於經書一切師心自用未有不自誤者也○薛文清讀書錄甚有體
認工夫然亦有未合處所云理氣無縫隙故曰器亦道道亦器其言
當矣至於反覆證明氣有聚散理無聚散之說愚則不能無疑夫一
有一無其爲縫隙也大矣安得謂之器亦道道亦器耶蓋文清之於
理氣亦始終認爲二物故其言未免時有窒礙也竊嘗以爲氣之聚

便是聚之理氣之散便是散之理惟其有聚有散是乃所謂理也推之造化之消長事物之始終莫不皆然胡敬齋窮理似乎欠透如云氣乃理之所爲又云人之道乃仁義之所爲又云所以爲是太和者道也又云有理而後有氣又云易卽道之所爲但熟讀繫辭傳其說之合否自見余子積之性書則又甚焉又云氣嘗能輔理之美矣理豈不救氣之衰乎胡敬齋力攻禪學但於禪學本末未嘗深究動以想像二字斷之安能得其心服耶蓋吾儒之有得者固是實見禪學之有得者也亦是實見但所見有不同是非得失遂於此乎判耳彼之所見乃虛靈知覺之妙亦自分明脫灑未可以想像疑之然其一見之餘萬事皆畢卷舒作用無不自由是以猖狂妄行而終不可與入堯舜之道也愚所謂有見於心無見於性當爲不易之論使誠有見乎性命之理自不至於猖狂妄行矣蓋心性至爲難明是以多誤謂之兩物又非兩物謂之一物又非一物除卻心卽無性除卻性卽無心惟就一物中剖分得兩物出來方可謂之知性學未至於知性天下之言未易知也○居業錄云婁克貞見搬木之人得法便說他是道此與運水搬柴相似指知覺運動爲性故如此說夫道固無所不在必其合乎義理而無私乃可爲道豈搬木者所能設使能之亦

性之理也是則孟子喫緊爲人處不出乎思之一言故他日又云仁義禮智非由外鑠我也我固有之也弗思耳矣而象山之教學者顧以爲此心但存則此理自明當惻隱處自惻隱當羞惡處自羞惡當辭遜處自辭遜是非在前自能辨之又云當寛裕温柔自寛裕温柔當發強剛毅自發強剛毅若然則無所用乎思矣非孟子先立乎其大者之本旨也夫不思而得乃聖人分上事所謂生而知之者而豈學者之所及哉苟學而不思此理終無由而得凡其當如此自如此者雖或有出於靈覺之妙而輕重長短類皆無所取中非過焉斯不及矣遂乃執靈覺以爲至道謂非禪學而何蓋心性至爲難明象山之誤正在於此故其發明心要動輒數十百言而言及於性者絶少間因學者有問不得已而言之只是枝梧籠罩過並無實落良由所見不的是誠不得於言也嘗考其言有云心即理也然則性果何物耶又云在天者爲性在人者爲心然則性果不在人耶既不知性之爲性舍靈覺即無以爲道矣謂之禪學夫復何疑或者見象山所與王順伯書未必不以爲禪學非其所取殊不知象山陽避其名而陰用其實也何以明之蓋書中但言兩家之教所從起者不同初未嘗顯言其道之有異豈非以儒佛無二道惟其主於經世則遂爲公爲

皆無實事可見得非欲稍自別於禪學而姑爲是言耶湛元明爲改葬墓碑并合要理會一句亦不用其平日之心傳口授必有在矣○白沙詩教開卷第一章乃其病革時所作以示元明者也所舉經書曾不過一二語而遂及於禪家之杖喝何邪殆熟處難忘也所云莫杖莫喝只是掀飜說蓋一悟之後則萬法皆空有學無學有覺無覺其妙旨固如此此金針之譬亦出佛氏以喻心法也誰掇云者詩云繡羅一方金針誰掇殆以領悟者之鮮其人而深屬意於元明耳觀乎莫道金針不傳與江門風月釣臺深之句別一絶句其意可見注乃謂深明正學以闢釋氏之非豈其然乎溥博淵泉而時出之道理自然語意亦自然曰藏而後發便有作弄之意未可同年而語也四端在我無時無處而不發見知皆擴而充之卽是實地上工夫今乃欲於靜中養出端倪既一味靜坐事物不交善端何緣發見遏伏之久或者忽然有見不過虛靈之光景耳朝聞夕死之訓吾夫子所以示人當汲汲於謀道庶幾無負此生故程子申其義云聞道知所以爲人也夕死可矣是不虛生也今顧以此言爲處老處病處死之道不幾於侮聖言者乎道乃天地萬物公共之理非有我之所得私聖賢經書明若日星何嘗有一言以道爲吾爲我佛氏妄誕乃曰天上天

下惟我獨尊今其詩有云無窮吾亦在又云玉臺形我我何形吾也我也注皆指爲道也是果安所本耶然則所謂纔覺便我大而物小物有盡而我無盡正是惟我獨尊之說姑自成一家可矣必欲強合於吾聖人之道難矣哉◯楊方震復余子積書有云若論一則不徒理一而氣亦一也若論萬則不徒氣萬而理亦萬也此言甚當但亦字稍覺未安◯人呼吸之氣卽天地之氣自形體而觀若有內外之分其實一氣之往來耳程子云天人本無二不必言合卽氣卽理皆然◯理卽是氣之理當於氣之轉折處觀之往而來來而往便是轉折處也夫往而不能不來來而不能不往有莫知其所以然而然若有一物主宰乎其間而使之然者此理之所以名也易有太極此之謂也若於轉折處看得分明自然頭頭皆合程子嘗言天地間只有一個感應而已更有甚事夫往者感則來者應來者感則往者應一感一應循環無已理無往而不存焉在天在人一也天道惟是至公故感應有常而不忒人情不能無私欲之累故感應易忒而靡常夫感應者氣也如是而感則如是而應有不容以毫髮差者理也適當其可則吉反而去之則凶或過焉或不及焉則悔且吝故理無往而不定也然此多是就感通處說須知此心雖寂然不動其中和之氣

自爲感應者未始有一息之停故所謂停停當當直下直上之正理自不容有須臾之間此則天之所命而人物之所以爲性者也愚故嘗曰理須就氣上認取然認氣爲理便不是此言殆不可易哉○孟子曰孩提之童無不知愛其親也及其長也無不知敬其兄也以此實良知良能之說其義甚明蓋知能乃人心之妙用愛敬乃人心之天理也以其不待思慮而自知此故謂之良近時有以良知爲天理者然則愛敬果何物乎程子嘗釋知覺二字之義云知是知此事覺是覺此理又云佛氏之云覺甚底是覺斯道甚底是覺斯民正斥其知覺爲性之謬耳夫以二子之言明白精切如此而近時異說之興聽者曾莫之辨則亦何以講學爲哉○上天之載無聲無臭又安有形體可覓耶然自知道者觀之卽事卽物之理便昭昭然在心目之間非自外來非由內出自然一定而不可易所謂如有所立卓爾非想像之辭也佛氏以寂滅爲極致與聖門卓爾之見絕不相同彼曠而虛此約而實也以覺言仁固非以覺言智亦非也蓋仁智皆吾心之定理而覺乃其妙用如以妙用爲定理則大傳所謂一陰一陽之謂道陰陽不測之爲神果何別耶朱子嘗言神亦形而下者又云神乃氣之精英須曾實下工夫體究來方信此言確乎其不可易不然

則誤以神爲形而上者有之矣黃直卿嘗疑中庸論鬼神有誠之不可掩一語則是形而上者朱子答以只是實理處發見其義愈明○情是不待主張而自然發動者意是主張如此發動者不待主張者須是與他做主張方能中節由此心主張而發者便有公私義利兩途須要詳審二者皆是愼獨工夫○天地人物止是一理然而語天道則曰陰陽語地道則曰剛柔語人道則曰仁義何也蓋其分既殊其爲道也自不容於無別然則鳥獸草木之爲物欲名其道夫豈可以一言盡乎大抵性以命同道以形異必明乎異同之際斯可以盡天地人物之性道心此心也人心亦此心也一心而二名非聖人強分別也體之靜正有常而用之變化不測也須兩下見得分明方是盡心之學佛氏所以似是而非者有見於人心無見於道心耳慈湖說易究其指歸不出乎虛靈知覺而已其曰吾性澄然清明而非物吾性洞然無際而非量天者吾性中之象地者吾性中之形故曰在天成象在地成形皆我之所爲楞嚴經所謂山河大地咸是妙明真心中物卽其義也其曰目能視所以能視者何物耳能聽所以能聽者何物口能噬所以能噬者何物鼻能嗅所以能嗅者何物手能運用屈伸所以能運用屈伸者何物足能步趨所以能步趨者何物氣

血能周流所以能周流者何物心能思慮所以能思慮者何物波羅提作用是性一偈卽其義也其曰天地非大也毫髮非小也晝非明也夜非晦也往非古也此非今也他日非後也鳶飛戾天非鳶也魚躍於淵非魚也金剛經所謂如來說世界卽非世界是名世界三十二相卽是非相是名三十二相卽其義也凡篇中曰己曰吾曰我義與惟我獨尊無異其爲禪學昭昭矣○愚嘗謂人心之體卽天之體本來一物但其主於我者謂之心若謂其心通者洞見天地人物皆在吾性量之中而此心可以範圍天地則是心大而天地小矣是以天地爲有限量矣本欲其一反成二物謂之知道可乎易有太極是生兩儀乃統體之太極乾道變化各正性命則物物各具一太極矣其所爲太極則一而分則殊惟其分殊故其用亦別若謂天地人物之變化皆吾心之變化而以發育萬物歸之吾心是不知有分之殊矣既不知分之殊又惡可語夫理之一哉蓋發育萬物自是造化之功用人何與焉雖非人所能與其理卽吾心之理故中庸贊大哉聖人之道而首以是爲言明天人之無二也此豈蔽於異說者之所能識哉況天地之變化萬古自如人心之變化與生俱生則亦與生俱盡謂其常住不滅無是理也慈湖悞矣藐焉數尺之軀乃欲私造化

以爲己物何其不知量邪○因閱慈湖書賦詩三章斜風細雨釀輕寒掩卷長吁百慮攢不是皇天分付定中華那復有衣冠一裝成戲劇逐番新任逼真時總不真何事貪看忘晝夜只緣聲色解迷人二鏡中萬象原非實心上些兒却是真須就這些明一貫莫將形影弄精神三程子解道心惟微曰心道之所在微道之體也解得極明些兒二字乃俗語康節詩中嘗用之意與微字相類天人物我所以通貫爲一只是此理而已如一線之貫萬珠提起都在掌握故盡己之性便能盡人物之性可以贊化育而參天地慈湖謂其心通者洞見天地人物皆在吾性量之中是將形影弄精神也殊不知鏡中之象與鏡原不相屬提不起按不下收不攏放不開安得謂之一貫邪○慈湖有云近世學者沉溺乎義理之意說胸中常存一理不能忘捨捨是則豁然無所憑依故必置理字於其中不知聖人胸中初無如許意度愚按聖人胸中固自清明瑩徹然於中則曰允執於矩則曰不踰豈是漠然蕩無主宰凡視聽言動喜怒哀樂一切任其自作自止如水泡乎若見得此理真切自然通透灑落又何有於安排布置之勞哉○易曰立人之道曰仁與義其名易知其理未易明也自道體言之渾然無間之謂仁截然有止之謂義自體道者言之心與理

一之謂仁事與理一之謂義心與理一則該貫動靜斯渾然矣事與理一則動中有靜斯截然矣截然者不出乎渾然之中事之合理卽心與理一之形也心與理初未嘗不一也有以間之則二矣然則何修何爲而能復其本體之一邪曰敬○書之所謂道心卽樂記所謂人生而靜天之性也卽中庸所謂未發之中天下之大本也決不可作已發看若認道心爲已發則將何者以爲大本乎愚於此不能無少異於朱子者

論學書

吾之有此身與萬物之爲物孰非出於乾坤其理固皆乾坤之理也自我而觀物固物也以理觀之我亦物也渾然一致而已夫何分於內外乎所貴乎格物者正欲卽其分之殊而有以見乎理之一無彼無此無欠無餘而實有所統會夫然後謂之知至亦卽所謂知止而大本於是乎可立達道於是乎可行自誠正以至於治平庶乎可一以貫之而無遺矣與王陽明○物者意之用也格者正也正其不正以歸於正也此執事格物之訓也來教云格物者格其心之物也格其意之物也格其知之物也正心者正其物之心也誠意者誠其物之意也致知者致其物之知也夫謂格其心之物格其意之物格其

則誤以神爲形而上者有之矣黄直卿嘗疑中庸論鬼神有誠之不可掩一語則是形而上者朱子答以只是實理處發見其義愈明○情是不待主張而自然發動者意是主張如此發動者不待主張者須是與他做主張方能中節由此心主張而發者便有公私義利兩途須要詳審二者皆是慎獨工夫○天地人物止是一理然而語天道則曰陰陽語地道則曰剛柔語人道則曰仁義何也蓋其分既殊其爲道也自不容於無別然則鳥獸草木之爲物欲各其道夫豈可以一言盡乎大抵性以命同道以形異必明乎異同之際斯可以盡天地人物之性道心此心也人心亦此心也一心而二名非聖人強分別也體之靜正有常而用之變化不測也須兩下見得分明方是盡心之學佛氏所以似是而非者有見於人心無見於道心耳慈湖說易究其指歸不出乎虛靈知覺而已其曰吾性澄然清明而非物吾性洞然無際而非量天者吾性中之象地者吾性中之形故曰在天成象在地成形皆我之所爲楞嚴經所謂山河大地咸是妙明真心中物卽其義也其曰目能視所以能視者何物耳能聽所以能聽者何物口能噬所以能噬者何物鼻能嗅所以能嗅者何物手能運用屈伸所以能運用屈伸者何物足能步趨所以能步趨者何物氣

理在人則謂之性在天則謂之命心也者人之神明而理之存主處也豈可謂心卽理而以窮理爲窮此心哉良心發見乃感應自然之機所謂天下之至神者固無待於思也然欲其一一中節非思不可研幾工夫正在此處故大學之教雖已知止有定必慮而後能得之若此心粗立猶未及於知止感應之際乃一切任其自然遂以爲卽此是道其不至於猖狂妄行者幾希 答允恕弟

○寂然不動感而遂通高見謂非聖人不能是以不能無疑於鄙說愚以爲常人之心亦有時而寂但茫無主宰而大本有所不立常人之心亦無時不感但應物多謬而達道有所不行此其所以善惡雜出而常危也既是人心動靜如此卽不容獨歸之聖人矣至余所云物格則無物者誠以其功深力到而豁然貫通則凡屈伸消長之變始終聚散之狀哀樂好惡之情雖千緒萬端而卓然心目閒者無非此理一切形器之粗迹舉不能礙吾廓然之本體夫是之謂無物孟子所謂盡心知性而知天卽斯義也 答黃筠溪

○人之知識不容有二孟子但以不慮而知者名之曰良非謂別有一知也今以知惻隱知羞惡知恭敬知是非爲良知知視知聽知言知動爲知覺是果有二知乎夫人知視聽言動不待思慮而知者亦多矣感通之妙捷於桴鼓何以異於惻隱

羞惡恭敬是非之發乎且四端之發未有不關於視聽言動者是非必自其口出恭敬必形於容貌惡惡臭輒掩其鼻見孺子將入於井輒匍匐而往救之果何從而見其異乎知惟一耳而強生分別吾聖賢之書未嘗有也惟楞伽經有所謂真識現識及分別事識三種之別必如高論則良知乃真識而知覺當以為分別事識無疑矣以下答歐陽少司成

天性之真明覺自然隨感而通自有條理是以謂之良知亦謂之天理賢契所得在此數語夫謂良知即天理則天性明覺只是一事區區之見要不免於二之蓋天性之真乃其本體明覺自然乃其妙用天性正於受生之初明覺發於既生之後有體必有用而用不可以為體也樂記所謂人生而靜天之性即天性之真也感物而動性之欲即明覺之自然也大傳所謂天下之至精即天性之真也天下之至神即明覺之自然也大雅所謂有物有則即天性之真也好是懿德即明覺之自然也諸如此類其證甚明孔子嘗言知道知德曾子嘗言知止子思嘗言知天知人孟子嘗言知性知天凡知字皆虛下一字皆實虛實既判體用自明以用為體未之前聞也○來書格物工夫惟是隨其位分修其實履雖云與佛氏異然於天地萬物之理一切置之度外更不復講則無以達夫一貫之妙又

安能盡己之性以盡人物之性贊化育而參天地哉此無他只緣誤認良知爲天理於天地萬物上良知二字自是安著不得不容不置之度外耳聖人本天釋氏本心天地萬物之理旣皆置之度外其所本從可知矣若非隨其位分修其實履則自頂至踵豈復少有分別乎○以良知爲天理則易簡在先工夫居後後則可緩白沙所謂得此欛柄入手更有何事自茲以往但有分殊處合要理會是也謂天理非良知則易簡居後工夫在先先則當急所謂果能此道矣雖愚必明雖柔必強是也○以良知爲天理乃欲致吾心之良知於事事物物則是道理全在人安排出事物無復本然之則矣無乃不得於言乎 俱同上

讀佛書辨 抽困知記中辯佛書者另爲一帙

金剛經心經可謂簡盡圓覺詞意稍複法華緊要指示處纔十二三餘皆閑言語耳且多誕謾達磨雖不立文字直指人心見性成佛然後來說話不勝其多大概其教人發心之初無眞非妄故曰若見諸相非相卽見如來悟入之後則無妄非眞故云無明眞如無異境界雖頓漸各持一說而首尾衡決眞妄不分眞詖淫邪遁之尤者○楞伽大旨有四曰五法曰三自性曰八識曰二無我一切佛法悉入其

中經中明言之矣五法者名也相也妄想也正智也如如也三自性者妄想自性緣起自性成自性也八識者識藏也意根意識眼識耳識鼻識舌識身識也二無我者人無我法無我也凡此諸法不出迷悟兩途蓋迷則爲名爲相爲妄想爲妄想自性緣起自性爲人法二執而識藏轉爲諸識悟則爲正智爲如如爲成自性爲人法無我而諸識轉爲真識所爲人法則五陰十二入十八界是已五陰者色受想行識也十二入者眼耳鼻舌身意六根對色聲香味觸法六塵也加之六識是謂十八界合而言之人也析而言之法也有所覺之謂悟無所覺之爲迷佛者覺也而覺有二義有始覺有本覺始覺者自前悟入之覺即所謂正智也即人而言之也本覺者常住不動之覺即所謂如如也離人而言之也因始覺而合本覺所以成佛之道也及其至也始覺正智亦泯而本覺朗然獨存則佛果成矣故佛有十號其一曰等正覺此之謂也本覺乃見聞知覺之體五陰之識屬焉見聞知覺乃本覺之用十八界之識屬焉非本覺即無以爲見聞知覺舍見聞知覺則亦無本覺矣故曰如來於陰界入非異非不異其謂法離見聞知覺者何懼其著也佛以離情遣著然後可以入道故欲人於見聞知覺一切離之離之云者非不見不聞無知無覺也不

著於見聞知覺而已矣金剛經所謂心不住法而行布施應無所住而生清淨心卽其義也然則佛氏之所謂性不亦明甚矣乎彼明以知覺爲性始終不知性之爲理乃欲強合於吾儒以爲一道如之何其可合也昔達磨弟子婆羅提嘗言作用是性有偈云在胎爲身處世爲人在眼曰見在耳曰聞在鼻辨香在口談論在手執捉在足運奔徧現俱該沙界收攝在一微塵識者知是佛性不識喚作精魂識與不識卽迷悟之謂也知是佛性卽所謂正智如如喚作精魂卽所謂名相妄想此偈自是眞實語後來桀黠者出嫌其淺近乃人人捏出一般鬼怪說話眞是玄妙奇特以利心求者安得不爲其所動乎張子所謂詖淫邪遁之辭雜然並興一出於佛氏之門誠知言矣然造妖捏怪不止其徒中其毒者往往便能如此○楞伽四卷卷首皆云一切佛語心品良以萬法唯識諸識唯心種種差別不出心識而已故經中之言識也特詳第一卷首言諸識有二種生住滅謂流注生住滅相生住滅次言諸識有三種相謂轉相業相眞相又云略說有三種識廣說有八相何等爲三謂眞識現識及分別事識又云若覆彼眞識種種不實諸虛妄滅則一切根識滅是名相滅又云轉識藏識眞相若異者藏識非因若不異者轉識滅藏識亦應滅而自眞

實相不滅非自眞實相滅但業相滅若是其實相滅者藏識則滅藏識滅者不異外道斷見議論又破外道斷見云若識流注滅者無始流注應斷又云水流處藏識轉識浪生又云外境界風飄蕩心海識浪不斷又偈云藏識海常住境界風所動種種諸識浪騰躍而轉生又偈云凡夫無智慧藏識如巨海業相猶波浪依彼譬類通第二卷有云一切自性習氣藏意意識習見轉變名爲涅槃注云自性習氣謂衆生心識性執熏習氣分藏意意識者卽藏識與事識由愛見妄想之所熏習轉變者謂轉藏識事識爲自覺聖智境界也有云識者因樂種種跡境界故餘趣相續有云外道四種涅槃非我所說法我所說者妄想識滅名爲涅槃有云意識者境界分段計著生習氣長養藏識意俱我我有所計著思惟因緣生不壞身相藏識因攀緣自心現境界計著心聚生展轉相因譬如海浪自心現境界風吹若生若滅亦如是是故意識滅七識亦滅注云境界分段者六識從六塵生也習氣長養者言六識不離七識八識也我我所計著者言七識我執從思惟彼因彼緣而生不壞身相藏識卽第八識謂此八識因於六識能緣還緣自心所現境界以計著故而生六識能總諸心故云心聚生也展轉相因者八識轉生諸識六識起善起惡七識則傳

送其間海喩八識浪喩六識以六塵爲境界風境界乃自心所現還吹八識心海轉生諸識若生若滅亦猶依海而有風因風而鼓浪風息則浪滅故云意識滅七識亦滅也又偈云心縛於境界覺想智隨轉無所有及勝平等智慧生注云現在一念爲塵境所轉故有業縛而本有覺智亦隨妄而轉若了妄卽眞離諸有相及至佛地則復平等大慧矣第三卷有云彼生滅者是識不生不滅者是智墮相無相及墮有無種種相因是識超有無相是智長養相是識非長養相是智又云無礙相是智境界種種礙相是識三事和合生方便相是識無事方便自性相是智得相是識不得相是智自得聖智境界不出不入如水中月注云根塵及我和合相應而生是識此不知自性相故若知性相則一念靈知不假緣生故云無事方便自性相是智相惟是一而有離不離之異故云得不得也又偈云心意及與識遠離思惟想得無思想法佛子非聲聞寂靜勝進忍如來清淨智生於善勝義所行悉遠離注云得無思想法則轉識爲智此是菩薩而非聲聞智之始也寂靜勝進忍卽如來清淨忍智智之終也第四卷有云如來之藏是善不善因能徧興造一切趣生譬如伎兒變現諸趣離我我所不覺彼故三緣和合方便而生外道不覺計著作者爲無始

中經中明言之矣五法者名也相也妄想也正智也如如也三自性者妄想自性緣起自性成自性也八識者識藏也意根意識眼識耳識鼻識舌識身識也二無我者人無我法無我也凡此諸法不出迷悟兩途蓋迷則爲名爲相爲妄想爲妄想自性緣起自性爲人法二執而識藏轉爲諸識悟則爲正智爲如如爲成自性爲人法無我而諸識轉爲眞識所爲人法則五陰十二入十八界是已五陰者色受想行識也十二入者眼耳鼻舌身意六根對色聲香味觸法六塵也加之六識是謂十八界合而言之人也析而言之法也有所覺之謂悟無所覺之爲迷佛者覺也而覺有二義有始覺有本覺始覺者目前悟入之覺卽所謂正智也卽人而言之也本覺者常住不動之覺卽所謂如如也離人而言之也因始覺而合本覺所以成佛之道也及其至也始覺正智亦泯而本覺朗然獨存則佛果成矣故佛有十號其一曰等正覺此之謂也本覺乃見聞知覺之體五陰之識屬焉見聞知覺乃本覺之用十八界之識屬焉非本覺卽無以爲見聞知覺舍見聞知覺則亦無本覺矣故曰如來於陰界入非異非不異其謂法離見聞知覺者何懼其著也佛以離情遣著然後可以入道故欲人於見聞知覺一切離之離之云者非不見不聞無知無覺也不

所知極於七識七識之外無所知故因起斷見而不覺識藏無盡見其念念相續故起常見由其自妄想內而不及外故不能知本際然妄不自滅必由慧而滅也又偈云意識之所起識宅意所住意及眼識等斷滅說無常或作湼槃見而爲說常住注云意由八識而起而八識意之所住故謂之宅以是言之自不容以七識自滅而起斷見彼又於意及眼識等斷滅處說無常或作湼槃見者此皆凡外自妄想見故不知本際如來爲是說常住也經中言識首尾具於此矣間有牽涉他文者不暇盡錄然已不勝其多亦無庸盡錄爲也其首之以諸識有二種生住滅乃其所謂生死根也終之以識宅常住乃其所謂湼槃相也然而生死卽湼槃湼槃卽生死初無二相故諸識雖有種種名色實無二體但迷之則爲妄悟之則爲真苟能滅妄識而契真識則有以超生死而證湼槃矣真識卽本覺也湼槃卽所覺之境界也由此觀之佛氏之所謂性有出於知覺之外耶雖其言反覆多端窮其本末不過如此然驟而觀之者或恐猶有所未達也輒以藏識爲主而分爲數類以盡其義藏卽所謂如來藏也以其含藏善惡種子故謂之藏其所以爲善爲惡識而已矣故曰藏識藏識一耳而有本有末曰真相曰真識曰真實相曰無始流注曰藏識海曰湼

槃曰平等智慧曰不生不滅等是智曰如來清淨智曰自性無垢畢竟清淨曰識宅曰常住此爲一類皆言乎其本體也曰流注生住滅相生住滅曰業相曰分別事識曰識浪曰樂種種跡境界曰意識曰生滅等是識曰藏識生住地無明與七識俱如海浪身常生不斷曰識藏名曰心意意識及五識身曰意及眼識等此爲一類皆言乎其末流也曰轉相曰現識曰轉識曰覺想智隨轉此爲一類言乎本末之所由分也其言及修行處又當自爲一類如曰諸虛妄滅則一切根識滅曰習見轉變名爲涅槃曰妄想識滅名爲涅槃曰意識滅七識亦滅曰無所有及勝曰遠慮思惟想曰離無常過離於我論曰欲求勝進者當淨如來藏及識藏名若無識藏名如來藏者則無生滅曰自妄想慧滅故解脫凡此皆言其無行之法也欲窮其說者合此數類而詳玩之則知余所謂滅妄識而契真識誠有以得其要領矣

夫識者人心之神明耳而可認爲性乎且其以本體爲真末流爲妄既分本末爲兩截謂迷則真成妄悟則妄即真又混真妄爲一途蓋所見既差故其言七顛八倒更無是處吾黨之號爲聰明特達者顧不免爲其所惑豈不深可惜哉○夫以心識爲本六識爲末固其名之不可易者然求其實初非心識之外別有所謂六識也又非以其

本之一分而爲末之六也蓋凡有所視則全體在目有所聽則全體在耳有所言則全體在口有所動則全體在身只就此四件說取簡而易見耳所謂感而遂通便是此理以此觀之本末明是一物豈可分而爲二而以其半爲眞半爲妄哉若夫眞妄之不可混則又可得而言矣夫目之視耳之聽口之言身之動物雖未交而其理已具是皆天命之自然無假於安排造作莫非眞也及乎感物而動則有當視者有不當視者有當聽者有不當聽者有當言者有不當言者有當動者有不當動者凡其所當然者卽其自然之不可違者故曰眞也所不當然者則往往出於情欲之使然故曰妄也眞者存之妄者去之以此治其身心以此達諸家國天下此吾儒所以立人極之道而內外本末無非一貫也若如佛氏之說則方其未悟之先凡視聽言動不問其當然與不當然一切皆謂之妄及其旣悟又不問其當然與不當然一切皆謂之眞吾不知何者在所當存乎何者在所當去乎當去者不去當存者必不能存人欲肆而天理滅矣使其說肆行而莫之禁中國之爲中國人類之爲人類將非幸歟○達磨告梁武帝有云淨智妙圓體自空寂只此八字已盡佛性之形容矣其後有神會者嘗著顯宗記反覆數百語說得他家道理亦自分明其中

有云湛然常寂應用無方用而常空空而常用用而不有卽是真空空而不無便成妙有妙有卽摩訶般若真空卽清淨涅槃又足以發盡達摩妙圓空寂之旨余嘗合而觀之與繫辭傳所謂寂然不動感而遂通天下之故殆無異也然孰知其所甚異者正在於此乎夫易之神卽人之心程子嘗言心一也有指體而言者寂然不動是也有指用而言者感而遂通是也蓋吾儒以寂感言心而佛氏以寂感爲性此其所爲甚異也良由彼不知性爲至精之理而以所謂神者當之故其應用無方雖亦識圓通之妙而高下無所準輕重無所權卒歸於冥行妄作而已矣○程子嘗言仁者渾然與物同體佛家亦有心佛衆生渾然齊致之語何其相似也究而言之其相遠奚啻燕越哉唐相裴休深於禪學者也嘗序圓覺經疏首兩句云夫血氣之屬必有知凡有知者必同體此卽心佛衆生渾然齊致之謂也蓋其所謂齊固不出乎知覺而已矣且天地之間萬物之衆有有知者有無知者謂有知者爲同體則無知者非異體乎有同有異是二本也蓋以知覺爲性其窒礙必至於此若吾儒所見則凡賦形於兩間者同一陰陽之氣以成形同一陰陽之理以爲性有知無知無非出於一本故此身雖小萬物雖多其血氣之流通脈絡之聯屬元無絲毫空

闕之處無須臾間斷之時此其所以爲渾然也○有物先天地無形本寂寥能爲萬象主不逐四時凋此高禪所作也自吾儒觀之昭然太極之義夫復何言然彼初未嘗知有陰陽安知有所謂太極哉此其所以大亂眞也今先據佛言語解釋一番使彼意旣明且盡再以吾儒言語解釋一番然後明知其異同之實則似是之非有不難見矣以佛家之言爲據則無始菩提所謂有物先天地也湛然虛寂所謂無形本寂寥也心生萬法所謂能爲萬象主也常住不滅所謂不逐四時凋也作者之意不亦明且盡乎求之吾儒之書太極生兩儀是固先天地而立矣無聲無臭則無形不足言矣富有之謂大業萬象皆一體也日新之謂盛德萬古猶一時也太極之義不亦明且盡乎詩凡二十字其十七字彼此章義無甚異同所當辯者三字耳物也萬象也以物言之菩提不可爲太極明矣以萬象言之在彼經教中卽萬法耳以其皆生於心故謂之能主然所主者實不過陰界入自此之外仰而日月星辰俯而山河大地近而君臣父子兄弟夫婦朋友遠而飛潛動植水火金石一切視以爲幻而空之矣彼安得復有所謂萬象乎哉爲此詩者蓋嘗窺見儒書遂竊取而用之耳余於前記嘗有一說正爲此等處請復詳之所謂天地閒非太極不神然

遂以太極爲神則不可此言殊不敢易誠以太極之本體動亦定靜亦定神則動而靜靜而能動者也以此分明見得是二物不可混而爲一故繫辭傳既曰一陰一陽之謂道矣而又曰陰陽不測之謂神由其實不同故其名不得不異不然聖人何用兩言之哉然其體則同一陰陽所以難於領會也佛氏初不識陰陽爲何物固無由知所謂道所謂神但見得此心有一點之靈求其體而不可得則以爲空寂推其用而偏於陰界入則以爲神通所謂有物者此耳以此爲性萬無是處而其言之亂真乃有如此詩者可無辨乎然人心之神卽陰陽不測之神初無二致但神之在陰陽者則萬古如一在人心者則與生死相爲存亡所謂理一而分殊也佛氏不足以及此矣○南陽慧忠破南方宗旨云若以見聞覺知是佛性者淨名不應云法離見聞覺知若行見聞覺知是則見聞覺知非求法也南僧因問法華了義開佛知見此復何爲忠曰他云開佛知見尙不言菩薩二乘豈以衆生癡倒便成佛之知見邪汾州無業有云見聞覺知之性與太虛齊壽不生不滅一切境界本自空寂無一法可得迷者不了卽爲境惑一爲境惑流轉無窮此二人皆禪林之傑出考其言皆見於傳燈錄何若是之不同耶蓋無業是本分人說本分話慧忠則所謂神

出鬼沒以逞其伎倆者也彼見南方以見聞知覺爲性便對其人揑出一般說話務要高他一著使之莫測嘗見金剛經有是法平等無有高下之語衆生固然迷悟不同其知見之體卽是平等豈容有二又嘗見楞嚴經有兩段話其一佛告波斯匿王云顏貌有變見精不變變者受滅不變者元無生滅其二因與阿難論聲聞有云其形雖昧聞性不昏縱汝形銷命光遷謝此性云何爲汝銷滅此皆明以見聞爲性與波羅提說相合若淨名則緊要在一離字先儒嘗言佛氏之辭善遁便是此等處傳燈錄中似此儘多究其淵源則固出於瞿曇也蓋瞿曇說法常欲離四句爲一異然而終有不能離者如云非異非不異非有非無非常非無常卽楞伽一經累累見之此便是遁辭之根若將異處窮著他他便有非異一說將無常窮著他他便有非無常一說自非灼然看得他破只得聽他愚弄耳○僧問忠國師古德云青青翠竹盡是法身鬱鬱黃華無非般若有人不許云是邪說亦有信者云不思議不知若爲國師曰此是普賢文殊境界非諸凡小而能信受皆與大乘了義經合故華嚴經云佛自充滿於法界普現一切羣生前隨緣赴感靡不周而恆處此菩提座翠竹既不出於法界豈非法身乎又般若經云色無邊故般若亦無邊黃華既不

有云湛然常寂應用無方用而常空空而常用用而不有卽是真空
空而不無便成妙有妙有卽摩訶般若真空卽清淨涅槃又足以發
盡達摩妙圓空寂之旨余嘗合而觀之與繫辭傳所謂寂然不動感
而遂通天下之故殆無異也然孰知其所甚異者正在於此乎夫易
之神卽人之心程子嘗言心一也有指體而言者寂然不動是也有
指用而言者感而遂通是也蓋吾儒以寂感言心而佛氏以寂感爲
性此其所爲甚異也良由彼不知性爲至精之理而以所謂神者當
之故其應用無方雖亦識圓通之妙而高下無所準輕重無所權卒
歸於冥行妄作而已矣○程子嘗言仁者渾然與物同體佛家亦有
心佛衆生渾然齊致之語何其相似也究而言之其相遠奚啻燕越
哉唐相裴休深於禪學者也嘗序圓覺經疏首兩句云夫血氣之屬
必有知凡有知者必同體此卽心佛衆生渾然齊致之謂也蓋其所
謂齊固不出乎知覺而已矣且天地之間萬物之衆有有知者有無
知者謂有知者爲同體則無知者非異體乎有同有異是二本也蓋
以知覺爲性其窒礙必至於此若吾儒所見則凡賦形於兩間者同
一陰陽之氣以成形同一陰陽之理以爲性有知無知無非出於一
本故此身雖小萬物雖多其血氣之流通脈絡之聯屬元無絲毫空

身之外吾所謂天命率性在鳶魚之身之內在內則是一物在外便成二物二則二本一則一本詎可同年而語哉且天命之性不獨鳶魚有華竹亦有之程子所謂一草一木亦皆有理不可不察者正惟有見乎此也佛氏祇緣認知覺爲性所以於華竹上便通不去只得以爲法界中所現之物爾楞伽以四大種色爲虛空所持楞嚴以山河大地咸是妙明真心中物其義亦猶是也余也向雖引而不發今則舍矢如破矣吾黨之士夫豈無具眼者乎○宗杲謂鄭尚明曰你只今這聽法說法一段歷歷孤明底未生已前畢竟在恁麼處曰不知杲曰你若不知便是生大你百歲後四大五蘊一時解散到這裏歷歷孤明底卻向甚麼處去曰也不知杲曰你既不知便是死大又嘗示呂機宜云現今歷歷孤明與人分是非別好醜底決定是有是無是真是實是虛妄臨濟亦嘗語其徒曰四大身不解說法聽法虛空不解說法聽法觀此數節則佛氏之所謂性亦何難見之有渠道理只是如此本不須苦求解悟然而必以悟爲則者只是要見得此歷歷孤明境界更親切爾縱使見得親切夫安知歷歷孤明者之非性而性自有真邪○杲答曾天游侍郎書曰尋常計較安排底是識情隨生死遷流底亦是識情怕怖慞惶底亦是識情而今參學之人

不知是病只管在裏許頭出頭沒教中所謂隨識而不隨智以故昧却本地風光本來面目若或一時放下百不思量計較忽然失脚踏著鼻孔卽此識情便是真空妙智更無別智可得若別有所得有所證則又却不是也如人迷時喚東作西及至悟時卽西便是東無別有東此真空妙智與太虛齊壽只這太虛中還有一物礙得他否雖不受一物礙而不妨諸物於空中往來此真空妙智亦然凡聖垢染著一點不得雖著不得而不礙生死凡聖於中往來如此信得及見得徹方是個出生入死得大自在底漢細觀此書佛氏之所謂性無餘蘊矣忽然失脚踏著鼻孔便是頓悟之說○頌云斷除煩惱重增病趨向真如亦是邪隨順世緣無罣礙涅槃生死是空華嘗見杲示人有水上葫蘆一言此頌第三句卽水上葫蘆之謂也佛家道理真是如此此論語無適無莫若非義之與比何以異於水上葫蘆哉○老子外仁義禮而言道德徒言道德而不及性與聖門絕不相似自不足以亂真所謂彌近理而大亂真惟佛氏耳

西元二〇二一年六月一日重製一版

明儒學案 冊三（清黃宗羲撰）

平裝四冊基本定價貳仟伍百元正
（郵運匯費另加）

發行人：張敏君
發行處：中華書局
臺北市內湖區舊宗路二段一八一巷八號五樓（5FL., No. 8, Lane 181, JIOU-TZUNG Rd., Sec 2, NEI HU, TAIPEI, 11494, TAIWAN）
客服電話：886-8797-8396
公司傳真：886-8797-8909
匯款帳戶：華南商業銀行西湖分行
179100026931
印刷：維中科技有限公司
海瑞印刷品有限公司

No. N2047-3

國家圖書館出版品預行編目(CIP)資料

明儒學案/(清)黃宗羲撰. -- 重製一版. -- 臺北市 : 中華書局, 2021.06
面 ; 公分
ISBN 978-986-5512-59-0(全套 : 平裝)

1.明代哲學 2.儒學

126 110008944